계명대학교출판부
KEIMYUNG UNIVERSITY PRESS

Korean Alive Advanced V

살아있는 한국어 V

계명대학교 한국어학당
Korean Language and Culture Center
Keimyung University

Korean Language

머리말

벌써 초급 단계 교재인「살아있는 한국어 1」이 출간된 지 6년이 흘렀다. 초급이 출판되었을 때에 비해 5권과 6권의 출판을 앞둔 2014년, 한국어교육 상황이 너무나 달라졌다는 것은 한국어교육에 관심이 있는 사람이라면 누구에게나 잘 알려진 사실이다. 그때까지만 해도 고급 단계를 목표로 하는 한국어 학습자의 수가 많지 않았으므로 고급 교재의 수요 또한 그렇게 많지는 않았다. 그러나 그동안 학문을 목적으로 한국어를 배우고자 하는 학습자의 수가 대폭 증가하였고, 한국어 학습자의 저변이 확대되어 학생들의 한국어 수준 또한 전체적으로 상향 조정되었다. 그 결과 무엇보다도 고급 교재의 구성과 역할에 대한 중요성이 부각되고 있다.

시중에는 많은 고급 단계의 교재들이 나와 있다. 그 교재들은 각각 다른 목적으로 집필되었으며 나름대로 그 역할을 다하고 있을 것으로 생각한다. 계명대학교의 「살아있는 한국어 5, 6」은 기존의 고급 교재들에 비해 충분한 '고민'의 시간을 가졌던 만큼, '고급 단계의 학습자들이 원하는 바'를 교재에 보다 충실히 담고자 했다. 그것은 단순히 수준 높은 어휘와 복잡한 문법 사용 능력뿐만이 아니라 한국어로 인류 보편의 '다양한 주제'에 대해 듣고 말하고 읽고 쓰면서, 이전에는 몰랐던 세상과 타인에 대해 알아 가는 것까지 포함하는 것이다. 따라서 초급과 중급 단계의 교재가 한 발 한 발 한국어에 다가가 재미있게 공부하는 동안 서서히 한국어에 익숙해지도록 하는 데 중점을 두었다면 『살아있는 한국어 5, 6』은 다소 높은 학습 도달점을 설정하고 도약할 수 있도록 하자는 의도로 개발되었으며, 약간은 심도 있는 주제를 다루고 있다.

5권과 6권은 모두 10개의 대주제를 다루는 대단원으로 구성된다. 그리고 각각의 대단원은 두 개의 소단원을 포함한다. 홀수 단원에서는 듣기와 말하기의 구어를, 짝수 단원에서는 읽기와 쓰기의 문어를 중점적으로 다루고자 하였다. 이는 이해 영역을 통해 학습한 내용이 자연스럽게 표현 영역으로 이어질 수 있도록 하기 위함이다. 따라서 교재의 주요 구성은 듣기, 말하기, 읽기, 쓰기의 네 가지 언어 영역을 중심으로 설계되었으며 이들은 각각 '전 활동–본 활동–후 활동'의 과정 중심으로 진행되어, 의사소통을 통한 의사소통 능력이 개발될 수 있도록 하였다. 이 교재는 부교재인 워크북과 함께 사용될 것이다. 워크북에서는 학습자들이 고급 수준의 어휘와 문법을 내재화할 수 있는 다양한 연습 활동과 수준 높은 과제 활동으로 한국어 실력을 향상시킬 수 있을 것이라고 생각한다.

책이 나오기까지 한국어학당 여러 선생님들의 정성과 노고가 있었다. 직접적으로 교재 개발에 참여한 선생님들은 물론 주위에서 보이지 않는 성원과 도움을 아끼지 않았던 많은 분들의 수고에 감사드린다. 특히 손근호 팀장님과 김기환 전 팀장님, 황효순 선생님 등 행정팀의 지원과 출판부의 여러 선생님들의 수고에 감사드린다. 덕분에 작업과 출판 과정이 순조로울 수 있었던 것 같다. 일일이 열거할 수는 없지만 각종 자료 수집과 편집에 도움을 준 주변의 많은 분들께도 감사를 드린다. 이 책이 실제 수업에서 교사와 학습자 모두에게 유익하게 사용되기를 기대한다.

2014년 5월 31일

저자 대표 김선정

일러두기

계명대학교 한국어학당의 「살아있는 한국어 5」는 모두 10개의 대단원 하에 각각 두 개씩의 소단원을 두어 모두 20개 단원으로 구성되어 있다. 대단원의 홀수 단원은 듣기와 말하기의 구어를, 짝수 단원은 읽기와 쓰기의 문어를 중점적으로 다룬다. 각 단원은 이해 영역을 심도 있게 다루어 자연스러운 표현 활동으로 이어질 수 있도록 하였다. 구어를 다루는 홀수 단원의 구성은 '듣기를 위한 전 활동 – 듣기 활동 – 듣기 후 활동 – 어휘 – 문법 – 말하기 활동을 위한 전 활동 – 말하기 활동'의 순으로 구성되어 있다. 그리고 문어를 다루는 짝수 단원은 '읽기 전 활동 – 읽기 활동 – 읽기 후 활동 – 어휘 – 문법 – 쓰기 전 활동 – 쓰기 활동'의 순이다. 이렇게 하나의 대주제를 다루는 대단원은 구어와 문어, 표현과 이해 영역의 균형을 고려하여 구성되었다. 각 단원별 세부 내용은 다음과 같다.

◆ 단원 소개

소단원 제목과 주제, 기능, 어휘, 문법 등 학습 내용이 제시된다.

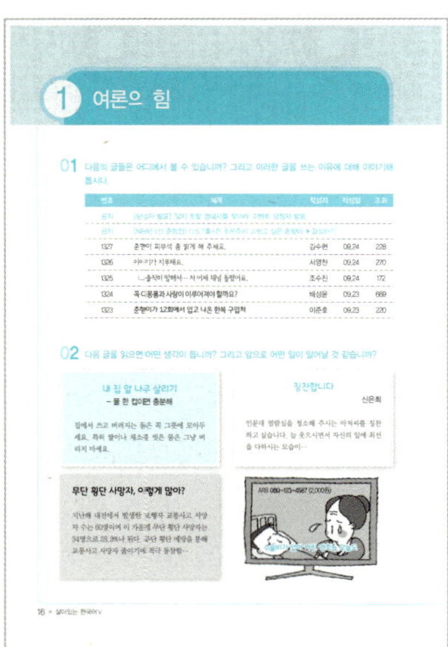

◆ 단원 도입 및 듣기 전 활동

단원의 주제 도입과 듣기 전단계 활동으로 구성된다. 다양한 실제 자료를 이용하여 학습자의 배경지식을 활성화하고 주제에 대한 관심과 흥미를 높이도록 한다. 배경지식이 충분하지 않을 경우, 배경지식 형성을 위한 준비과정으로 활용할 수 있다.

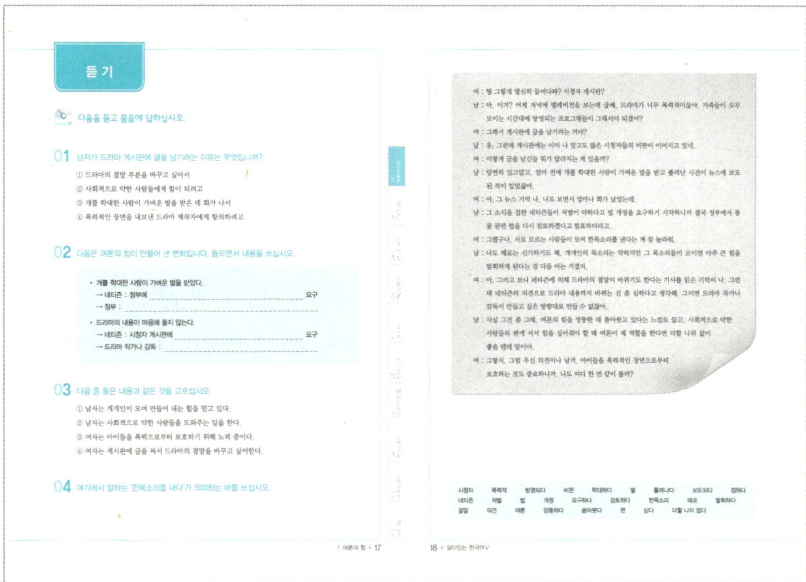

◆ 듣기

듣으면서 할 수 있는 간단한 활동과 듣기 텍스트를 앞뒤로 배치하여 듣는 동안은 활동에 집중하되, 들은 후에는 세부 내용과 어휘를 확인할 수 있도록 하였다. 듣기 활동에 이용되는 텍스트는 다양한 담화 상황과 주제를 고려하여 구성된다.

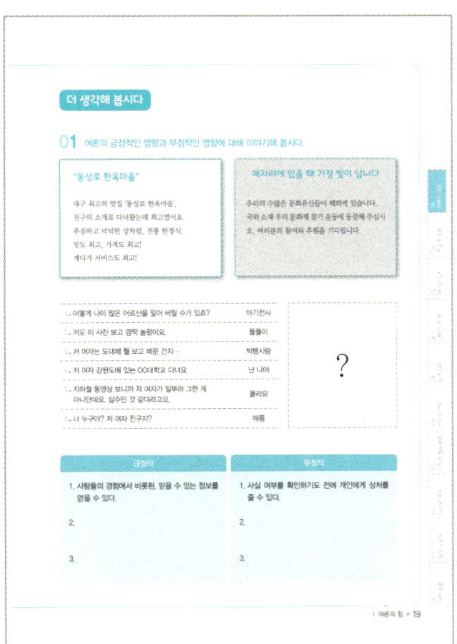

◆ 듣기 후 활동

듣기가 끝난 다음 관련 주제를 활용한 말하기, 쓰기 활동으로 구성된다. 단순한 내용 확인뿐 아니라 주제의 내용에 대한 다각도의 학습 활동이 일어날 수 있도록 한다.

일러두기

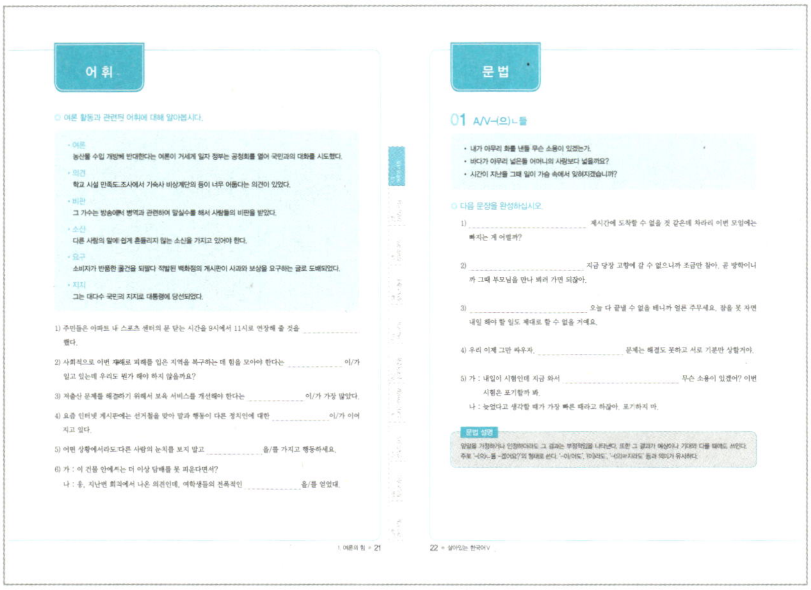

◆ 어휘 및 문법

듣기 활동 과정이 끝나면 주제 관련 어휘와 텍스트의 주요 문법을 학습한다. 주제 어휘는 예시와 함께 간단한 확인 학습 과정을 포함하고 있으며 문법 또한 예문과 연습 활동, 해당 문법에 대한 설명이 제시된다.

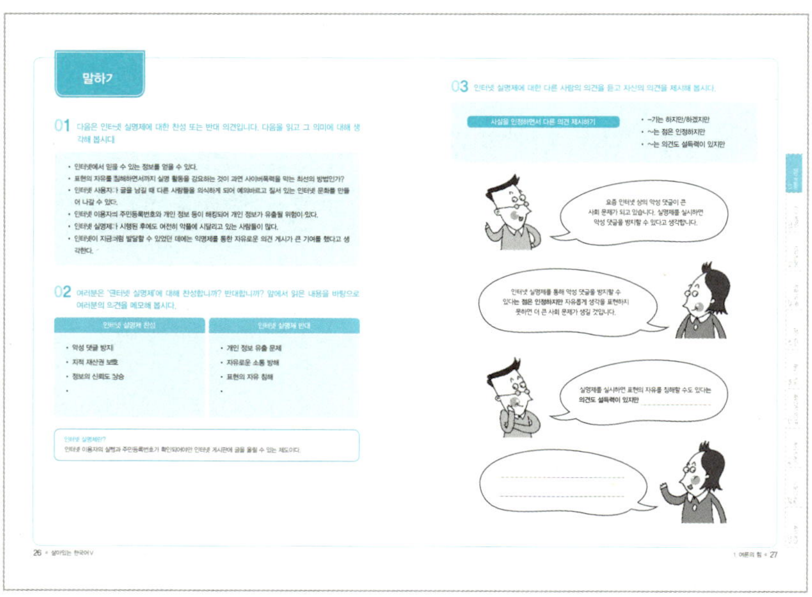

◆ 말하기 전 활동

말하기 전단계 활동으로 구성된다. 관련 주제에 대하여 학습자의 배경지식을 활성화하고 주제에 대한 관심과 흥미를 높이도록 한다. 말하기에 유용한 다양한 표현과 담화표지를 학습하여 실제 담화에 활용할 수 있도록 한다.

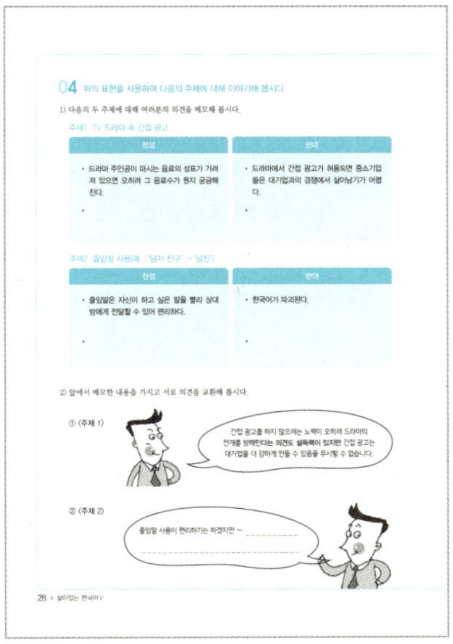

◆ 말하기

말하기 활동을 위한 준비 과정을 포함하여 말하기 과제로 구성된다. 준비 과정에서 말할 내용에 대해 미리 생각하도록 유도함으로써 담화 구성능력을 높일 수 있다.

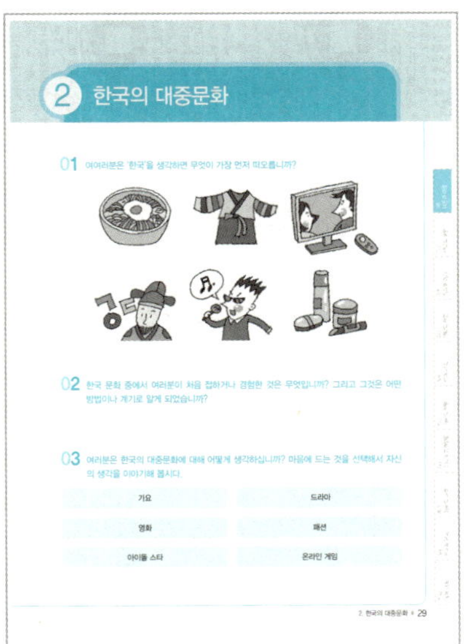

◆ 읽기 전 활동

단원의 주제 도입과 읽기 전단계 활동으로 구성된다. 다양한 방식으로 학습자의 배경지식을 활성화하고 주제에 대한 관심과 흥미를 높이도록 한다. 배경지식이 충분하지 않을 경우, 배경지식 형성을 위한 준비과정으로 활용할 수 있다.

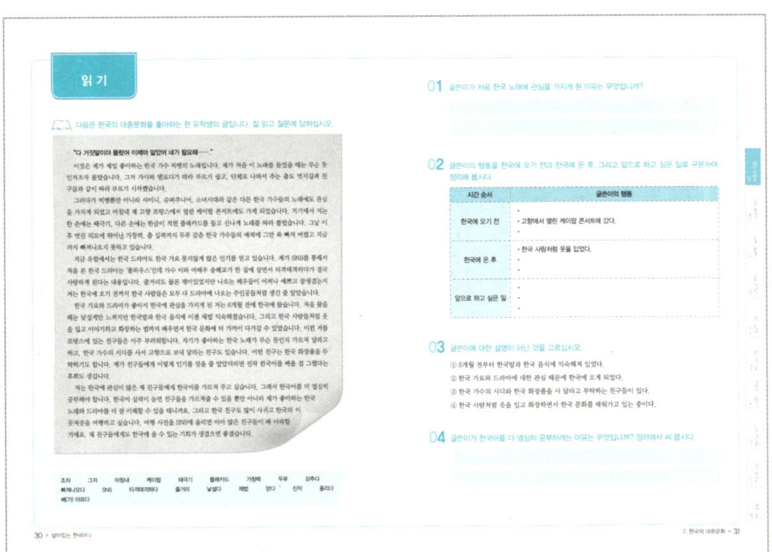

◆ 읽기

읽기 활동을 위한 본문과 어휘, 읽는 동안 할 수 있는 간단한 활동, 내용 확인 질문으로 구성된다. 읽기 활동을 위한 텍스트는 다양한 장르와 주제를 포함한다.

일러두기

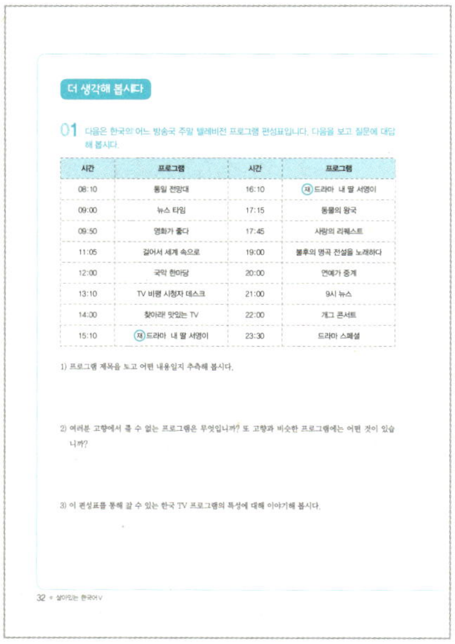

◆ 읽기 후 활동

읽기가 끝난 다음 관련 주제를 활용한 말하기, 쓰기 활동으로 연계된다. 단순한 내용 확인뿐 아니라 주제의 내용에 대한 다각도의 학습 활동이 일어날 수 있도록 한다.

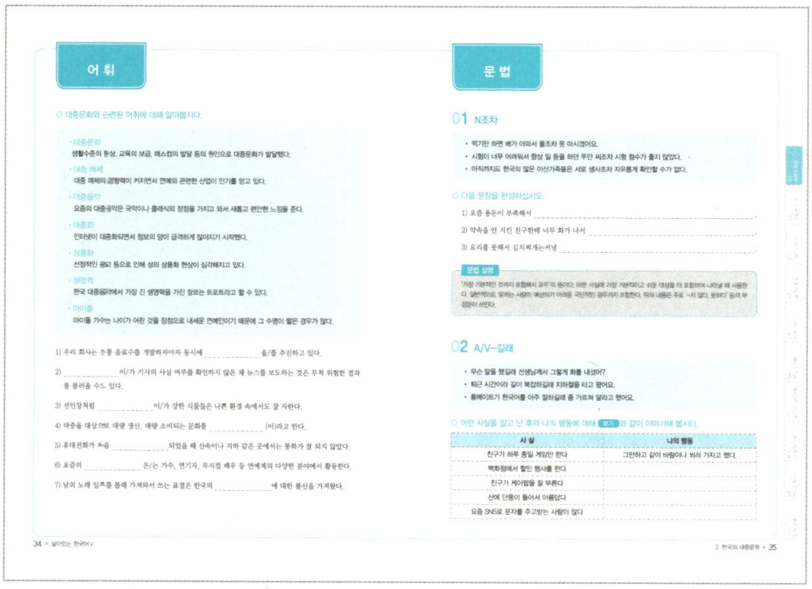

◆ 어휘 및 문법

읽기 활동 과정이 끝나면 주제 관련 어휘와 텍스트의 주요 문법을 학습한다. 주제 어휘는 예시와 함께 간단한 확인 학습 과정을 포함하고 있으며 문법 또한 예문과 연습 활동, 해당 문법에 대한 설명이 제시된다.

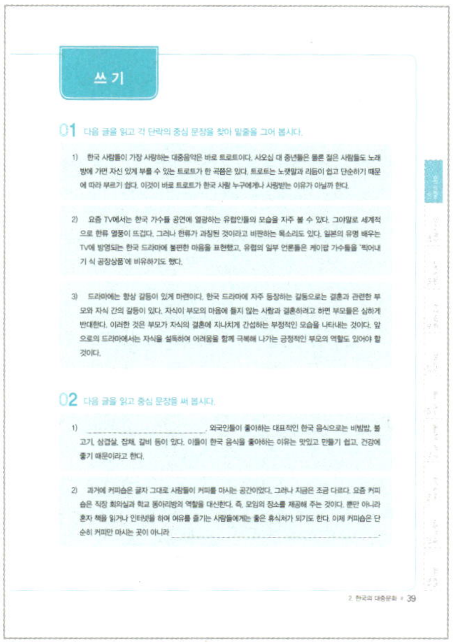

쓰 기

01 다음 글을 읽고 각 단락의 중심 문장을 찾아 밑줄을 그어 봅시다.

1) 한국 사람들이 가장 사랑하는 대중음악은 바로 트로트이다. 사오십 대 중년들은 물론 젊은 사람들도 노래방에 가면 자신 있게 부를 수 있는 트로트가 한 곡쯤은 있다. 트로트는 노랫말과 리듬이 쉽고 단순하기 때문에 따라 부르기 쉽다. 이것이 바로 트로트가 한국 사람 누구에게나 사랑받는 이유가 아닐까 한다.

2) 요즘 TV에서는 한국 가수들 공연에 열광하는 유럽인들의 모습을 자주 볼 수 있다. 그야말로 세계적으로 한류 열풍이 뜨겁다. 그러나 한류가 과장된 것이라고 비판하는 목소리도 있다. 일본의 유명 배우는 TV에 방영되는 한국 드라마에 불편한 마음을 표현했고, 유럽의 일부 언론들은 케이팝 가수들을 '찍어내기 식 공장상품'에 비유하기도 했다.

3) 드라마에는 항상 갈등이 있게 마련이다. 한국 드라마에 자주 등장하는 갈등으로는 결혼과 관련한 부모와 자식 간의 갈등이 있다. 자식이 부모의 마음에 들지 않는 사람과 결혼하려고 하면 부모들은 심하게 반대한다. 이러한 것은 부모가 자식의 결혼에 지나치게 간섭하는 부정적인 모습을 나타내는 것이다. 앞으로의 드라마에서는 자식을 설득하여 어려움을 함께 극복해 나가는 긍정적인 부모의 역할도 있어야 할 것이다.

02 다음 글을 읽고 중심 문장을 써 봅시다.

1) ____________. 외국인들이 좋아하는 대표적인 한국 음식으로는 비빔밥, 불고기, 삼겹살, 잡채, 갈비 등이 있다. 이들이 한국 음식을 좋아하는 이유는 맛있고 만들기 쉽고, 건강에 좋기 때문이라고 한다.

2) 과거에 커피숍은 글자 그대로 사람들이 커피를 마시는 공간이었다. 그러나 지금은 조금 다르다. 요즘 커피숍은 직장 회의실과 학교 동아리방의 역할을 대신한다. 즉, 모임의 장소를 제공해 주는 것이다. 뿐만 아니라 혼자 책을 읽거나 인터넷을 하며 여유를 즐기는 사람들에게는 좋은 휴식처가 되기도 한다. 이제 커피숍은 단순히 커피만 마시는 곳이 아니라 ____________.

2. 한국의 대중문화 • 39

◆ 쓰기 전 활동

한국어 쓰기 활동에 대한 기본적인 기술을 익힘을 물론 장르에 따른 단락 전개 기술을 익히도록 한다. 전단계 활동에서는 쓰기에 필요한 다양한 정보와 절차에 관해 안내하고 관련 주제에 대하여 학습자의 배경지식을 활성화한다.

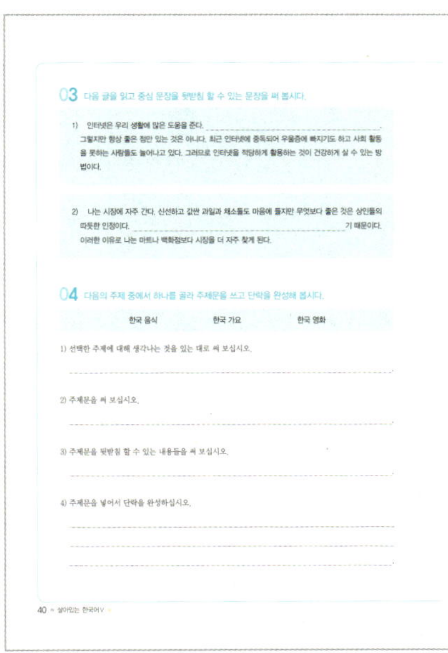

03 다음 글을 읽고 중심 문장을 뒷받침 할 수 있는 문장을 써 봅시다.

1) 인터넷은 우리 생활에 많은 도움을 준다. ____________.
그렇지만 항상 좋은 점만 있는 것은 아니다. 최근 인터넷에 중독되어 우울증에 빠지기도 하고 사회 활동을 못하는 사람들도 늘어나고 있다. 그러므로 인터넷을 적당하게 활용하는 것이 건강하게 살 수 있는 방법이다.

2) 나는 시장에 자주 간다. 신선하고 값싼 과일과 채소들도 마음에 들지만 무엇보다 좋은 것은 상인들의 따뜻한 인정이다. ____________기 때문이다.
이러한 이유로 나는 마트나 백화점보다 시장을 더 자주 찾게 된다.

04 다음의 주제 중에서 하나를 골라 주제문을 쓰고 단락을 완성해 봅시다.

한국 음식 한국 가요 한국 영화

1) 선택한 주제에 대해 생각나는 것을 있는 대로 써 보십시오.

2) 주제문을 써 보십시오.

3) 주제문을 뒷받침 할 수 있는 내용들을 써 보십시오.

4) 주제문을 넣어서 단락을 완성하십시오.

40 • 살아있는 한국어V

◆ 쓰기

다양한 실제적인 쓰기 활동으로 구성된다. 구어와의 차이점, 문장 단위에서 시작하여 단락 쓰기, 전체 글 쓰기로 점차 범위를 넓혀가며, 텍스트 구성에 필요한 절차와 실제적인 지식과 기술들을 익힐 수 있도록 한다.

교재구성

과	제목	소제목	어휘	문법 및 표현	말하기 & 쓰기
01	여론과 대중	1. 여론의 힘	여론 활동	• A/V-(으)ㄴ/들 • A/V-고말고(요) • A/V-더라고(요) • N에 의해(서)	말 의견 제시하기
		2. 한국의 대중문화	대중문화	• N조차 • A/V-길래 • 어찌나 A/V-(으)ㄴ/는지(요) • A/V-았/었더라면 • A/V-(으)ㄹ 걸 그랬다	쓰 중심 문장과 뒷받침 문장
02	전설과 속담	1. 아기장수 우투리	전설	• A/V-듯(이) • A/V-(으)ㄴ 나머지 • N(으)로 말미암아 • 수포로 돌아가다	말 반대 의견 제시하기
		2. 말의 유래	말의 유래	• A/V-(으)ㄴ/는 탓에 • A/V-게 마련이다 • -들 • V-는 사이(에)	쓰 정의하기
03	취미와 여가	1. 취미 생활	취미 활동	• 녹초가 되다 • N(이)라고는 • A/V-아/어서인지 • A/V-다고 해서 • V-(으)ㄴ/는 셈 치다	말 맞장구치기
		2. 여가 생활	여가 활동의 효과	• N에 관해(서) • 뭐니 뭐니 해도 • V-는다거나 • 일거양득 • V-(으)ㄹ 만하다	쓰 자세하게 설명하기
04	생태와 환경	1. 생태	환경 보호 Ⅰ	• A/V-기에 망정이지 • N을/를 비롯해서 • V-자고 들다 • 그리 A/V-지 않다	말 동의하기
		2. 환경 보호	환경 보호 Ⅱ	• V-자니 • V-아/어 대다 • N(으)로 인해(서) • A/V-거니와	쓰 예를 들어 설명하기
05	현대 사회	1. 외모	외모	• 신경(을) 쓰다 • 같은 값이면 다홍치마 • 열을 올리다 • A/V-건 말건 • A/V-기는 하다 • A/V-(으)ㄹ 따름이다	말 끼어들기

과	제목	소제목	어휘	문법 및 표현	말하기 & 쓰기
05	현대 사회	2. 고령화 사회	고령화 사회	• A/V-(으)ㄴ/는 반면(에) • V-(으)ㅁ에 따라(서) • A/V-(으)니 • 불(을) 보듯(이) 뻔하다[훤하다]	쓰 비교 · 대조하기
06	한국의 전통	1. 인간문화재	문화유산 I	• A/V-(으)면서도 • N치고(는) • V-아/어 내다 • A/V-고 해서	말 자세한 설명 요청하기
		2. 한국의 명소	문화유산 II	• V-(으)ㄹ세라 • A-기 그지없다 • V-고 보니 • N(이)며 N(이)며	쓰 분류하기
07	소비와 경제 생활	1. 낭비와 소비	소비	• A/V-다더니 • V-고 나면 • A/V-다고 치다 • V-(으)ㄴ/는 셈이다	말 이해 여부 확인하기
		2. 광고 이야기	광고 종류	• A/V-(으)ㄴ/는가 하면 • A/V-(으)ㄴ/는/(으)ㄹ 듯하다 • A/V-(으)ㄹ지라도	쓰 근거를 제시하며 의견을 주장하기
08	한국의 문학	1. 한국의 시	문학 감상	• A/V-거든 • A/V-(으)ㄴ/는 이상 • N(으)로는 • N의 여지가 없다	말 인터뷰하기
		2. 생활 속의 수필	생활 태도	• V-지 않으면 안 되다 • A/V-건마는 • V-노라면 • N(이)니 N(이)니	쓰 묘사하기
09	풍속과 음식	1. 함	한국의 결혼식	• V-(으)란 듯이 • A/V-다던데 • A/V-(으)ㄹ뿐더러 • 꿈도 못 꾸다	말 화제 전환하기
		2. 한국의 떡	떡을 만드는 방법	• A/V-(으)ㄴ/는지 • A/V-았/었으면 하다[싶다/좋겠다] • A/V-(으)ㄴ/는 만큼 • V-(으)ㄹ 겸 (해서)	쓰 인용하기
10	대학 생활	1. 모임과 활동	대학 생활	• V-(으)려던 참이다 • V-(으)나 마나 • N(이)나 N(이)나 할 것 없이 • V-다시피 하다	말 주장의 근거 제시하기
		2. 수강 신청과 학점	수강 신청	• A/V-(으)ㄴ/는 법이다 • V-기 십상이다 • V-는 한 • A/V-지 않고서는 A/V-(으)ㄹ 수 없다	쓰 조사 결과 설명하기

CONTENTS

제 1 과

여론과 대중

1. 여론의 힘

듣기 여론의 힘에 대한 대화문 듣기
어휘 여론 활동
문법 및 표현 • A/V-(으)ㄴ들
• A/V-고말고(요)
• A/V-더라고(요)
• N에 의해(서)
말하기 의견 제시하기

2. 한국의 대중문화

읽기 한국의 대중문화를 좋아하는 유학생의 글 읽기
어휘 대중문화
문법 및 표현 • N조차
• A/V-길래
• 어찌나 A/V-(으)ㄴ/는지(요)
• A/V-았/었더라면
• A/V-(으)ㄹ 걸 그랬다
쓰기 중심 문장과 뒷받침 문장

1 여론의 힘

01 다음의 글들은 어디에서 볼 수 있습니까? 그리고 이러한 글을 쓰는 이유에 대해 이야기해 봅시다.

번호	제목	작성자	작성일	조회
공지	[당첨자 발표] '잊지 못할 명대사를 찾아라' 이벤트 당첨자 발표			
공지	[NEW] 〈신 춘향전〉 O.S.T출시!! 조은주의 ♬보고 싶은 춘향아 ▶감상하기			
1327	춘향이 피부색 좀 밝게 해 주세요.	김수현	09.24	228
1326	이야기가 지루해요.	서영찬	09.24	270
1325	└ 솔직히 말해서… 저 어제 채널 돌렸어요.	조수진	09.24	172
1324	꼭 이몽룡과 사랑이 이루어져야 할까요?	배성윤	09.23	669
1323	춘향이가 12회에서 입고 나온 한복 구입처	이준호	09.23	220

02 다음 글을 읽으면 어떤 생각이 듭니까? 그리고 앞으로 어떤 일이 일어날 것 같습니까?

내 집 앞 나무 살리기
– 물 한 컵이면 충분해

집에서 쓰고 버려지는 물은 꼭 그릇에 모아두세요. 특히 쌀이나 채소를 씻은 물은 그냥 버리지 마세요.

칭찬합니다
신은희

인문대 열람실을 청소해 주시는 아저씨를 칭찬하고 싶습니다. 늘 웃으시면서 자신의 일에 최선을 다하시는 모습이…

무단 횡단 사망자, 이렇게 많아?

지난해 대전에서 발생한 보행자 교통사고 사망자 수는 30명이며 이 가운데 무단 횡단 사망자는 34명으로 58.3%나 된다. 무단 횡단 예방을 통해 교통사고 사망자 줄이기에 적극 동참할…

듣기

Track 01

다음을 듣고 물음에 답하십시오.

01 남자가 드라마 게시판에 글을 남기려는 이유는 무엇입니까?

① 드라마의 결말 부분을 바꾸고 싶어서

② 사회적으로 약한 사람들에게 힘이 되려고

③ 개를 학대한 사람이 가벼운 벌을 받은 데 화가 나서

④ 폭력적인 장면을 내보낸 드라마 제작자에게 항의하려고

02 다음은 여론의 힘이 만들어 낸 변화입니다. 들으면서 내용을 쓰십시오.

- 개를 학대한 사람이 가벼운 벌을 받았다.
  → 네티즌 : 정부에 ______________________________ 요구
  → 정부 : ______________________________
- 드라마의 내용이 마음에 들지 않는다.
  → 네티즌 : 시청자 게시판에 ______________________________ 요구
  → 드라마 작가나 감독 : ______________________________

03 다음 중 들은 내용과 같은 것을 고르십시오.

① 남자는 개개인이 모여 만들어 내는 힘을 믿고 있다.

② 남자는 사회적으로 약한 사람들을 도와주는 일을 한다.

③ 여자는 아이들을 폭력으로부터 보호하기 위해 노력 중이다.

④ 여자는 게시판에 글을 써서 드라마의 결말을 바꾸고 싶어한다.

04 여기에서 말하는 '한목소리를 내다'가 의미하는 바를 쓰십시오.

여 : 뭘 그렇게 열심히 들여다봐? 시청자 게시판?

남 : 아, 이거? 어제 저녁에 텔레비전을 보는데 글쎄, 드라마가 너무 폭력적이잖아. 가족들이 모두 모이는 시간대에 방영되는 프로그램들이 그래서야 되겠어?

여 : 그래서 게시판에 글을 남기려는 거야?

남 : 응, 그런데 게시판에는 이미 나 말고도 많은 시청자들의 비판이 이어지고 있네.

여 : 이렇게 글을 남긴들 뭐가 달라지는 게 있을까?

남 : 당연히 있고말고. 얼마 전에 개를 학대한 사람이 가벼운 벌을 받고 풀려난 사건이 뉴스에 보도된 적이 있었잖아.

여 : 아, 그 뉴스 기억 나. 나도 보면서 얼마나 화가 났었는데.

남 : 그 소식을 접한 네티즌들이 처벌이 약하다고 법 개정을 요구하기 시작하니까 결국 정부에서 동물 관련 법을 다시 검토하겠다고 발표하더라고.

여 : 그랬구나. 서로 모르는 사람들이 모여 한목소리를 낸다는 게 참 놀라워.

남 : 나도 때로는 신기하기도 해. 개개인의 목소리는 약하지만 그 목소리들이 모이면 아주 큰 힘을 발휘하게 된다는 걸 다들 아는 거겠지.

여 : 아, 그러고 보니 네티즌에 의해 드라마의 결말이 바뀌기도 한다는 기사를 읽은 기억이 나. 그런데 네티즌의 의견으로 드라마 내용까지 바뀌는 건 좀 심하다고 생각해. 그러면 드라마 작가나 감독이 만들고 싶은 방향대로 만들 수 없잖아.

남 : 사실 그건 좀 그래. 여론의 힘을 엉뚱한 데 쏟아붓고 있다는 느낌도 들고. 사회적으로 약한 사람들의 편에 서서 힘을 실어줘야 할 때 여론이 제 역할을 한다면 더할 나위 없이 좋을 텐데 말이야.

여 : 그렇지. 그럼 우선 의견이나 남겨. 아이들을 폭력적인 장면으로부터 보호하는 것도 중요하니까. 나도 어디 한 번 같이 볼까?

시청자 폭력적 방영되다 비판 학대하다 벌 풀려나다 보도되다 접하다
네티즌 처벌 법 개정 요구하다 검토하다 한목소리 때로 발휘하다
결말 의견 여론 엉뚱하다 쏟아붓다 편 싣다 더할 나위 없다

더 생각해 봅시다

01 여론의 긍정적인 영향과 부정적인 영향에 대해 이야기해 봅시다.

"동성로 한옥마을"

대구 최고의 맛집 '동성로 한옥마을',
친구의 소개로 다녀왔는데 최고였어요.
푸짐하고 넉넉한 상차림, 전통 한정식.
맛도 최고, 가격도 최고!
게다가 서비스도 최고!

제자리에 있을 때 가장 빛이 납니다

우리의 수많은 문화유산들이 해외에 있습니다. 국외 소재 우리 문화재 찾기 운동에 동참해 주십시오. 여러분의 참여와 후원을 기다립니다.

댓글	작성자
ㄴ 어떻게 나이 많은 어르신을 밀어 버릴 수가 있죠?	아기천사
ㄴ 저도 이 사진 보고 깜짝 놀랐어요.	똘똘이
ㄴ 저 여자는 도대체 뭘 보고 배운 건지…	빅뱅사랑
ㄴ 저 여자 강원도에 있는 OO대학교 다녀요.	난 나야
ㄴ 지하철 동영상 보니까 저 여자가 일부러 그런 게 아니던데요. 실수인 것 같더라고요.	몰라요
ㄴ 너 누구야? 저 여자 친구지?	메롱

?

긍정적	부정적
1. 사람들의 경험에서 비롯된, 믿을 수 있는 정보를 얻을 수 있다.	1. 사실 여부를 확인하기도 전에 개인에게 상처를 줄 수 있다.
2.	2.
3.	3.

02 다음과 같이 학교 홈페이지 게시판에 직접 글을 남겨 보십시오.

'건물 내 자판기 설치'

안녕하세요? 저는 유학생 제롬입니다.
어느 날 갑자기 건물 내에서 자판기가 사라졌습니다. 음료 자판기는 특히 시간이 없을 때 편리하게 이용할 수 있어서 좋았는데 요즘 너무나 불편합니다. 우리에게 한 마디 말도 없이 이럴 수는 없습니다.
여러분은 어떻게 생각하세요?

____

03 여러분은 과(또는 반) 대표가 되기 위해 친구들 앞에서 연설을 해야 합니다. 어떤 이야기를 해야 친구들의 공감을 얻을 수 있을까요? 보기 와 같이 이야기해 봅시다.

공약

1. 빈 강의실을 열람실로
2. 각 층마다 정수기 설치
3. 정기적인 선후배 만남

보기

여러분, 안녕하세요? 저는 이번에 과 대표 선거에 나오게 된 루카스라고 합니다. 여러분이 저를 대표로 뽑아 주신다면 다음 세 가지를 약속 드리겠습니다. 우선, 빈 강의실을 열람실로 이용할 수 있도록 건의하겠습니다. 또한 층마다 정수기가 설치될 수 있도록 노력하겠습니다. 마지막으로 선후배의 만남을 정기적으로 가짐으로써 서로의 지식과 정보를 교환할 수 있는 장을 마련하겠습니다. 감사합니다.

공약

1.
2.
3.

어 휘

◎ 여론 활동과 관련된 어휘에 대해 알아봅시다.

• 여론
농산물 수입 개방에 반대한다는 여론이 거세게 일자 정부는 공청회를 열어 국민과의 대화를 시도했다.

• 의견
학교 시설 만족도 조사에서 기숙사 비상계단의 등이 너무 어둡다는 의견이 있었다.

• 비판
그 가수는 방송에서 병역과 관련하여 말실수를 해서 사람들의 비판을 받았다.

• 소신
다른 사람의 말에 쉽게 흔들리지 않는 소신을 가지고 있어야 한다.

• 요구
소비자가 반품한 물건을 되팔다 적발된 백화점의 게시판이 사과와 보상을 요구하는 글로 도배되었다.

• 지지
그는 대다수 국민의 지지로 대통령에 당선되었다.

1) 주민들은 아파트 내 스포츠 센터의 문 닫는 시간을 9시에서 11시로 연장해 줄 것을 ________ 했다.

2) 사회적으로 이번 재해로 피해를 입은 지역을 복구하는 데 힘을 모아야 한다는 ________ 이/가 일고 있는데 우리도 뭔가 해야 하지 않을까요?

3) 저출산 문제를 해결하기 위해서 보육 서비스를 개선해야 한다는 ________ 이/가 가장 많았다.

4) 요즘 인터넷 게시판에는 선거철을 맞아 말과 행동이 다른 정치인에 대한 ________ 이/가 이어지고 있다.

5) 어떤 상황에서라도 다른 사람의 눈치를 보지 말고 ________ 을/를 가지고 행동하세요.

6) 가 : 이 건물 안에서는 더 이상 담배를 못 피운다면서?
나 : 응, 지난번 회의에서 나온 의견인데, 여학생들의 전폭적인 ________ 을/를 얻었대.

문법

01 A/V-(으)ㄴ들

- 내가 아무리 화를 낸들 무슨 소용이 있겠는가.
- 바다가 아무리 넓은들 어머니의 사랑보다 넓을까요?
- 시간이 지난들 그때 일이 가슴 속에서 잊혀지겠습니까?

◎ 다음 문장을 완성하십시오.

1) ______________________ 제시간에 도착할 수 없을 것 같은데 차라리 이번 모임에는 빠지는 게 어떨까?

2) ______________________ 지금 당장 고향에 갈 수 없으니까 조금만 참아. 곧 방학이니까 그때 부모님을 만나 뵈러 가면 되잖아.

3) ______________________ 오늘 다 끝낼 수 없을 테니까 얼른 주무세요. 잠을 못 자면 내일 해야 할 일도 제대로 할 수 없을 거예요.

4) 우리 이제 그만 싸우자. ______________________ 문제는 해결도 못하고 서로 기분만 상할거야.

5) 가 : 내일이 시험인데 지금 와서 ______________________ 무슨 소용이 있겠어? 이번 시험은 포기할까 봐.

나 : 늦었다고 생각할 때가 가장 빠른 때라고 하잖아. 포기하지 마.

문법 설명

앞말을 가정하거나 인정하더라도 그 결과는 부정적임을 나타낸다. 또한 그 결과가 예상이나 기대와 다를 때에도 쓰인다. 주로 '-(으)ㄴ들 -겠어요?'의 형태로 쓴다. '-아/어도', '(이)라도', '-(으)ㄹ지라도' 등과 의미가 유사하다.

02 A/V-고말고(요)

- 가 : 선배, 오늘 저녁 모임에 올 수 있어요?
  나 : 그럼, 갈 수 있고말고.
- 가 : 이 옷 내일까지 세탁이 가능할까요?
  나 : 가능하고말고요. 내일 이 시간에 오시면 됩니다.

◎ 다음 대화를 완성하십시오.

1) 가 : 오늘 저희 집에 오시겠어요?
   나 : ____________________. 몇 시까지 갈까요?

2) 가 : 이번 주까지 이 책 꼭 돌려주세요.
   나 : ____________________. 걱정하지 마세요.

3) 가 : 가을 산이 그렇게 아름다워요?
   나 : ____________________. 가 보면 알 거예요.

4) 가 : 오늘 수업 마치고 떡볶이 먹으러 갈래요?
   나 : ____________________. 떡볶이는 한국 음식 중에서 제가 제일 좋아하는 음식이에요.

5) 가 : 시간이 있으면 한국어 좀 가르쳐 줄 수 있어?
   나 : ____________________. 그런데 한글은 읽을 수 있지?

문법 설명

상대방의 질문에 강하게 긍정할 때 쓴다. 또는 당연히 어떤 행동을 한다거나 어떤 사실에 동의할 때 사용한다. '정말 그렇다' 또는 '그렇게 하겠다'의 뜻을 나타낸다.

03 A/V-더라고(요)

- 그 집은 된장찌개가 특히 맛있더라고.
- 왜 늦었는지 솔직하게 이야기했더니 아버지께서 이해해 주시더라고요.
- 요가는 처음에는 쉽고 간단해 보였는데 하면 할수록 쉽지 않은 운동이더라고요.

◎ 다음은 김치 담그기 체험 교실을 다녀온 경험을 글로 쓴 것입니다. 자신의 경험을 친구에게 이야기해 봅시다.

	김치 담그기 체험 교실
1)	김치를 담그기 위해 시청 앞에 많은 사람들이 모여 있었다.
2)	혼자 사시는 할아버지, 할머니를 위해 마련한 행사라고 했다.
3)	한복을 입은 아주머니들이 김치 담그는 방법을 가르쳐 주셨다.
4)	김치 양념을 만드는 게 가장 어려웠다.
5)	직접 담근 김치로 밥을 먹으니 다른 반찬은 필요 없었다.

◎ 여러분이 유학 생활을 하면서 기억에 남는 일은 무엇인지 이야기해 봅시다.

보기 내가 좋아하는 배우가 나오는 영화를 보러 갔는데 그 배우가 극장에 있더라고요. 영화를 홍보하기 위해 온 거라고 하더라고요. 좋아하는 배우도 만나고 영화도 볼 수 있었기 때문에 잊을 수가 없더라고요.

문법 설명

과거에 직접 경험하여 새롭게 알게 된 사실을 지금 상대방에게 전달할 때 쓴다. 말하는 사람 스스로의 행동에 대해서는 사용하지 않는다.

04 N에 의해(서)

- 대한민국 대통령은 국민의 투표에 의해 뽑힌다.
- 모든 결과는 그 사람의 노력에 의해서 달라진다.
- 네티즌에 의해 드라마의 결말이 바뀌는 걸 보면 인터넷의 영향력이 얼마나 큰지 알 수 있다.

◎ 관계 있는 것끼리 연결한 후 문장을 완성하십시오.

1) 말 한 마디 •	• 그 학생의 선행이 보도되다
2) 시험 결과 •	• 화가 풀리다
3) 충동구매 •	• 합격이 결정되다
4) 계명 신문 •	• 필요 없는 물건을 사다
5) 한국전쟁 •	• 한반도가 둘로 나뉘다

1) 말 한 마디에 의해 화가 풀릴 수 있으니 걱정하지 말고 친구에게 진심으로 사과하세요.

2) ______________ 나중에 후회하지 않도록 열심히 공부하세요.

3) ______________ 쇼핑을 가기 전에 사야 할 물건을 종이에 적는 습관을 가지세요.

4) ______________ 인터넷에 그 학생에 대한 칭찬의 글이 이어졌다.

5) ______________ 수많은 이산 가족이 생겨났다.

문법 설명

어떤 수단이나 방법이 원인이나 이유가 되어 어떤 상황을 만들게 될 때 쓴다. 또는 어떤 상황이나 기준을 기준으로 삼을 때에도 사용한다. '에 의하여'의 형태로도 자주 쓰인다.

말하기

01 다음은 인터넷 실명제에 대한 찬성 또는 반대 의견입니다. 다음을 읽고 그 의미에 대해 생각해 봅시다.

- 인터넷에서 믿을 수 있는 정보를 얻을 수 있다.
- 표현의 자유를 침해하면서까지 실명 활동을 강요하는 것이 과연 사이버폭력을 막는 최선의 방법인가?
- 인터넷 사용자가 글을 남길 때 다른 사람들을 의식하게 되어 예의바르고 질서 있는 인터넷 문화를 만들어 나갈 수 있다.
- 인터넷 이용자의 주민등록번호와 개인 정보 등이 해킹되어 개인 정보가 유출될 위험이 있다.
- 인터넷 실명제가 시행된 후에도 여전히 악플에 시달리고 있는 사람들이 많다.
- 인터넷이 지금처럼 발달할 수 있었던 데에는 익명제를 통한 자유로운 의견 게시가 큰 기여를 했다고 생각한다.

02 여러분은 '인터넷 실명제'에 대해 찬성합니까? 반대합니까? 앞에서 읽은 내용을 바탕으로 여러분의 의견을 메모해 봅시다.

인터넷 실명제 찬성	인터넷 실명제 반대
• 악성 댓글 방지	• 개인 정보 유출 문제
• 지적 재산권 보호	• 자유로운 소통 방해
• 정보의 신뢰도 상승	• 표현의 자유 침해
•	•

인터넷 실명제란?
인터넷 이용자의 실명과 주민등록번호가 확인되어야만 인터넷 게시판에 글을 올릴 수 있는 제도이다.

03 인터넷 실명제에 대한 다른 사람의 의견을 듣고 자신의 의견을 제시해 봅시다.

사실을 인정하면서 다른 의견 제시하기

- -기는 하지만/하겠지만
- ~는 점은 인정하지만
- ~는 의견도 설득력이 있지만

04 위의 표현을 사용하여 다음의 주제에 대해 이야기해 봅시다.

1) 다음의 두 주제에 대해 여러분의 의견을 메모해 봅시다.

주제1 TV 드라마 속 간접 광고

찬성	반대
• 드라마 주인공이 마시는 음료의 상표가 가려져 있으면 오히려 그 음료수가 뭔지 궁금해진다. •	• 드라마에서 간접 광고가 허용되면 중소기업들은 대기업과의 경쟁에서 살아남기가 어렵다. •

주제2 줄임말 사용(예 : '남자 친구' → '남친')

찬성	반대
• 줄임말은 자신이 하고 싶은 말을 빨리 상대방에게 전달할 수 있어 편리하다. •	• 한국어가 파괴된다. •

2) 앞에서 메모한 내용을 가지고 서로 의견을 교환해 봅시다.

① 〈주제 1〉

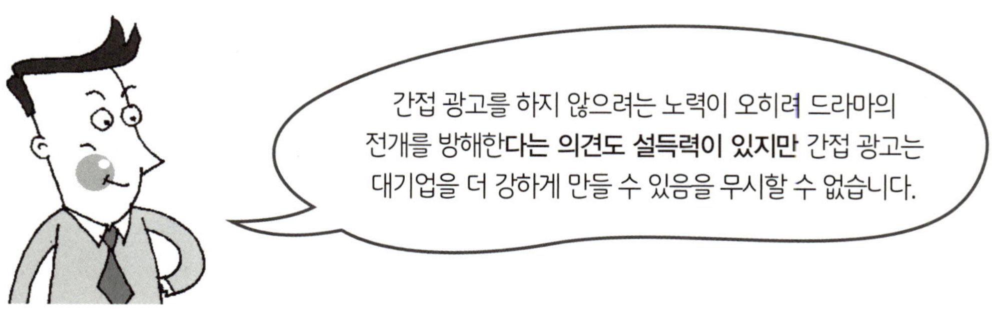

② 〈주제 2〉

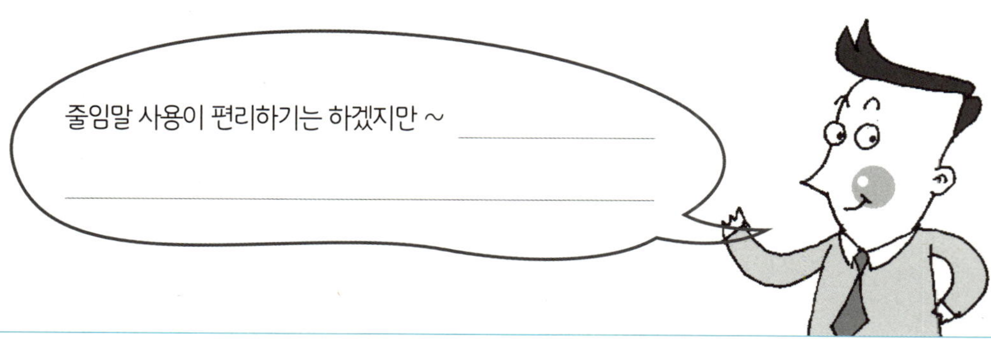

2 한국의 대중문화

01 여러분은 '한국'을 생각하면 무엇이 가장 먼저 떠오릅니까?

02 한국 문화 중에서 여러분이 처음 접하거나 경험한 것은 무엇입니까? 그리고 그것은 어떤 방법이나 계기로 알게 되었습니까?

03 여러분은 한국의 대중문화에 대해 어떻게 생각하십니까? 마음에 드는 것을 선택해서 자신의 생각을 이야기해 봅시다.

가요	드라마
영화	패션
아이돌 스타	온라인 게임

읽기

다음은 한국의 대중문화를 좋아하는 한 유학생의 글입니다. 잘 읽고 질문에 답하십시오.

"다 거짓말이야 몰랐어 이제야 알았어 네가 필요해……."

이것은 제가 제일 좋아하는 한국 가수 빅뱅의 노래입니다. 제가 처음 이 노래를 들었을 때는 무슨 뜻인지조차 몰랐습니다. 그저 가사와 멜로디가 따라 부르기 쉽고, 단체로 나와서 추는 춤도 멋지길래 친구들과 같이 따라 부르기 시작했습니다.

그러다가 빅뱅뿐만 아니라 샤이니, 슈퍼주니어, 소녀시대와 같은 다른 한국 가수들의 노래에도 관심을 가지게 되었고 마침내 제 고향 프랑스에서 열린 케이팝 콘서트에도 가게 되었습니다. 거기에서 저는 한 손에는 태극기, 다른 손에는 한글이 적힌 플래카드를 들고 신나게 노래를 따라 불렀습니다. 그날 이후 멋진 외모에 뛰어난 가창력, 춤 실력까지 두루 갖춘 한국 가수들의 매력에 그만 푹 빠져 버렸고 지금까지 빠져나오지 못하고 있습니다.

지금 유럽에서는 한국 드라마도 한국 가요 못지않게 많은 인기를 얻고 있습니다. 제가 SNS를 통해서 처음 본 한국 드라마는 '풀하우스'인데 가수 비와 여배우 송혜교가 한 집에 살면서 티격태격하다가 결국 사랑하게 된다는 내용입니다. 줄거리도 물론 재미있었지만 나오는 배우들이 어찌나 예쁘고 잘생겼는지 저는 한국에 오기 전까지 한국 사람들은 모두 다 드라마에 나오는 주인공들처럼 생긴 줄 알았습니다.

한국 가요와 드라마가 좋아서 한국에 관심을 가지게 된 저는 6개월 전에 한국에 왔습니다. 처음 왔을 때는 낯설게만 느껴지던 한국말과 한국 음식에 이젠 제법 익숙해졌습니다. 그리고 한국 사람들처럼 옷을 입고 이야기하고 화장하는 법까지 배우면서 한국 문화에 더 가까이 다가갈 수 있었습니다. 이런 저를 프랑스에 있는 친구들은 아주 부러워합니다. 자기가 좋아하는 한국 노래가 무슨 뜻인지 가르쳐 달라고 하고, 한국 가수의 시디를 사서 고향으로 보내 달라는 친구도 있습니다. 어떤 친구는 한국 화장품을 부탁하기도 합니다. 제가 친구들에게 이렇게 인기를 얻을 줄 알았더라면 진작 한국어를 배울 걸 그랬다는 후회도 생깁니다.

저는 한국에 관심이 많은 제 친구들에게 한국어를 가르쳐 주고 싶습니다. 그래서 한국어를 더 열심히 공부해야 합니다. 한국어 실력이 늘면 친구들을 가르쳐줄 수 있을 뿐만 아니라 제가 좋아하는 한국 노래와 드라마를 더 잘 이해할 수 있을 테니까요. 그리고 한국 친구도 많이 사귀고 한국의 이곳저곳을 여행하고 싶습니다. 여행 사진을 SNS에 올리면 아마 많은 친구들이 배 아파할 거예요. 제 친구들에게도 한국에 올 수 있는 기회가 생겼으면 좋겠습니다.

조차　그저　마침내　케이팝　태극기　플래카드　가창력　두루　갖추다　빠져나오다　SNS　티격태격하다　줄거리　낯설다　제법　얻다　진작　올리다　배(가) 아프다

01 글쓴이가 처음 한국 노래에 관심을 가지게 된 이유는 무엇입니까?

02 글쓴이의 행동을 한국에 오기 전과 한국에 온 후, 그리고 앞으로 하고 싶은 일로 구분하여 정리해 봅시다.

시간 순서	글쓴이의 행동
한국에 오기 전	• • 고향에서 열린 케이팝 콘서트에 갔다. •
한국에 온 후	• 한국 사람처럼 옷을 입었다. • •
앞으로 하고 싶은 일	• • •

03 글쓴이에 대한 설명이 아닌 것을 고르십시오.

① 6개월 전부터 한국말과 한국 음식에 익숙해져 있었다.

② 한국 가요와 드라마에 대한 관심 때문에 한국에 오게 되었다.

③ 한국 가수의 시디와 한국 화장품을 사 달라고 부탁하는 친구들이 있다.

④ 한국 사람처럼 옷을 입고 화장하면서 한국 문화를 배워가고 있는 중이다.

04 글쓴이가 한국어를 더 열심히 공부하려는 이유는 무엇입니까? 정리해서 써 봅시다.

더 생각해 봅시다

01 다음은 한국의 어느 방송국 주말 텔레비전 프로그램 편성표입니다. 다음을 보고 질문에 대답해 봅시다.

시간	프로그램	시간	프로그램
08:10	통일 전망대	16:10	(재) 드라마 내 딸 서영이
09:00	뉴스 타임	17:15	동물의 왕국
09:50	영화가 좋다	17:45	사랑의 리퀘스트
11:05	걸어서 세계 속으로	19:00	불후의 명곡 전설을 노래하다
12:00	국악 한마당	20:00	연예가 중계
13:10	TV 비평 시청자 데스크	21:00	9시 뉴스
14:00	찾아라! 맛있는 TV	22:00	개그 콘서트
15:10	(재) 드라마 내 딸 서영이	23:30	드라마 스페셜

1) 프로그램 제목을 보고 어떤 내용일지 추측해 봅시다.

2) 여러분 고향에서 볼 수 없는 프로그램은 무엇입니까? 또 고향과 비슷한 프로그램에는 어떤 것이 있습니까?

3) 이 편성표를 통해 알 수 있는 한국 TV 프로그램의 특성에 대해 이야기해 봅시다.

02 한국 문화에 대해 생각한 다음 질문에 대답해 봅시다.

1) 여러분이 좋아하는 한국 문화가 있습니까? 있다면 보기 처럼 이야기해 봅시다.

> **보기** 저는 한국의 찜질방을 좋아합니다. 찜질방에서는 친구나 가족들과 함께 음식을 먹고, 이야기하고 잠도 같이 잘 수 있기 때문입니다. 찜질방에 갔다 오면 친구와 더 친해지고 몸은 더 건강해지는 기분이 들어서 좋습니다.

2) 여러분이 이해할 수 없는 한국 문화가 있습니까? 보기 처럼 자신의 경험을 이야기해 봅시다.

> **보기** 저는 한국의 식당에서 삼겹살을 먹은 적이 있습니다. 그런데 식탁 위에 뜨거운 숯이 있는 것이 이상했습니다. 부엌에서 요리를 끝낸 후에 손님에게 가져다주는 제 고향과 많이 달랐기 때문입니다. 하지만 잠시 후에 가위가 등장했을 때는 더 당황했습니다. 고기를 자르는 데 칼이 아닌 가위를 사용하는 것이 이상했기 때문입니다. 지금은 많이 익숙해졌지만 처음엔 정말 이해하기 어려웠습니다.

메 모

어 휘

◎ 대중문화와 관련된 어휘에 대해 알아봅시다.

- **대중문화**
  생활수준의 향상, 교육의 보급, 매스컴의 발달 등의 원인으로 대중문화가 발달했다.
- **대중 매체**
  대중 매체의 영향력이 커지면서 연예와 관련한 산업이 인기를 얻고 있다.
- **대중음악**
  요즘의 대중음악은 국악이나 클래식의 장점을 가지고 와서 새롭고 편안한 느낌을 준다.
- **대중화**
  인터넷이 대중화되면서 정보의 양이 급격하게 많아지기 시작했다.
- **상품화**
  선정적인 광고 등으로 인해 성의 상품화 현상이 심각해지고 있다.
- **생명력**
  한국 대중음악에서 가장 긴 생명력을 가진 장르는 트로트라고 할 수 있다.
- **아이돌**
  아이돌 가수는 나이가 어린 것을 장점으로 내세운 연예인이기 때문에 그 수명이 짧은 경우가 많다.

1) 우리 회사는 전통 음료수를 개발하자마자 동시에 ______________ 을/를 추진하고 있다.

2) ______________ 이/가 기사의 사실 여부를 확인하지 않은 채 뉴스를 보도하는 것은 무척 위험한 결과를 불러올 수도 있다.

3) 선인장처럼 ______________ 이/가 강한 식물들은 나쁜 환경 속에서도 잘 자란다.

4) 대중을 대상으로 대량 생산, 대량 소비되는 문화를 ______________ (이)라고 한다.

5) 휴대전화가 처음 ______________ 되었을 때 산속이나 지하 같은 곳에서는 통화가 잘 되지 않았다.

6) 요즘의 ______________ 은/는 가수, 연기자, 뮤지컬 배우 등 연예계의 다양한 분야에서 활동한다.

7) 남의 노래 일부를 몰래 가져와서 쓰는 표절은 한국의 ______________ 에 대한 불신을 가져왔다.

문 법

01 N조차

- 먹기만 하면 배가 아파서 물조차 못 마시겠어요.
- 시험이 너무 어려워서 항상 일 등을 하던 뚜안 씨조차 시험 점수가 좋지 않았다.
- 아직까지도 한국의 많은 이산가족들은 서로 생사조차 자유롭게 확인할 수가 없다.

◎ 다음 문장을 완성하십시오.

1) 요즘 용돈이 부족해서 ______________________.

2) 약속을 안 지킨 친구한테 너무 화가 나서 ______________________.

3) 요리를 못해서 김치찌개는커녕 ______________________.

문법 설명

'가장 기본적인 것까지 포함해서 모두'의 뜻이다. 어떤 사실에 가장 기본적이고 쉬운 대상을 더 포함하여 나타낼 때 사용한다. 일반적으로, 말하는 사람이 예상하기 어려운 극단적인 경우까지 포함한다. 뒤의 내용은 주로 '-지 않다, 못하다' 등의 부정문이 쓰인다.

02 A/V-길래

- 무슨 말을 했길래 선생님께서 그렇게 화를 내셨어?
- 퇴근 시간이라 길이 복잡하길래 지하철을 타고 왔어요.
- 룸메이트가 한국어를 아주 잘하길래 좀 가르쳐 달라고 했어요.

◎ 어떤 사실을 알고 난 후의 나의 행동에 대해 보기 와 같이 이야기해 봅시다.

사 실	나의 행동
친구가 하루 종일 게임만 한다	그만하고 같이 바람이나 쐬러 가자고 했다.
백화점에서 할인 행사를 한다	
친구가 케이팝을 잘 부른다	
산에 단풍이 들어서 아름답다	
요즘 SNS로 문자를 주고받는 사람이 많다	

보기 친구가 하루 종일 게임만 하길래 그만하고 같이 바람이나 쐬러 가자고 했다.

문법 설명

뒤에 이어지는 문장의 이유나 원인을 말할 때 사용한다. 말하는 사람이 앞의 상태나 행동을 보고 뒤에 오는 문장과 같은 행동을 하게 되었다는 뜻이다. '-기에'의 구어체 표현이다

03 어찌나 A/V-(으)ㄴ/는지(요)

- 가을 하늘이 어찌나 높고 맑은지요.
- 저녁을 어찌나 많이 먹었는지 배가 터질 정도예요.
- 부모님 대신 스스로 알아서 집안일을 하는 동생을 보니 어찌나 대견한지요.

◎ 다음 밑줄 친 부분을 강조하는 문장으로 바꾸어 쓰십시오.

1) 우리 선생님은 목소리가 너무 커서 옆에 있으면 깜짝깜짝 놀랄 때가 많아요.

→ ______________________ 옆에 있으면 깜짝깜짝 놀랄 때가 많아요.

2) 선물이 아주 감동적이어서 눈물이 다 났어요.

→ ______________________ 눈물이 다 났어요.

3) 너무 피곤해서 집에 오자마자 침대에 쓰러졌어요.

→ ______________________ 집에 오자마자 침대에 쓰러졌어요.

4) 친구는 한국말을 아주 잘해서 한국사람 같아요.

→ ______________________ 한국사람 같아요.

문법 설명

'아주, 매우, 대단히 -하다'라는 뜻으로, 감탄하며 말할 때 사용한다. 문장 가운데 오면 '아주 -아/어서'라는 뜻으로 뒤에 오는 문장의 원인이 된다. '얼마나 -(으)ㄴ/는지(요)'로 바꾸어 쓸 수 있다.

04 A/V-았/었더라면

- 조금만 더 늦었더라면 비행기를 놓칠 뻔했다.
- 어머니의 도움이 없었더라면 이렇게 성공하지는 못했을 것이다.
- 젊었을 때부터 건강에 관심을 가졌더라면 건강이 이렇게 나빠지지는 않았을 텐데요.

◎ 다음 대화를 완성하십시오.

1) 가 : 어때요? 제주도에 와서 바다도 보고 한라산도 올라가니까 좋지요?
   나 : 네, 이렇게 좋을 줄 알았더라면 좀 더 일찍 왔을 거예요.

2) 가 : 우리 팀 실력이 훨씬 뛰어난데 날씨가 더워서 경기에 지고 말았어요. 정말 아까워요.
   나 : ______________________________.

3) 가 : 병진 씨는 치료 시기를 놓쳐서 수술까지 해야 하는 상황이 됐대요.
   나 : ______________________________.

4) 가 : 세계적으로 에너지 부족 문제가 심각하다는 뉴스를 봤어요.
   나 : ______________________________.

문법 설명

과거에 있었던 사실과는 다른 내용의 일이나 상황을 가정할 때 사용하는 표현이다. 뒤의 내용은 이루어지지 않은 일이 나타난다. 주로 과거의 일에 대한 후회나 안타까움 또는 다행스러움을 나타낼 때 사용한다.

메 모

05 V-(으)ㄹ걸 그랬다

- 어제 파티는 정말 재미없었어요. 가지 말걸 그랬어요.
- 길이 이렇게 막힐 줄 알았으면 좀 더 일찍 출발할걸 그랬어요.
- 낙지볶음이 이렇게 매울 줄 알았으면 다른 음식을 시킬걸 그랬어요.

◎ 여러분은 후회되는 일이 있습니까? 보기 와 같이 이야기해 봅시다.

후회되는 일	아쉬움 표현하기
한국어를 열심히 공부하지 않았다.	좀 더 열심히 공부할걸 그랬다.

보기 한국어를 열심히 공부하지 않은 것이 후회가 돼요. 좀 더 열심히 공부할걸 그랬어요.

문법 설명

과거에 하지 못한 일이나 하지 않은 일에 대해서 아쉬움이나 후회를 표현할 때 사용한다. 반대로 부정형 '–지 말걸 그랬다', '–지 않을걸 그랬다'는 과거에 한 일에 대하여 아쉬움이나 후회를 나타낸다. 간단하게 '–(으)ㄹ걸'로 줄여서 쓰기도 한다.

메 모

쓰 기

01 다음 글을 읽고 각 단락의 중심 문장을 찾아 밑줄을 그어 봅시다.

1) 한국 사람들이 가장 사랑하는 대중음악은 바로 트로트이다. 사오십 대 중년들은 물론 젊은 사람들도 노래방에 가면 자신 있게 부를 수 있는 트로트가 한 곡쯤은 있다. 트로트는 노랫말과 리듬이 쉽고 단순하기 때문에 따라 부르기 쉽다. 이것이 바로 트로트가 한국 사람 누구에게나 사랑받는 이유가 아닐까 한다.

2) 요즘 TV에서는 한국 가수들 공연에 열광하는 유럽인들의 모습을 자주 볼 수 있다. 그야말로 세계적으로 한류 열풍이 뜨겁다. 그러나 한류가 과장된 것이라고 비판하는 목소리도 있다. 일본의 유명 배우는 TV에 방영되는 한국 드라마에 불편한 마음을 표현했고, 유럽의 일부 언론들은 케이팝 가수들을 '찍어내기 식 공장상품'에 비유하기도 했다.

3) 드라마에는 항상 갈등이 있게 마련이다. 한국 드라마에 자주 등장하는 갈등으로는 결혼과 관련한 부모와 자식 간의 갈등이 있다. 자식이 부모의 마음에 들지 않는 사람과 결혼하려고 하면 부모들은 심하게 반대한다. 이러한 것은 부모가 자식의 결혼에 지나치게 간섭하는 부정적인 모습을 나타내는 것이다. 앞으로의 드라마에서는 자식을 설득하여 어려움을 함께 극복해 나가는 긍정적인 부모의 역할도 있어야 할 것이다.

02 다음 글을 읽고 중심 문장을 써 봅시다.

1) ______________________________. 외국인들이 좋아하는 대표적인 한국 음식으로는 비빔밥, 불고기, 삼겹살, 잡채, 갈비 등이 있다. 이들이 한국 음식을 좋아하는 이유는 맛있고 만들기 쉽고, 건강에 좋기 때문이라고 한다.

2) 과거에 커피숍은 글자 그대로 사람들이 커피를 마시는 공간이었다. 그러나 지금은 조금 다르다. 요즘 커피숍은 직장 회의실과 학교 동아리방의 역할을 대신한다. 즉, 모임의 장소를 제공해 주는 것이다. 뿐만 아니라 혼자 책을 읽거나 인터넷을 하며 여유를 즐기는 사람들에게는 좋은 휴식처가 되기도 한다. 이제 커피숍은 단순히 커피만 마시는 곳이 아니라 ______________________________.

03 다음 글을 읽고 중심 문장을 뒷받침 할 수 있는 문장을 써 봅시다.

1) 인터넷은 우리 생활에 많은 도움을 준다. ______________________________.
그렇지만 항상 좋은 점만 있는 것은 아니다. 최근 인터넷에 중독되어 우울증에 빠지기도 하고 사회 활동을 못하는 사람들도 늘어나고 있다. 그러므로 인터넷을 적당하게 활용하는 것이 건강하게 살 수 있는 방법이다.

2) 나는 시장에 자주 간다. 신선하고 값싼 과일과 채소들도 마음에 들지만 무엇보다 좋은 것은 상인들의 따듯한 인정이다. ______________________________기 때문이다.
이러한 이유로 나는 마트나 백화점보다 시장을 더 자주 찾게 된다.

04 다음의 주제 중에서 하나를 골라 주제문을 쓰고 단락을 완성해 봅시다.

한국 음식 한국 가요 한국 영화

1) 선택한 주제에 대해 생각나는 것을 있는 대로 써 보십시오.

______________________________.

2) 주제문을 써 보십시오.

______________________________.

3) 주제문을 뒷받침 할 수 있는 내용들을 써 보십시오.

______________________________.

4) 주제문을 넣어서 단락을 완성하십시오.

____

____

______________________________.

입말과 글말

01 입말과 글말의 특징

입 말	글 말
• 조사가 자주 생략된다. • 듣는 사람에 따라 높임법을 다르게 사용한다. • 말을 줄여서 사용한다. • 같은 말을 반복하는 경우가 많다. • 문장을 생각나는 대로 말한다. • 모든 문장 성분의 생략이 가능하다. • 한자어를 많이 사용하지 않는다.	• 조사를 생략하지 않는다. • 높임법을 사용하지 않고 '–ㄴ/는다'를 쓴다. • 말을 줄여서 사용하지 않는다. • 가능하면 같은 말을 반복하지 않는다. • 문장 순서에 맞게 글을 쓴다. • 문장 성분을 생략하지 않는다. (단, 주어가 글을 쓴 사람일 경우에는 생략이 가능하다) • 한자어를 많이 사용하는 편이다.

02 다음 글을 읽고 입말과 글말의 다른 점을 찾아봅시다.

입 말	글 말
지난 주말에 남친이랑 한국 영화 '박수건달'을 봤어. 싸움만 할 줄 아는 건달이 무당이 되는 이야긴데, 야, 너무 재밌더라. 웃기기만 한 게 아니고 마지막엔 감동까지. 시간 되면 이 영화 진짜 꼭 다시 볼 거야.	지난 주말에 남자 친구와 같이 '박수건달'이라는 한국영화를 봤다. 싸움만 할 줄 아는 건달이 무당이 되는 이야기인데, 아주 재미있었다. 웃기기만 한 것이 아니고 마지막에는 감동까지 있었다. 시간이 되면 이 영화를 꼭 다시 볼 것이다.

03 다음을 글말로 바꾸어 써 봅시다.

한국 사람들 남의 일에 참 관심 많은 거 같아요. 한국 사람들 날 보면 제일 먼저 "몇 살이에요?", "남자 친구 있어요?" 같은 거 질문해요. 그거 진짜로 개인적인 건데 말이죠. 대답하기 싫을 때 너무 많아요.

⬇

제 2 과

전설과 속담

1. 아기장수 우투리

듣기 한국의 전설 '아기장수 우투리'에 대한 발표 듣기

어휘 전설

문법 및 표현
- A/V-듯(이)
- A/V-(으)ㄴ 나머지
- N(으)로 말미암아
- 수포로 돌아가다

말하기 반대 의견 제시하기

2. 말의 유래

읽기 말의 유래에 대한 글 읽기

어휘 말의 유래

문법 및 표현
- A/V-게 마련이다
- A/V-(으)ㄴ/는 탓에
- -들
- V-는 사이(에)

쓰기 정의하기

1 아기장수 우투리

◎ 다음을 보고 어떤 이야기인지 추측해 봅시다.

듣기

Track 02 다음을 듣고 물음에 답하십시오.

01 전설이란 무엇입니까?

02 전설의 특징은 무엇입니까?

03 '아기장수 우투리'에서 다음이 의미하는 것이 무엇인지 쓰십시오.

1)	'우투리'라는 이름	
2)	우투리의 날개	
3)	콩, 좁쌀, 팥	
4)	우투리의 죽음	

04 우투리가 죽게 된 이유를 쓰십시오.

여러분이 앞에서 보신 이야기는 전설입니다. 전설이란 오랜 옛날부터 특정한 인물이나 장소에 대해 사람들의 입에서 입으로 전해 내려오는 이야기로, 전설에는 상징적인 의미들이 담겨 있습니다. 지금부터 저는 아기장수 우투리에 담긴 몇 가지 상징적인 의미들에 대해 발표하고, 당시 백성들이 어떤 심정으로 이 이야기를 만들었는지에 대해 여러분과 함께 생각해 보고자 합니다.

때는 조선시대로, 당시 백성들은 제대로 먹지도 못하고 힘들게 살아가고 있었습니다. 백성들의 유일한 희망은 언젠가 자신들을 구원해 줄 영웅이 나타날 거라는 것이었습니다. 그 영웅이 바로 우투리였습니다. 우투리라는 이름이 갖고 있는 의미는 '우두머리'인데, 이 이름만 보더라도 간절히 영웅을 기다리던 백성들의 마음을 잘 알 수 있습니다. 여러분이 앞에서 이미 보셨듯이 우투리의 겨드랑이에 있던 '날개'가 바로 새 시대를 열 수 있는 영웅의 능력을 상징합니다.

가난한 집에서 태어난 영웅은 왕을 위협하기 때문에 왕이 우투리를 가만히 놔 둘 리가 없겠지요. 왕을 피해 집을 떠나려고 한 날, 우투리는 갑옷을 만들기 위해 어머니께 콩 한 말을 볶아 달라고 했습니다. 그런데 어머니가 콩을 볶다가 배가 고파서 한 알을 집어먹은 부분에서 여러분은 어떤 생각이 들었습니까? 이 부분은 바로 앞으로 우투리에게 닥칠 비극적인 운명을 암시합니다. 어머니가 집어먹은 콩 한 알 때문에 겨드랑이 부분은 구멍이 생겨서 결국 이 부분이 우투리의 약점이 되었습니다.

우투리가 왕을 피해 바위 안으로 들어가면서 어머니에게 삼 년이 될 때까지 아무에게도 알리지 말라고 했는데, 어머니는 군사들의 위협이 너무나 두려운 나머지 그만 사실을 말해 버렸습니다. 어머니의 고발로 말미암아 우투리의 모든 계획은 결국 수포로 돌아가 버렸습니다. 그것도 삼 년이 되기 딱 하루를 남겨 놓은 상황에서 우투리는 겨드랑이에 활을 맞고 죽음에 이르게 됩니다. 바위 속에서 훈련시키던 수많은 병사들은 바로 우투리가 가지고 간 좁쌀과 팥이었습니다. 좁쌀, 팥, 콩 이것들은 모두 곡식인데, 여기에도 숨은 의미가 있습니다. 이것들은 바로 영웅을 기다린 농민들을 뜻합니다. 우투리의 죽음은 조선시대에 백성을 구하기 위해 나타난 농민 출신의 영웅들이 대부분 죽었음을 의미하는데, 이를 안타깝게 여긴 백성들의 마음이 '아기장수 우투리'라는 전설로 나타난 것 같습니다.

비록 비극적인 결말이지만, 이 이야기가 사람들의 입에서 입으로 전해져 온 이유는 무엇일까요? 그것은 바로 큰 좌절에도 불구하고 희망은 절대 꺾이지 않겠다는 백성들의 강한 의지 때문이었을 것입니다. 이상으로 발표를 마치겠습니다. 지금까지 제 발표를 경청해 주셔서 대단히 감사합니다.

전설 특정하다 인물 상징적 당시 백성 심정 유일하다 구원하다
영웅 우두머리 간절히 겨드랑이 날개 위협 가만히 갑옷 말
집어먹다 닥치다 비극적 운명 암시 약점 두렵다 고발 수포 딱
활 이르다 훈련시키다 수많다 병사 좁쌀 곡식 농민 출신
안타깝다 비록 좌절 꺾이다 경청하다

더 생각해 봅시다

01 '아기장수 우투리'는 비극적으로 끝나는 이야기입니다. 다음 보기 와 같이 어떻게 했으면 우투리가 죽지 않았을지 이야기해 봅시다.

> **보기** 만약 우투리가 날개를 갖고 태어나지 않았더라면 왕에게 쫓기지 않고 죽임도 당하지 않았을 것이다.

만약 ______________________________

만약 ______________________________

만약 ______________________________

02 일반적인 영웅 전설이나 영웅 이야기는 다음과 같은 특징을 가지고 있습니다. '아기장수 우투리'의 특징이 아닌 것은 무엇이며, '아기장수 우투리'가 비극적인 결말이 될 수밖에 없었던 이유에 대해 생각해 봅시다.

1. 남들과 다르게 태어난다.
2. 어릴 때부터 특별한 능력을 가지고 있다.
3. 부모나 사람들에게 버림을 받는다.
4. 생명의 은인을 만나 도움을 받는다.
5. 자기를 죽이려고 하는 사람들과 싸운다.
6. 자기에게 닥친 어려움을 극복한다.
7. 왕 또는 위대한 영웅이 된다.

1) '아기장수 우투리'의 특징이 아닌 것

2) '아기장수 우투리'가 비극적인 결말이 될 수밖에 없는 이유

03 여러분이 알고 있는 영웅 전설이나 영웅 이야기가 있습니까? 다음 특징에 맞추어서 생각해 보고, 이야기를 정리해서 발표해 봅시다.

1) 제목 : ____________________

2) 이야기에 나타난 특징

남들과 다르게 태어난다.	
어릴 때부터 특별한 능력을 가지고 있다.	
부모나 사람들에게 버림을 받는다.	
생명의 은인을 만나 도움을 받는다.	
자기를 죽이려고 하는 사람들과 싸운다.	
자기에게 닥친 어려움을 극복한다.	
왕 또는 위대한 영웅이 된다.	

3) 이야기를 정리해서 발표해 봅시다.

어 휘

◎ 전설과 관련된 어휘에 대해 알아봅시다.

• **염원하다**
UN 세계 평화의 날을 기념하기 위해 광장에 모인 사람들은 전쟁이 없는 평화로운 세상을 염원하면서 종이비행기를 날렸다.

• **얽히다**
별자리에 얽힌 이야기를 떠올리면서 별자리를 바라보면 별들이 그 이야기를 직접 들려주는 듯한 착각에 빠지게 된다.

• **매달리다**
점이나 미신에 매달려 스스로 아무것도 바꾸려고 노력하지 않는 사람만큼 어리석은 사람도 없다.

• **지니다**
입시철이 되면 합격을 기원하는 부적을 몸에 지니고 다니는 학생들이 많다.

• **깃들다**
동지에 먹는 팥죽은 나쁜 귀신을 물리치고 새로운 한 해를 건강하게 잘 보낼 수 있기를 바라는 마음이 깃들어 있는 음식이다.

• **범상하다**
오늘 처음 본 사람이지만 그 사람의 눈빛을 보니 범상한 사람이 아닌 것 같다.

1) 문득 고개를 들어 창밖의 하늘이나 푸른 나무들을 보면 지금까지 계속 보아온 __________ 그것들과는 전혀 다르게 보일 때가 있다.

2) 중국인들은 무병장수의 의미로 옥이나 붉은 실을 몸에 __________ 다닌다.

3) 마을 입구에 들어서면 주민들의 마음이 __________ 있는 돌탑이 여기저기 쌓여 있는 것을 어렵지 않게 발견할 수 있다.

4) 환율은 세계 각국의 정치, 경제 등 모든 이해관계가 __________ 있기 때문에 국제 경제에 있어 가장 민감한 부분이라고 할 수 있다.

5) 지나치게 __________ 않는다면 점이나 미신은 알 수 없는 미래를 두려워하는 현대인들에게 위안이 될 수도 있다.

6) 연들을 하늘 높이 날리면서 소원이 이루어지기를 간절히 __________.

문법 및 표현

01 A/V-듯(이)

- 사람마다 외모가 다르듯이 성격도 각각 다르다.
- 이번 산불은 앞에서도 이야기했듯이 등산객의 부주의 때문에 일어났다.
- 라면을 먹을 때 김치가 빠질 수 없듯이 자장면을 먹을 때 단무지도 꼭 있어야 한다.

➔ 관용적인 표현

- 비 오듯이 땀이 나다
- 물 쓰듯이 돈을 쓰다
- 이 잡듯이 뒤지다
- 거짓말을 밥 먹듯이 하다

◎ 위의 관용 표현을 이용하여 다음 문장을 완성하십시오.

1) 없어진 지갑을 찾느라고 온 집안을 ______________ 끝내 찾을 수 없었다.

2) 나는 맵거나 뜨거운 음식을 먹을 때 ______________ 손수건이 꼭 필요하다.

3) 저축 한 푼 하지 않고 ______________ 큰일이 닥쳤을 때 후회하게 될 것이다.

4) 국민과의 약속을 어기고 선거 전 공약을 지키지 않는 등 ______________ 정치인들은 두 번 다시 뽑아서는 안 된다.

문법 설명

앞의 내용처럼 뒤의 내용도 그렇다는 것을 나타낸다.

02 A/V-(으)ㄴ 나머지

- 강연이 너무 지루한 나머지 중간에 그만 졸고 말았다.
- 회사 생활이 너무 힘이 든 나머지 입사한 지 세 달 만에 사표를 내 버렸다.
- 어머니는 아들의 합격 소식에 너무나 기쁜 나머지 눈물을 흘리며 말을 잇지 못했다.

◎ 보기 와 같이 문장을 만드십시오.

보기 계속 거짓말을 하는 친구에게 아주 화가 났다. 그래서 다시는 만나지 말자고 했다.
→ 계속 거짓말을 하는 친구에게 화가 난 나머지 다시는 만나지 말자고 했다.

1) 급한 회사일 때문에 며칠 동안 밤을 새웠다. 그래서 결국 쓰러지고 말았다.

→ ____________________.

2) 컴퓨터를 너무 오래 했다. 그래서 어깨와 허리 건강이 심각하게 나빠졌다.

→ ____________________.

3) 친구의 사고 소식을 듣고 깜짝 놀랐다. 그래서 ____________________.

→ ____________________.

4) 음식이 맛있어서 과식을 했다. 그래서 ____________________.

→ ____________________.

문법 설명

어떤 행동이나 상태가 지나쳐서 나쁜 결과가 나타났음을 표현한다.

03 N(으)로 말미암아

- 지나친 운동으로 말미암아 건강이 좋아지기는커녕 오히려 나빠졌다.
- 지난밤의 갑작스러운 폭우로 말미암아 과수 농가들이 엄청난 피해를 입었다.
- 사소한 말다툼으로 말미암아 형제처럼 지내던 두 사람 사이는 돌이킬 수 없을 만큼 멀어졌다.

◎ 다음 문장을 완성하십시오.

1) ____________________ 고속도로에서 4중 연쇄 추돌 사고가 일어났다.

2) ____________________ 공항에서 비행기가 뜨지 못해 승객들의 항의가 이어졌다.

3) 사소한 오해로 말미암아 ____________________.

4) 지나친 스트레스로 말미암아 ____________________.

문법 설명

어떤 현상이나 물건이 원인이 될 때 사용한다.

04 수포로 돌아가다

- 당초 목표였던 4강 진출에 실패해 국가대표팀의 노력이 모두 수포로 돌아갔다.
- 주민들의 강력한 반대로 대기업의 대형 할인 마트 이전 계획은 수포로 돌아갔다.
- 동료가 갑자기 회사를 그만두는 바람에 일이 많아져서 휴가 계획이 수포로 돌아갔다.

◎ 다음 질문에 대답해 봅시다.

1) 어떤 일에 많은 시간과 노력을 들인 적이 있습니까?

2) 그 일의 결과는 어떻게 되었습니까?

3) 계획이나 노력이 수포로 돌아간 적이 있습니까?

문법 설명

준비하고 노력했던 일이 결국 쓸모없게 되었다는 뜻이다. 같은 의미로 '물거품이 되다'가 있다.

메 모

말하기

01 다음 상황에서 여러분은 상대방의 의견에 반대를 해야 합니다. 어떻게 반대 의견을 말하겠습니까?

1) 결혼은 빨리 하는 것보다 천천히 하는 게 나아. 특히 여자의 경우 직장 일에 육아에 집안일까지 하느라 자기 시간을 갖기가 정말 힘들거든. 그러니 결혼 전에 자기가 하고 싶은 것들을 다 해 보고 스스로를 위한 시간을 많이 가진 후에 결혼하는 게 자신을 위해서도 가족들을 위해서도 좋아.

2) 한 분야에서 성공하려면 무엇보다 타고난 능력이 있어야 합니다. 아무리 많은 시간과 노력을 투자한다고 해도 타고난 능력이 없다면 제대로 된 성공을 이룰 수가 없습니다. 그러므로 자신의 타고난 능력이 무엇인지를 먼저 찾아내는 것이 성공에 이르는 가장 확실한 길입니다.

3) 건강을 위해서는 채식을 해야 합니다. 육식을 하면 비만의 위험은 물론 심장이나 혈액 질환의 위험도 높아집니다. 또한 암 발생의 원인도 육식을 하는 데에서 비롯된다고 합니다. 최근 들어 많은 유명한 사람들이 채식을 하는 것만 봐도 채식이 건강에 얼마나 중요한지 잘 알 수 있습니다.

02 다음 표현을 이용하여 상대방의 의견에 부드럽게 반대해 봅시다.

공식적인 대화에서

- OO 씨의 의견에도 일리가 있지만 ~
- 반드시 -(으)ㄴ/는 것 같지는 않습니다.
- 그 부분/점은 저도 인정합니다만, ~
- 무슨 말씀인지 알겠습니다. 그런데 ~

일상적인 대화에서

- 네 말에도 일리가 있지만 꼭 그런 것만은 아니라고 생각해.
- 꼭/반드시 -(으)ㄴ/는 것 같지는 않아.
- 그래, 그 점은 나도 인정해. 그렇지만 ~
- 네 말이 무슨 말인지 알겠어. 그런데/하지만 ~

1) 한국 속담 중에 '싼 게 비지떡'이라는 말이 있잖아. 난 그 말이 정말 맞다고 생각해. 얼마 전에 학교 앞에서 네 켤레에 천 원 하는 양말을 샀거든. 그런데 신은 지 반나절도 안 지났는데 구멍이 났지 뭐야. 그것도 모르고 식당에 가서 신발을 벗었다가 얼마나 부끄러웠는지 몰라. 싸다고 해서 무조건 좋은 게 아니야.

반대 의견	
요즘은 싸고 질 좋은 물건들이 많다. 특히 1~2천 원대 물건을 전문적으로 파는 가게에 가 보면 실용적이고 튼튼한 물건들이 많이 있다. 나도 거기에서 보관함이나 주방용품을 사서 쓰고 있는데 비싼 물건 못지않게 좋다.	

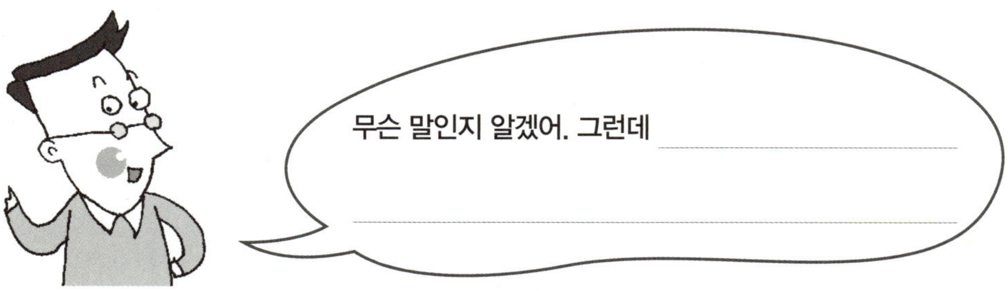

2) 영웅 소설 홍길동전을 보면 주인공 홍길동은 도둑들의 우두머리가 되어 욕심 많은 양반들의 재산을 훔칩니다. 그리고 그 훔친 재산들을 가난한 백성들에게 나눠 줘서 백성들의 영웅이 되었습니다. 남의 물건을 훔쳤다는 점에서 본다면 홍길동은 당연히 비판받아야 합니다. 그렇지만 백성들의 재산을 빼앗은 나쁜 양반들의 재산을 훔쳐서 다시 백성들에게 나누어 준 것이므로 홍길동의 행동을 나쁘다고만 볼 수는 없습니다.

반대 의견	
아무리 양반들이 백성의 재산을 빼앗았다고 해도 물건을 훔친 행동 자체는 용서할 수 없다. 홍길동이 진정한 영웅이었다면 물건을 훔치는 것이 아니라 백성들을 위한 다른 방법을 찾을 수 있었을 것이다.	

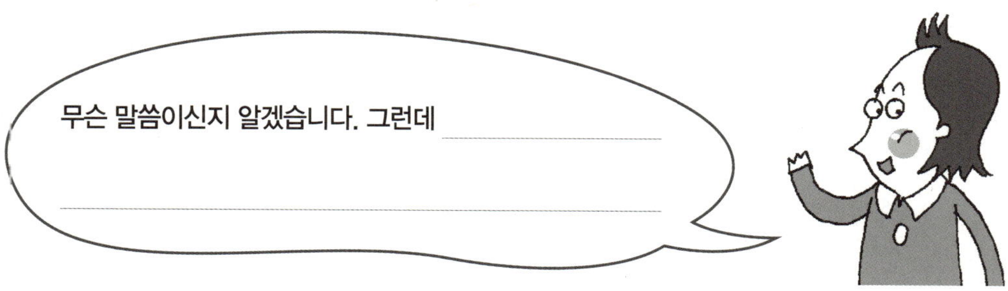

03 다음을 읽고 '조기 교육'에 대해 토론을 해 봅시다.

부모들의 높은 교육열과 자기 자식을 최고로 만들고 싶다는 강한 바람이 자녀의 조기 교육으로 이어지고 있다. 외국어, 악기처럼 되도록 어릴 때부터 배우는 것이 습득하기 빠르다는 이유에서이다. 이러한 조기 교육 때문에 유아 때부터 드는 교육 비용이 상당하지만 부모들은 자녀를 위한 일이므로 기꺼이 이 비용을 지불한다. 아이들은 어릴 때부터 외국어, 피아노, 운동, 수학, 한자 등 많은 것들을 배우느라 놀 시간이 없다.

1) 여러분은 조기 교육에 찬성합니까? 반대합니까? 그 이유는 무엇입니까?

	조기 교육 찬성	조기 교육 반대
이유	• 어릴 때 배워야 습득이 빠르다. • •	• • •

2) 상대방의 입장에 반대할 때 다음의 표현을 이용해서 말해 보십시오.

강한 반대 표현

- 저는 OO 씨의 의견에 반대합니다.
- 그 의견에 동의/찬성할 수 없습니다.
- -다는 말은/주장은 전혀 타당성이 없습니다.
- OO 씨의 주장은 납득할 수 없습니다.
- OO 씨의 의견을 받아들일 수가 없습니다.

저는 어릴 때 배워야 습득이 빠르다는 이유로
조기 교육이 필요하**다는 의견에 찬성할 수 없습니다.**

왜냐하면 ______________________________

____

2 말의 유래

01 아래 그림은 무엇을 의미하는 것일까요? 함께 이야기해 봅시다.

	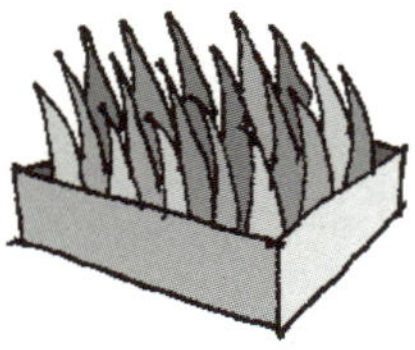		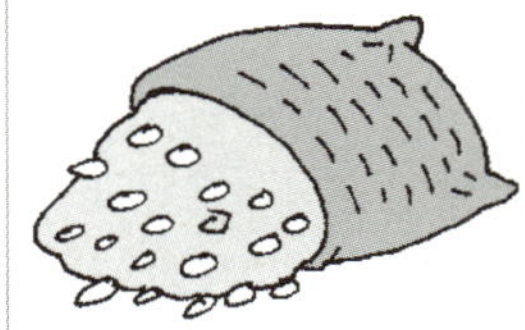	
한국어	모	벼	쌀	밥
영어	rice			

02 아래의 어휘는 어떤 의미를 가지고 있을까요? 관계있는 것끼리 연결해 봅시다.

1) 구두쇠 •　　2) 맞장구치다 •　　3) 어처구니없다 •

• 마주 서서 장구를 치다 •　　• 맷돌 손잡이 '어처구니'가 없다 •　　• 구두에 쇠를 붙일 정도로 아끼다 •

• 상대방 의견에 동의하다　　• 돈이나 물건을 무척 아끼는 사람　　• 예상하지도 못한 일이 일어나서 황당하다

읽기

다음은 말의 유래에 대한 글입니다. 잘 읽고 질문에 답하십시오.

한 언어의 어휘에는 그 언어 사회의 문화가 담겨 있다. 어휘를 통해 그 사회의 문화를 알 수 있고, 문화는 어휘를 통해 나타나게 마련이다. 한국어 어휘에도 한국 문화가 잘 반영되어 있는데 예를 들어 '남의 말에 동의하다'는 뜻을 가진 '맞장구치다'는 한국 전통 음악인 풍물놀이에서 유래되었다. 풍물놀이를 할 때 둘이 마주서서 치는 장구를 맞장구라고 하는데, 맞장구를 칠 때는 서로 마음이 잘 맞아야 한다. 남의 의견에 동의하는 것도 서로 마음이 맞아야 하므로 '맞장구치다'가 '동의하다'라는 뜻을 가지게 되는데, 맞장구칠 때에는 "맞아.", "그럼." 등과 같은 표현이 사용된다. 이것 외에도 한국어 어휘 속에는 다양한 한국 문화가 숨어 있으니 지금부터 함께 찾아보도록 하자.

고무신을 거꾸로 신다 "너, 고무신 거꾸로 신으면 안 돼." 이게 무슨 말일까? 이것은 군대 가는 남자가 여자 친구에게 자신이 군대에 가 있는 동안 자신을 버리고 다른 남자를 사귀지 말라는 뜻으로 하는 말이다. 그런데 왜 하필 고무신일까? 그것은 이 말이 생겼을 당시, 한국을 대표하는 신발이 고무신이었기 때문이다. 그때 군대 간 남자를 버리고 다른 남자에게 가는 여자들이 있었을 것이다. 다른 남자를 만나다가 휴가 나온 애인에게 들켰을 때 여자는 마음이 너무 급한 탓에 고무신을 거꾸로 신고 도망가는 일도 있었다고 한다. 그래서 '고무신을 거꾸로 신다'는 '여자가 사귀던 남자와 일방적으로 헤어지다'라는 뜻을 가지게 되었다. 요즘은 반대로 군대 가는 남자에게 여자가 "군화 거꾸로 신지 마."라고 하기도 한다.

땡땡이치다 "나 오늘 수업 땡땡이쳤어." 이 말은 수업에 가지 않고 다른 일을 했다는 뜻이다. 땡땡이는 '종'을 가리키는 말인데, 예전에는 수업이 시작되고 끝나는 시간을 종을 쳐서 알렸다. 여기에서는 수업이 끝날 때 치는 종을 말한다. 그래서 '땡땡이를 치다'라는 말은 '수업이 끝나다'라는 뜻이며, '공부를 잠시 쉬다'라는 의미도 포함되어 있다. 여기에서 의미가 더 변화해 '꾀를 부려서 일이나 공부를 열심히 하지 않거나 빠지다'라는 뜻을 가지게 된 것이다.

쏘다 "돈 걱정 말고 많이들 먹어. 오늘 밥값은 내가 쏠게." 여기에서 '쏘다'는 '(돈을) 쓰다'를 강조한 표현이다. 한국에서는 식당 계산대에서 돈을 먼저 내겠다고 몸싸움을 하는 장면을 흔히 볼 수 있다. 식사가 끝나고 일행이 일어설 준비를 하거나 신발을 신는 사이에 한 사람이 일어나 재빨리 계산대로 가면 나머지 사람들은 구두를 제대로 신지도 못한 채 뒤뚱거리며 달려 나간다. 서로 먼저 지갑을 꺼내려는 상황이 마치 총을 꺼내려는 장면처럼 보이는데 마침내 몸싸움에서 이긴 사람이 밥값을 총처럼 '쏘게' 되는 것이다. 뒷주머니에서 지갑을 꺼내 돈을 내는 행동이 허리에 찬 권총을 꺼내 쏘는 것처럼 보여 '돈을 내다'를 '쏘다'로 표현하게 되었다고 한다.

반영되다 동의하다 맞장구치다 풍물놀이 유래되다 마주서다 가리키다 고무신
거꾸로 하필 들키다 급하다 일방적 군화 땡땡이치다 종 치다
꾀 부리다 쏘다 몸싸움 흔히 일행 사이 재빨리 뒤뚱거리다 상황
총 차다 권총

01 위 글의 중심 내용은 무엇입니까?

① 같은 뜻의 어휘라도 나라마다 다르게 표현된다.
② 한국어 어휘에는 한국 문화가 반영되어 나타난다.
③ 하나의 한국어 어휘에는 다양한 문화가 숨어 있다.
④ 각 나라마다 그 나라의 문화를 나타내는 어휘가 있다.

02 위 글의 내용과 같은 것을 고르십시오.

① '풍물놀이'에서 '맞장구치다'라는 말이 생기게 되었다.
② 휴일에 학교에 가지 않는 행동은 땡땡이를 치는 것이다.
③ 요즘은 고무신을 거꾸로 신는 일은 없고 군화를 거꾸로 신는다.
④ 밥값을 계산할 때 한국 사람들은 자신의 돈을 쓰지 않으려고 한다.

03 다음 표현의 의미를 정리해 보십시오.

표현	의미
맞장구치다	'남의 말에 동의하다'는 뜻으로 "맞아.", "그럼." 등과 같은 표현이 맞장구칠 때 사용되는 표현이다.
고무신을 거꾸로 신다	
땡땡이치다	
쏘다	

04 위 표현을 이용해 대화를 완성해 보십시오. 더 많은 상황을 만들어 대화를 나누어 봅시다.

1) 토니 : 민호야, 너 취직했다면서? 축하해.
민호 : 응, 고마워. 다 네가 도와준 덕분이야. 그런 의미에서 점심은 ____________. 빨리 가자.

2) 안나 : 상우야, 민호한테 무슨 일 있어? 며칠 전부터 얼굴이 안 좋아 보이는데.
상우 : 응, 여자 친구랑 문제가 있는 것 같아. 여자친구가 ____________.

3) 토니 : 어, 너 여기 어떻게 왔어? 오늘 수업 있다고 했잖아?
민호 : 응, ____________. 내가 이 모임에 빠질 수는 없잖아.

4) 상우 : 넌 내 의견에 동의하지? 그럼 가만히 있지만 말고 ____________.
안나 : 글쎄, 솔직히 난 잘 모르겠어.

더 생각해 봅시다

01 같은 의미의 말이지만 나라마다 다른 어휘를 사용해 표현합니다. 아래 표현들을 여러분 나라에서는 어떻게 표현하는지 이야기해 봅시다.

등잔 밑이 어둡다	개구리 올챙이 적 생각 못한다
소 잃고 외양간 고친다	원숭이도 나무에서 떨어진다

02 속담에 등장하는 사물, 동물을 통해 그 나라 사람들의 문화와 생각을 알 수 있습니다. 한국 속담에 자주 등장하는 사물 또는 동물에는 어떤 것이 있습니까? 조사해서 함께 이야기해 봅시다.

호랑이	⇨	호랑이도 제 말하면 온다.	호랑이 굴에 가야 호랑이를 잡는다.	호랑이에게 물려 가도 정신만 차리면 산다.
밥	⇨	밥 한 알이 귀신 열을 쫓는다.		
소	⇨			
김치	⇨			
	⇨			

03 한국 속담이나 관용어의 유래를 조사하여 발표해 봅시다.

시치미를 떼다
의미 : 자기가 하고도 하지 않은 척하거나 알고 있으면서도 모르는 척하다
'시치미'란 원래 매의 주인을 알기 위해 주소를 적어 매의 꼬리에 단 네모 모양의 이름표를 가리키는 말이다. 옛날 한국 사람들은 겨울철이 되면 매를 데리고 사냥을 나갔다. 그런데 여러 사람이 함께 사냥을 하다가 매를 잃어버리는 일이 가끔 있었다. 그래서 주인의 이름과 주소를 쓴 이름표를 매의 꼬리에 달았다. 이것을 시치미라고 불렀다. 시치미만 보면 그 매의 주인이 누구인지 금방 알 수 있었다. 그런데 가끔 나쁜 사람들이 이 시치미를 떼는 일이 생겼다. '시치미를 떼어 버리고, 매를 내가 가져야겠다.' 이렇게 남의 매를 가지고 자기 매라고 우기는 사람들 때문에 이 말이 생겨나게 되었다고 한다. '시치미 떼지 마.', '시치미 뗀다고 내가 모를 줄 알아?'와 같이 쓴다.

가는 날이 장날이다
같은 값이면 다홍치마
미운 놈 떡 하나 더 준다
꿩 대신 닭

어 휘

◎ 말의 유래와 관련된 어휘에 대해 알아봅시다.

- **유래되다**
  '마라톤'은 승리의 소식을 전하기 위해 쉬지 않고 달렸던 한 병사의 이야기에서 유래되었다.
- **담기다**
  이 길에는 나의 어릴 적 추억이 담겨 있어 이곳을 걸어가면 부모님 생각이 난다.
- **반영되다**
  이번 행사에는 학생들의 의견이 반영되었다.
- **숨어 있다**
  그의 작품에는 영화보다 더 재미있는 이야기가 숨어 있다.
- **바탕을 두다**
  문학에 나타나는 삶은 현실에 바탕을 두고 있으므로 현실과 가깝게 느껴진다.
- **토대로**
  이 건물은 현대적인 건물 같지만 사실 전통 디자인을 토대로 만들어졌다.

1) 가 : 배부르면 억지로 다 먹지 말고 그냥 버리세요.
   나 : 안돼요. 어머니의 정성이 가득 ______________ 밥인데 버릴 수는 없지요.

2) 가 : 작품을 보면 작품을 만든 사람의 생각을 알 수 있다지요?
   나 : 그럼요. 그림에도 화가의 생각이 ______________ 있어서 그 화가의 생각을 알 수 있대요.

3) 가 : 동네 이름이 참 특이하네요. 어떻게 이런 이름을 만들었을까요?
   나 : 이곳 이름은 오래 전에 여기에서 키웠던 과일 이름에서 ______________ 고 해요.

4) 가 : 별로 친하지 않은 회사 동료가 갑자기 저한테 아주 친절하게 대해요.
   나 : 그렇다면 그 사람의 행동에는 틀림없이 다른 의도가 ______________ 테니까 조심하도록 하세요.

5) 가 : 다니던 직장을 그만두고 사업을 시작할 거라면서요? 사업이 쉽지 않을 텐데요.
   나 : 나도 알아요. 하지만 지금까지의 경험을 ______________ 열심히 해 보려고요.

6) 가 : 이 글은 이해하기가 너무 힘드네요.
   나 : 그렇죠? 이분의 글은 불교 정신에 ______________ 고 있어요. 그래서 불교를 모르는 사람에게는 어려워요.

문법

01 A/V-게 마련이다

- 사람이 병에 걸리면 마음이 약해지게 마련입니다.
- 우수한 학생이 있으면 그렇지 않은 학생도 있게 마련이다.
- 날씨가 추우면 사람들이 바깥으로 잘 나오지 않게 마련이죠.

◎ 관계 있는 것끼리 연결한 후 문장을 완성하십시오.

1) 음식을 오래 두다 •	• 체하다
2) 성공할 때가 있다 •	• 실망도 크다
3) 밥을 급하게 먹다 •	• 상하다
4) 기대가 크다 •	• 실패할 때도 있다

1) 음식을 오래 두면 상하게 마련이에요. 빨리 드세요.

2) ______________________. 너무 실망하지 마세요.

3) ______________________. 천천히 드십시오.

4) ______________________. 너무 기대하지 마세요.

문법 설명

그렇게 되도록 되어 있는 사실을 나타내어 당연함을 표현할 때 사용한다. '-기 마련이다'로도 표현한다.

02 A/V-(으)ㄴ/는 탓에

- 눈이 많이 오는 탓에 여행을 떠날 수 없다.
- 내 친구는 눈이 너무 높은 탓에 아직 결혼을 못했다.
- 새로 개발한 제품이 인기가 없는 탓에 회사 사정이 어려워지고 있습니다.

◎ 알맞은 원인과 결과를 생각하여 보기 와 같이 문장을 만드십시오.

원인/이유	부정적 결과
여름인데도 날씨가 시원하다	에어컨이 잘 팔리지 않는다
실수를 했다	대회에서 상을 받지 못했다
동생이 시끄럽게 울다	
	회의에 참석하지 못했다
과일 값이 비싸다	

보기 여름인데도 날씨가 시원한 탓에 에어컨이 잘 팔리지 않습니다.

문법 설명

앞의 내용은 이유를 나타내며, 뒤의 내용은 원하지 않았던 부정적인 결과를 나타낸다. '-(으)ㄴ/는 탓으로', '-(으)ㄴ/는 탓이다'의 형태로도 사용된다. 반대로 '-(으)ㄴ/는 덕분에' 뒤의 내용은 원했던 긍정적인 결과가 온다.

03 -들

- 일하는 게 왜 이렇게들 느려?
- 다들 배고프지? 어서 많이들 먹어.
- 자기 일은 다 끝내 놓고 퇴근들 하도록 하세요.

◎ 다음 대화를 완성하십시오.

1) 가 : 조금 천천히 해도 발표 준비를 다 끝낼 수 있을 것 같은데 우리 좀 쉬었다 할까?
   나 : 안 돼. 생각보다 준비할 게 많아. ______________________.

2) 가 : 과장님, 저희가 이번 일을 성공할 수 있을까요? 잘못되면 어떡하죠?
   나 : 잘될 거에요. 여러분, 너무 ______________________.

3) 가 : 마이클이 아직도 나한테 화가 나 있나 봐. 오늘도 나한테 아무 말도 안 해.
   나 : 너희는 아직 화해 안 했어? ______________________.

4) 가 : 니키, 우리 좀 더 놀다가 집에 들어갈게. 기다리지 말고 먼저 자.
   나 : 뭐? 밤 12시가 다 됐는데 더 놀고 온다고? ______________________.

문법 설명

주어가 여러 사람일 때 주어에 '들'을 사용하는 대신, 뒤에 나타나는 명사, 조사, 어미, 부사에 '들'을 써서 표현하기도 한다.

04 V-는 사이(에)

- 아이가 잠깐 방을 나간 사이 엄마는 청소를 했습니다.
- 내가 없는 사이에 친구가 내 책을 방에다 놓고 갔어요.
- 친구들과 이야기하는 사이에 동생이 가게에 갔다 왔다.

◎ 다음 문장을 완성하십시오.

1) ________________ 무슨 일 있었니? 왜 그렇게 화가 났어?

2) 친구에게 줄 케이크인데 ________________ 다 먹어버리면 어떡해?

3) 엄마는 아기와 계속 놀아주다가 ________________ 얼른 가게에 갔다 왔다.

4) 몇 년 전에는 키가 아주 작더니 ________________ 많이 컸구나.

문법 설명

앞 행위나 상태가 일어나는 중간 어느 짧은 시간에 뒤의 다른 행위가 일어남을 나타낸다. 비슷한 표현인 '-는 동안'은 어떤 행위나 상태가 계속되는 시간 내내 다른 일이 이루어짐을 나타낸다.

쓰 기

01 다음 글을 읽고 대답해 봅시다.

신화란 신이나 영웅의 이야기이다. 그중 건국 신화는 나라의 기원, 시조, 건국 등을 신성화한 이야기를 말한다. 한국의 건국 신화인 단군 신화는 한국 최초의 국가를 세운 단군의 이야기이다. 여러 개의 이야기로 내용이 이루어져 있으며 각각의 이야기에는 특별한 의미가 담겨져 있다.

1) 이 글은 무엇에 대해 말하고 있습니까? 그것을 설명하기 위해 어떤 방법을 사용했습니까?

2) '건국 신화'는 무엇입니까?

02 '정의하기'에 자주 사용되는 표현을 알아봅시다.

정의하기 어떤 대상에 대해 설명할 때에는 상세하게 설명하기에 앞서 그 대상의 개념에 대해 간결하고 정확하게 알려 주어야 한다.

- **~(이)란 ~(이)다**
  신화란 신이나 영웅의 이야기이다.
- **~(이)란 ~을/를 말한다**
  건국 신화란 나라의 기원, 시조, 건국 등을 신성화한 이야기를 말한다.
- **~은/는 ~을/를 뜻한다[의미한다]**
  전설은 옛날부터 민간에서 전해오는 이야기를 뜻한다[의미한다].
- **~은/는 ~을/를 일컫는다**
  민담은 예로부터 민간에 전해 내려오는 이야기를 일컫는다.
- **~을/를 ~(이)라고 한다**
  각 민족 사이에 전승되어 오는 신화, 전설, 민담 등을 설화라고 한다.

03 다음 어휘를 사전에서 찾아본 후, 다양한 표현을 이용하여 정의해 봅시다.

감상문

감상문**이란** 어떤 사물이나 현상을 보고 느낀 것을 쓴 글**을 말한다.**

감상문 : [명사] 〈문학〉 어떤 사물이나 현상을 보고 느낀 바를 쓴 글.

뮤직비디오

.

명절

.

04 정의하는 표현을 사용하여 아래의 주제로 단락을 써 봅시다.

'정의하기'로 단락을 이루는 경우, ① 정의하는 문장을 쓰고, 그 뒤에서 더 ② 자세히 풀이하는 문장을 쓰는 경우가 많다.

감상문

① 정의하는 문장 : 어떤 사물이나 현상을 보고 느낀 것을 쓴 글.

② 자세히 풀이하는 문장 : 글쓴이가 생활하면서 보고, 듣고, 느낀 것들을 바탕으로 자신이 느끼고 생각하는 것을 적은 글.

감상문**이란** 어떤 사물이나 현상을 보고 느낀 것을 쓴 글**을 말한다.** 글쓴이가 생활하면서 보고, 듣고, 느낀 것들을 바탕으로 자신이 느끼고 생각하는 것을 적은 글이 바로 감상문이다.

뮤직비디오

① 정의하는 문장 :

② 자세히 풀이하는 문장 : 보통, 음악에 어울리는 영상을 3분 정도의 비디오로 만든다.

명절

① 정의하는 문장 :

② 자세히 풀이하는 문장 :

05 '행복'에 대해 여러분이 생각하는 정의를 내려 보십시오.

행복

① 사전적 정의 : 생활에서 충분한 만족과 흐뭇함을 느끼는 상태.

② 나의 정의 : 보기 자신이 사랑하는 사람들과 함께 살아가는 것.

• 이유 :

행복이란 ______ 를 일컫는다.

하지만 나는 행복은 ______

______ (이)라고 생각한다.

그 이유는 ______

______

______ (이)기 때문이다.

제 3 과

취미와 여가

1. 취미 생활

듣기 취미 생활에 대한 대화 듣기
어휘 취미 활동
문법 및 표현 • 녹초가 되다
• N(이)라고는
• A/V-아/어서인지
• A/V-다고 해서
• V-(으)ㄴ/는 셈 치다
말하기 맞장구치기

2. 여가 생활

읽기 한국 야구장의 응원 문화에 대한 글 읽기
어휘 여가 활동의 효과
문법 및 표현 • N에 관해(서)
• 뭐니 뭐니 해도
• V-는다거나
• 일거양득
• V-(으)ㄹ 만하다
쓰기 자세하게 설명하기

1 취미 생활

01 다음 표는 한국인이 좋아하는 취미를 연령별로 조사한 것입니다. 다음을 보고 여러분 나라의 경우와 비교해 봅시다.

순위	10대	20대	30대	40대	50대 이상
1	음악 감상	음악 감상	독서	등산	등산
2	온라인 게임	영화 관람	운동/헬스	독서	산책/걷기
3	인터넷	온라인 게임	음악 감상	운동/헬스	독서
4	운동	운동	영화 관람	여행	노래 부르기
5	독서	인터넷	낚시	낚시	음악 감상

02 다음은 현대인들이 즐기는 이색 취미입니다. 어떤 것들이 있는지 알아봅시다.

코스튬 플레이	암벽 등반	댄스 동호회
장난감 수집	맛집 탐방	직장인 밴드

듣 기

Track 03 다음을 듣고 물음에 답하십시오.

01 남자의 고민은 무엇입니까?

① 스포츠 댄스 배우기를 강요 받고 있다.
② 여자가 봐 준 타로 점의 결과가 좋지 않다.
③ 요즘 생활에서 즐거움을 느끼지 못하고 있다.
④ 과도한 회사 업무로 인해 개인적인 시간이 없다.

02 들은 내용과 같은 것을 고르십시오.

① 남자는 미신에 대해 부정적인 시각을 갖고 있다.
② 남자는 여자에게 좋은 취미를 추천해 달라고 했다.
③ 여자는 취미 생활의 장단점에 대해 이야기하고 있다.
④ 남자와 여자는 미신의 심각한 문제점에 대해 토론하고 있다.

03 두 사람은 미신에 대해 어떻게 생각합니까? 들은 내용을 쓰십시오.

남 자	여 자

04 앞으로 여자가 할 행동으로 알맞은 것을 고르십시오.

① 과장님에게 연락하여 남자를 소개해 준다.
② 타로 점 보는 방법을 남자에게 가르쳐 준다.
③ 남자와 함께 할 수 있는 적당한 취미를 알아본다.
④ 타로 점으로 남자에게 어울릴 만한 취미를 알아봐 준다.

05 여러분은 미신과 관련하여 누구의 생각에 동의합니까? 그 이유는 무엇입니까?

남 : 우리가 입사한 지 벌써 2년이 다 되어 가는구나.

여 : 아, 벌써 그렇게 되었어? 처음 몇 달은 일 배우느라 정신없었는데……. 이제는 좀 여유가 생긴 거 같지?

남 : 그래, 처음에는 일 배우느라 매일 밤 녹초가 다 되어서 집으로 돌아갔었는데. 이젠 업무에도 익숙해지고 회사 분위기에도 적응되어서 많이 편해졌어. 그런데 매일 집, 회사, 집, 회사만 왔다갔다하니까 점점 무기력해져 가는 것 같아. 퇴근 후에 하는 거라고는 집에 가서 저녁 먹고 텔레비전 보면서 쉬다가 그냥 자는 것뿐이야. 자고 일어나면 또 회사.

여 : 내가 볼 때 넌 취미 생활이 필요한 거 같아. 우리 과장님도 몇 주 전까지만 해도 두기력한 모습이었는데, 퇴근 후에 취미로 스포츠 댄스를 배우고 나신 후부터 사람이 완전히 달라졌어. 과장님이 활발해져서인지 우리 부서 전체 분위기도 밝아졌고.

남 : 정말? 어쩐지 요즘 김 과장님 표정이 많이 밝아졌다고 생각했는데 그런 이유가 있었구나. 흠, 그런데 나는 특별히 해 보고 싶은 게 없어. 독서나 음악 감상 같은 흔한 취미에도 흥미가 없고.

여 : 그럼 네가 어떤 취미를 가지면 무기력함에서 벗어날 수 있는지 타로 카드로 알아봐 줄까? 나도 취미로 배운 건데 주위 사람들의 타로 점을 봐주면서 고민을 들어 주다 보니 이젠 인생 상담가가 다 된 것 같아.

남 : 타로? 됐어. 타로는 미신이잖아. 난 미신 같은 거 안 믿어.

여 : 미래에 대해 점을 본다는 점에서는 미신이라고 할 수 있겠지. 그런데 미신이라고 해서 무조건 나쁜 건 아니라고 봐.

남 : 그렇지만 과학적 근거도 없는 점괘에 의지하는 건 정말 어리석은 일이라고 생각해. 현재 자기가 어떻게 하느냐에 따라 얼마든지 미래가 달라질 수 있다고 믿어.

여 : 무조건 믿고 거기에 매달린다면 곤란하겠지. 그렇지만 불확실한 미래 때문에 불안하고 자신 없을 때 좋은 이야기를 들으면 희망이 생길 테고, 또 나쁜 이야기를 들으면 미리 조심하면 된다고 생각하니까 결국 긍정적인 힘을 얻을 수 있잖아. 기분 전환에도 도움이 되고.

남 : 네 말을 듣고 보니 그럴듯한데, 그럼 속는 셈 치고 너를 한번 믿어 볼까? 난 새로운 뭔가가 정말 필요해.

입사하다 정신없다 여유 녹초가 되다 적응되다 무기력하다 완전히 부서
어쩐지 흔하다 흥미 벗어나다 타로 점 상담가 미신 근거 점괘
의지하다 어리석다 불확실하다 전환 속다 그럴듯하다

더 생각해 봅시다

01 다음은 현대인들이 즐기고 있는 취미입니다. 이 외에 어떤 취미들이 더 있는지 생각해 보고, 여러분의 취미에 대해서도 이야기해 봅시다.

운 동	수 집	감 상	만들기	기 타
수영 테니스 스케이트 ______	동전 우표 인형 ______	영화 음악 그림 ______	요리 종이접기 가구 만들기 ______	낚시 사진 찍기 ______

02 여러분이 취미 생활을 할 때 중요하게 생각하는 것을 모두 골라 보십시오.

- (혼자서, 여럿이 함께) 할 수 있다.
- 비용이 (많이, 적게) 든다.
- 시간이 (많이, 적게) 든다.
- (활동적인, 조용한) 것이 좋다.
- (야외에서, 실내에서) 하는 것이 좋다.
- (평범한, 남들이 하지 않는 특별한) 것이 좋다.
- (단순히 즐기는, 경제적으로 도움이 되는) 것이 좋다.
- (직접 하는, 보거나 듣는) 것이 좋다.

03 다음 보기와 같이 위에서 여러분이 고른 조건에 맞는 취미에는 어떤 것이 있는지 찾아 봅시다.

보기

1) (혼자서, 여럿이 함께) 할 수 있다.
2) 비용이 (많이, 적게) 든다.
3) 시간이 (많이, 적게) 든다.
4) (활동적인, 조용한) 것이 좋다.
5) (야외에서, 실내에서) 하는 것이 좋다.
6) (평범한, 남들이 하지 않는 특별한) 것이 좋다.
7) (단순히 즐기는, 경제적으로 도움이 되는) 것이 좋다.
8) (직접 하는, 보거나 듣는) 것이 좋다.

⇨ **수영 스케이트**

04 다음은 일상생활 속에서 볼 수 있는 미신입니다. 다음을 보고 여러분이 알고 있는 미신에 대해 이야기해 봅시다.

재채기

서양 사람들은 사람이 재채기를 할 때 그 사람의 영혼이 밖으로 빠져나간다고 믿었다. 그래서 어떤 사람이 재채기를 할 때 영혼이 빠져나가지 않도록 다른 사람이 "Bless you!"라고 말해 주게 되었다. 그 말을 들은 사람은 고맙다는 말을 한다.

소금

인간의 몸에서 없어서는 안 될 것이 바로 소금이다. 그래서 소금을 쏟으면 불운이 찾아 올 거라고 한다. 소금을 쏟았을 경우, 불운을 피하기 위해 약간의 소금을 왼쪽 어깨 뒤로 던져야 한다.

숫자 4

숫자 4는 죽음을 뜻하는 한자 '사(死)'와 발음이 비슷해서 한국 사람들이 피하는 숫자이다. 특히 병원에서 '4'를 사용하는 것을 불길하게 여겨서 4층을 제외하고 바로 5층이라고 하거나 엘리베이터 버튼에 '4' 대신 'F'라고 해 놓기도 한다.

손톱

밤에 손톱을 깎으면 복이 달아난다. 그러므로 밤에 손톱을 깎지 말아야 한다.

05 다음을 읽고 이야기해 봅시다.

사람들은 어려운 상황에 처하게 되면 무언가에 의지하고 힘을 얻으려고 한다. 종교에 의지하는 경우도 있고, 미신에 의지하는 경우도 있다. 미신은 과학적 근거가 없고 종교도 아니므로 믿으면 안 된다는 의견도 있다. 그렇지만 미신이라도 어려운 상황을 극복할 수 있을 거라고 믿으며 힘을 얻는 사람들도 많다.

1) 여러분은 미신을 믿습니까? 믿는다면 어떤 것을 믿습니까?

2) 미신을 믿지 않는다면, 힘든 일이 있을 때 마음을 의지하고 힘을 얻는 방법은 무엇입니까?

어 휘

◎ 취미 활동과 관련된 어휘에 대해 알아봅시다.

- **별나다**
  유명인의 사인 모으기, 숟가락으로 배드민턴 치기, 만화 캐릭터 수집하기 등 내 주위에는 이렇게 별난 취미를 즐기는 사람들이 많다.
- **취득하다**
  건강을 위해 요가를 배우다가 요가 강사 자격증까지 취득하게 되었다.
- **짜릿하다**
  오랜 기다림 끝에 물고기를 잡았을 때의 짜릿한 손맛을 잊을 수가 없어서 매주말 낚시를 간다.
- **연마하다**
  스쿠버다이빙은 전문적인 기술을 연마하지 않고서는 즐기기 어려운 수중 스포츠이다.
- **몰두하다**
  나는 지난 여름 내내 도자기를 만드는 데 몰두하느라 집밖으로 한 발자국도 나가지 않았다.
- **수집하다**
  지금은 한국 우표밖에 모으지 못했지만 나중에 기회가 되면 전 세계 여러 나라의 우표를 수집하는 게 꿈이다.
- **공감하다**
  뱀이나 악어를 키우는 등의 이색 취미를 가진 사람들에 대해 많은 이들이 공감하기에는 아직 시간이 필요할 것으로 보인다.

1) 고양이를 키우는 사람으로서 집에서 키우는 동물이 주인의 감정 상태를 이해한다는 말에 전적으로 ________.

2) 군인들이 강한 정신과 체력을 키우기 위해 더운 날씨에도 불구하고 진지하게 태권도를 ________ 있다.

3) 1점 차로 뒤지고 있던 우리 팀이 경기가 끝나기 직전에 김대희 선수가 던진 3점 슛으로 ________ 역전승을 거두었다.

4) 학점이 모자라 졸업을 못할 수도 있으므로 자신이 ________ 학점을 사전에 확인하고 관리를 잘해야 한다.

5) 한겨울에 에베레스트 산을 오르고 뜨거운 여름에 자전거로 사막을 건넌 ________ 사람이 있어 화제이다.

6) 평생 동안 고미술품을 ________ 그는 세상을 떠나기 전에 그것들을 모두 나라에 기증했다.

7) 회사 일에 ________ 가정에는 무관심한 남편에게 섭섭한 마음을 감출 수가 없었다.

문법

01 녹초가 되다

- 하루 종일 시험을 보느라 녹초가 다 되어서 집으로 돌아왔다.
- 내일 있을 회의 자료를 만드느라 밤을 새웠더니 녹초가 되었다.
- 입사 첫날부터 마라톤 회의에 참석한 수영이는 녹초가 되어 물 마실 힘도 남아 있지 않았다.

◎ 보기 와 같이 문장을 만드십시오.

보기 힘이 하나도 없다
→ 하루 종일 이삿짐을 싸느라 녹초가 되어 힘이 하나도 없다.

1) 말할 힘도 없다

→ .

2) 서 있을 힘조차 없다

→ .

문법 설명

아주 피곤해서 힘이 없다는 뜻이다. 관련 표현으로 '파김치가 되다'가 있다.

02 N(이)라고는

- 이 건물에서 조용한 데라고는 여기뿐이야.
- 8월 한 달 내내 비라고는 한 방울도 내리지 않았다.
- 며칠 동안 장을 보지 않아서 냉장고 안에 먹을 거라고는 김치밖에 없다.

◎ 다음 대화를 완성하십시오.

1) 가 : 주말에 할 일이 많다고 하더니 다 했어?

나 : 아니, .

2) 가 : 지갑을 집에 두고 나오는 바람에 돈이 하나도 없어. 미안한데 만 원만 좀 빌려 줄래?

나 : 미안해. .

3) 가 : 보통 퇴근 후에 뭘 하십니까? 회사일 말고 특별히 하는 일이 있습니까?

나 : 아니요. ________________.

문법 설명

앞에 나온 말을 강조할 때 사용한다. 일반적으로 뒤에는 부정의 뜻을 가지는 말이 와서 그 상황을 부정적으로 생각하고 있음을 나타낸다.

03 A/V-아/어서인지

- 학생이어서인지 돈이 많이 드는 취미 활동은 부담스럽다.
- 어릴 때 시골에서 자라서인지 도시 생활이 답답하게 느껴질 때가 많다.
- 경기가 좋지 않아서인지 세일 기간인데도 백화점에 사람들이 별로 없다.

◎ 다음 문장을 완성하십시오.

1) ________________ 입맛이 별로 없다.

2) ________________ 고향에 있는 가족들이 다른 날보다 더 그립다.

3) ________________ 그 식당을 찾는 손님들이 많이 줄었다.

4) ________________ 악몽을 꿨다.

문법 설명

앞 문장의 상황이 뒤 문장의 원인이나 이유일 것 같지만 확실하지 않을 때 사용하는 표현이다. '-아/어서 그런지'로 바꿔쓸 수 있다.

04 A/V-다고 해서

- 부모님께서 강하게 반대한다고 해서 내 꿈을 포기할 수는 없다.
- 시간이 없다고 해서 운동에 소홀하다 보면 건강이 나빠지는 건 당연하다.
- 몸에 좋은 약이라고 해서 모든 사람에게 효과가 있는 것은 아니므로 반드시 의사와 상담해 봐야 한다.

◎ 다음 대화를 완성하십시오.

1) 가 : 우리 저 영화 볼까? 유명한 영화제에서 큰 상을 받았다니까 정말 재미있을 거야.

나 : 글쎄, ________________.

2) 가 : 복권에 당첨된 사람들 중에서 행복해진 사람보다 불행해진 사람들이 더 많대. 돈이 많으면 행복할 거라고 생각했는데 그게 아닌가 봐.

나 : ______________________________.

3) 가 : 사전에 나온 뜻이랑 실제로 한국인이 사용하는 뜻이랑 달라서 실수한 적이 많아.

나 : ______________________________.

4) 가 : 그 사람 인상이 무서워서 나쁜 사람일 거라고 생각했는데 이야기해 보니까 전혀 그렇지가 않았어.

나 : ______________________________.

문법 설명

앞의 상황이 꼭 뒤에 오는 상황에 영향을 주는 것은 아니라는 뜻이다.

05 V-(으)ㄴ/는 셈 치다

- 이번 일은 못 본 셈 치고 그냥 넘어가기로 했다.
- 이번 달에 받은 보너스는 없는 셈 치고 주식에 투자했다.
- 노는 셈 치고 친구의 시골집에 가서 사과 따는 것을 도와줬다.

◎ 다음 대화를 완성하십시오.

1) 가 : 할머니, 이거 얼마 안 되지만 용돈으로 쓰세요. 오늘 첫 월급 받았어요.

나 : 우리 손자, 정말 고맙네. 너도 돈 쓸 데가 많을 텐데. 이 용돈은 ______________ 네가 필요한 데 써.

2) 가 : 오늘 도와줘서 정말 고마워. 내가 언제 한턱낼게.

나 : 아니야. 내가 한 일도 별로 없는데 그냥 ______________________________.

3) 가 : 내가 술 한 잔 사기로 했는데 요즘 너무 바빠서 시간을 못 내겠어. 미안해.

나 : 아니야. 네가 얼마나 바쁜지 내가 잘 알고 있는데……. 그냥 ______________________________.

4) 가 : 오늘 우리가 토론하기로 한 책 다 읽어 왔어?

나 : 아니, 근데 책 내용은 알고 있으니까 그냥 ______________ 토론하자.

문법 설명

실제로 그렇지 않지만 그렇다고 가정할 때 사용하는 표현이다.

말하기

01 맞장구치기 Ⅰ – 동의할 때 (일상적인 대화에서)

- 그래요. (그래 그래. / 정말 그래.)
- 맞아요. (그래, 맞아. / 맞아 맞아. / 네 말이 맞아.)
- 그러게요. (그러게. / 그러니까.)
- 그러게 말이에요. (그러게 말이야. / 그러니까 말이야.)
- 내 말이 그 말이에요. (내 말이 그 말이야. / 내 말이 그 말이라니까.)
- 그럴 수도 있겠네요. (그럴 수도 있겠네. / 그럴 수도 있겠다.)
- 하긴 ~ / 하기는 ~

◎ 위의 표현들을 이용하여 상대방의 의견에 동의하며 맞장구치는 연습을 해 봅시다.

1)

2)

3)

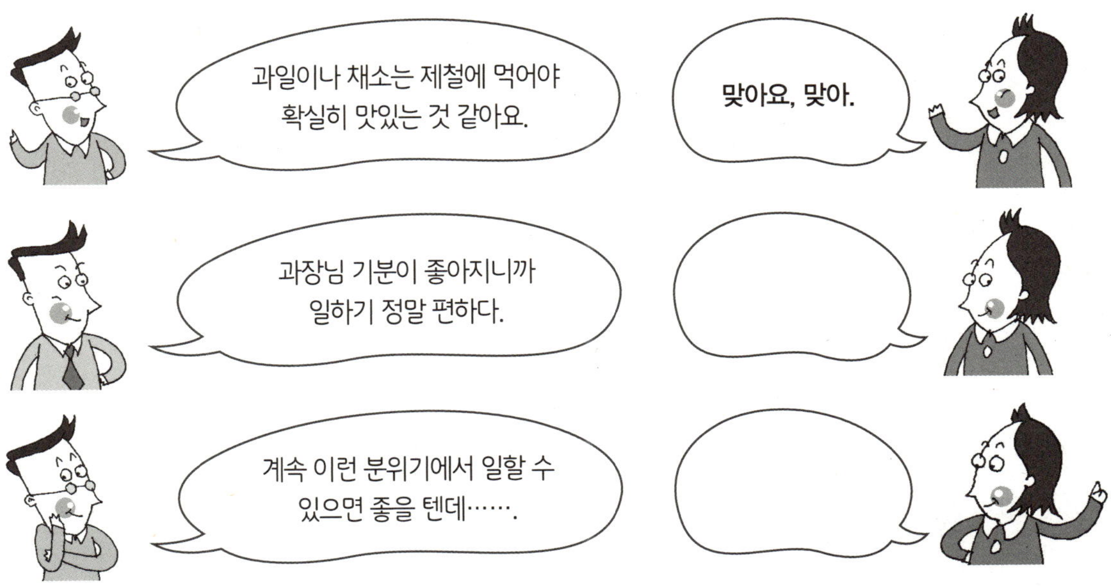

◎ '하긴 ~/하기는 ~'을 이용해서 말해 봅시다.

1) 가 : 요즘 날씨가 따뜻해져서인지 점심만 먹고 나면 졸려서 수업 시간에 집중을 못하겠어.
나 : 그래도 봄이 와서 정말 좋지 않아? 지난 겨울은 너무 추워서 힘들었잖아.
가 : ______________________________.

2) 가 : 시골은 교통도 불편하고, 편의 시설도 별로 없어서 생활하기 힘들 것 같아요.
나 : 그건 그렇지만 공기도 좋고 조용하고, 안전하게 뛰어 놀 곳도 많아서 아이들 키우기엔 좋지 않아요?
가 : ______________________________.

3) 가 : 아침에 일찍 일어나는 게 너무 힘들어. 지난 학기에는 오후 수업이 많았는데 이번 학기는 대부분 오전 수업이야.

나 : 일어나는 건 힘들어도 오전 수업하면 하루를 길고 알차게 보낼 수 있잖아.

가 : ______________________________.

02 맞장구치기 II – 새로운 사실을 들었을 때

- 정말요? (정말? / 정말이야? / 진짜? / 진짜야?)
- 그래요? (그래?)
- 아, 그렇군요. (그렇구나.)

◎ 위의 표현을 이용해서 말해 봅시다.

1) 가 : 어릴 때부터 채소만 드셨어요?

나 : 아니야. 작년까지만 해도 고기가 없으면 밥을 안 먹을 정도였어.

가 : ______________________________

2) 가 : 어제 텔레비전 건강 프로그램에서 봤는데 토마토가 건강에 그렇게 좋대요.

나 : ______________________________

3) 가 : 어제 친구랑 재미로 점을 보러 갔는데 올해 나에게 금전운이 있대.

나 : ______________________________

03 맞장구치기 III – 상대방이 한 말을 반복하며 맞장구칠 때

- –겠어요. (–겠어. / –겠다.)
- –겠네요. (–겠네.)
- –겠군요. (–겠구나.)

◎ 위의 표현을 이용해서 말해 봅시다.

1) 가 : 주말에 바다낚시를 하러 갔다왔거든요. 물고기를 잡아서 바로 매운탕을 끓여 먹었는데 진짜 맛있었어요.

나 : ______________________________

2) 가 : 장학금을 받고 유학을 갈 수 있게 돼서 정말 기뻐.

나 : ______________________________

3) 가 : 지하철에 휴대폰을 놓고 내리는 바람에 하루 종일 정말 불편했어.

나 :

4) 가 : 어제 밤에 누가 자꾸 나를 따라오는 것 같아서 막 뛰었는데 나중에 알고 보니 옆집에 살고 있는 사람이었어. 그런데 누군지 몰랐을 때는 얼마나 무서웠는지 몰라.

나 :

04 다음은 사람들이 가지고 있는 징크스입니다. 다음을 보고 말해 봅시다.

- 시험 전에 머리를 감거나 손톱을 깎으면 시험 결과가 좋지 않다.
- 월요일 아침에 버스를 놓치면 일주일 동안 일이 잘 안 풀린다.
- 아침에 꿈 이야기를 하면 하루 종일 재수가 없다.
- 회사 면접에서 첫 질문에 제대로 답하지 못하면 불합격한다.
- 세차를 하는 날에 꼭 비가 온다.

1) 여러분은 징크스가 있습니까? 있다면 어떤 징크스를 가지고 있는지 말해 봅시다.

2) 징크스를 극복할 수 있는 방법이 없을까요? 다음과 같이 여러분만의 징크스 극복 방법에 대해 말해 봅시다.

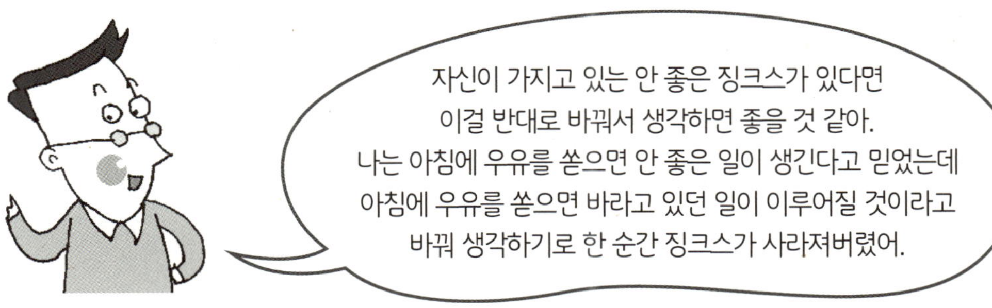

3) 여러분이 가지고 있는 징크스에 대해 다음과 같이 대화를 나누고 상대방의 말에 맞장구도 쳐 봅시다.

소영 : 나는 미신을 잘 안 믿는 편인데 이상하게 징크스는 있어.
상우 : 정말이야? 어떤 징크스?
소영 : 시험 전에 절대 머리를 감지 않아. 시험을 잘 못 볼까 봐. 이건 중학생 때부터 생긴 징크스인데 지금까지 극복하지 못했어.
상우 : 그렇구나. 그런 건 과학적 근거가 전혀 없는 건데.
소영 : 그래, 네 말이 맞아. 그런데 다른 건 몰라도 시험에 관한 징크스라서 무시하기가 어려워.
상우 : 하긴, 나도 시험 전날에 절대 미역국을 안 먹는데……. 미신인 걸 알면서도 그렇게 하지 않으면 안 좋은 일이 생길 것 같은 불안한 마음 때문에 무시할 수가 없어.
소영 : 내 말이 그 말이야.

2 여가 생활

01 여러분은 시간이 날 때 주로 무엇을 합니까? 여가 생활에 대해 이야기해 봅시다.

02 다음은 한국인의 여가 생활을 숫자로 나타낸 표입니다. 자신과 비교하여 이야기해 봅시다.

3.3시간	50.3%	12만 5천 원
하루 여가 시간	여가 시간이 부족하다	월 평균 여가 비용
7.5일	24.6%	44.8%
연 평균 휴가 일수	건강을 위해 여가를 즐긴다.	혼자서 여가를 보낸다.
63.4%	32.8%	81.9%
실내에서 여가 활동을 한다.	동호회 활동에 참여한다.	자원봉사 활동을 안 하고 있다.

03 여러분은 다음의 장소에 가 본 적이 있습니까? 이 외에도 여러분이 직접 가 본 곳이 있다면 그 곳의 분위기나 특징에 대해 이야기해 보십시오.

야구장 축구장 수영장 농구장 탁구장 스키장

보기 야구장에 가 본 적이 있다. 사람들이 막대 풍선을 들고 노래를 부르면서 선수들을 응원하고 있었다. 그리고 치킨과 맥주, 삼겹살을 먹는 사람들도 많았다. 재미있는 이벤트도 있어서 구경하는 동안 지루하지 않았다.

읽기

다음은 한국 야구장의 응원 문화에 대한 글입니다. 잘 읽고 질문에 답하십시오.

프로 야구 경기장이 여가 문화 장소로 인기를 얻고 있다. 야구 경기를 관람하는 것뿐만 아니라 이벤트에 참여하고 큰 소리로 응원도 하면서 스트레스를 날려 버릴 수 있기 때문에 가족, 친구, 연인끼리 즐겨 찾는 것이다. 그렇다면 야구 경기를 더 재미있게 즐기는 방법에 관해 알아보자.

한국의 프로 야구 시즌은 4월부터 10월까지이다. 시즌 중에 경기는 일반적으로 평일에는 오후 6시 반, 주말에는 오후 5시에 시작되는데 30분 전쯤에 도착해서 경기장에 들어가기 전에 간식을 준비한다. 야구 경기의 또 다른 재미로 간식 먹는 것을 빼 놓을 수 없는데, 야구장의 대표 간식은 뭐니 뭐니 해도 치킨과 맥주이다. 가족끼리 야구장을 찾는다면 삼겹살을 구워 먹을 수 있도록 불판을 마련해 놓은 자리를 이용하는 것도 색다른 재미일 것이다.

자신이 좋아하는 팀을 응원할 때 기본적으로 필요한 것은 막대 풍선이다. 치어리더들이 춤으로 흥을 돋우면 거기에 맞춰 응원 팀의 로고가 찍힌 막대 풍선을 흔들면 된다. 어떤 야구팀은 신문지를 잘게 찢어서 술을 만들어 흔든다거나 바람을 불어 넣은 주황색 비닐봉지를 머리에 쓰는 특이한 응원을 한다. 이 주황색 봉지는 경기 중반에 배부되는데, 경기가 끝난 후에 쓰레기를 담아 버릴 수 있기 때문에 일거양득의 효과가 있다.

각 타자마다 특색 있게 만들어진 응원가를 따라 부르는 것도 신나는 일이다. 이 응원가는 경기장에 처음 가 보는 사람이라도 금세 따라 부를 수 있을 정도로 쉬운 가사와 단순한 음으로 만들어졌다. 탁 트인 야외에서 주위 사람들과 한목소리로 노래를 따라 부르고 파도타기 응원을 하다보면 스트레스가 한방에 사라지는 기분을 느낄 것이다.

만일 연인끼리 야구장에 갔다면 이벤트도 빼 놓을 수 없다. 경기 중반, 대형 전광판에 자신의 모습이 비치면 그것은 두 사람이 뽀뽀를 해야 한다는 뜻이다. 큰 화면에 자신의 얼굴이 나오면 부끄럽기도 하겠지만 애정을 과시하고 선물도 받을 수 있는 좋은 기회임을 잊지 말자. 야구장에서 사랑하는 사람에게 프러포즈를 할 수 있다. 미리 신청을 하면 경기 중 잠깐 쉬는 시간에 전광판에 사랑을 고백하는 장면이 나오게 된다. 이때 남자가 경기장 안으로 여자 친구를 데리고 나가서 꽃과 반지로 청혼을 하는 것이다.

가족들의 나들이 장소로, 연인들의 데이트 장소로, 또 친구들과의 만남의 장소로 다양하게 활용되는 야구 경기장. 무언가 즐길 만한 여가 활동을 찾고 있다면, 이번 주말에는 가까운 야구장에 가 보는게 어떨까.

이벤트 연인 프로 시즌 간식 삼겹살 불판 마련하다 색다르다
기본적 막대 치어리더 흥 돋우다 로고 찍히다 흔들다 잘다 술
특이하다 중반 배부되다 일거양득 타자 특색 응원가 금세 단순하다
탁 트이다 파도타기 방 대형 전광판 애정 과시하다 나들이 활용되다

01 각 단락의 중심 내용을 정리해 봅시다.

단락	중 심 내 용
1)	프로 야구 경기장이 여가 문화 장소로 인기를 얻고 있다.
2)	
3)	
4)	
5)	
6)	야구장에서 주말을 보내는 것도 좋은 방법이다.

02 위 글의 내용과 다른 것을 고르십시오.

① 한국에서 프로야구 경기는 4월에서 10월에만 볼 수 있다.
② 한국 사람들이 야구장에서 가장 즐겨 먹는 간식은 치킨과 맥주이다.
③ 연인끼리 야구장에 갔을 때에는 이벤트에 참여하고 상품도 받을 수 있다.
④ 주황색 비닐봉지는 응원도 할 수 있고 머리에 쓸 수도 있어 일거양득이라고 할 수 있다.

03 이 글에서 말하는 야구 경기를 재미있게 즐기는 방법 4가지를 정리해 보십시오.

04 글쓴이가 여가 생활의 장소로 야구장을 추천하는 이유는 무엇입니까? 모두 이야기해 보십시오.

더 생각해 봅시다

01 반 학생들의 여가 활동을 조사해서 다음 표를 완성해 봅시다.

이름	스즈키					
나이	21					
성별	남자					
고향	일본					
활동	야구 관람					
이유	재미있어서					
효과	스트레스가 풀린다					

02 위에서 조사한 결과를 나라별, 연령별, 성별로 나누어서 정리해 봅시다. 그리고 결과에 대해 친구들과 이야기해 봅시다.

나라별	연령별	성별
예) 일본: 야구 1명 • 일본 : • 중국 : • • •	• 10대 : • 20대 : • 30대 :	• 남자 : • 여자 :

03 고향의 여가 문화와 한국의 여가 문화를 비교하여 이야기해 봅시다.

어 휘

◎ 여가 활동의 효과와 관련된 어휘에 대해 알아봅시다.

- 자아실현
  처음에는 취미 활동으로 시작했더라도 그것이 나중에는 자신의 꿈을 이루는 자아실현의 기회가 될 수 있다.
- 알차다
  여행 기간 동안 즐겁고 알차게 보내기 위해서는 계획성 있게 준비해야 한다.
- 충족시키다
  바쁘게 살아가는 현대인들은 취미 생활을 통해 자신의 욕구를 충족시키려고 점심시간을 활용하고 있다.
- 해소하다
  자신의 몸에 맞는 적당한 운동은 스트레스를 해소하는 데에 효과적이다.
- 활력소가 되다
  요즘 배우고 있는 스포츠 댄스가 삶의 활력소가 되어 우울증이 없어지고 몸도 건강해졌다.
- 원기를 회복하다
  일에 지치신 아버지는 등산 동호회에 나가면서 보약 없이도 원기를 회복하고 계신다.

1) 겉모양이 그럴듯한 것보다는 내용이 ________ 물건을 선물하는 것이 좋다.

2) 선생님의 칭찬은 학생들이 학교생활을 하는 데 ________.

3) 더운 여름철에 먹는 삼계탕은 지친 사람들이 ________ 수 있는 보양식이다.

4) ________(이)란 자기가 하고 싶은 일을 했을 때 성취감과 만족감을 얻는 것이라고 할 수 있다.

5) 그 당시 언니 방에 있던 수 많은 위인전은 내 호기심을 ________ 주기에 충분했다.

6) 학교 측에서는 캠퍼스 내의 주차난을 ________ 수 있는 방안을 찾고 있다.

문 법

01 N에 관해(서)

- 나는 이 일에 관해 전혀 알지 못한다.
- 남자들이 화장하는 것에 관해 어떻게 생각하십니까?
- 이번 시간에는 한국인의 여가 문화에 관해서 이야기를 나눠 보도록 하겠습니다.

◎ 'N에 관해서'를 이용하여 문장을 만드십시오.

1) ______________________________.

2) ______________________________.

3) ______________________________.

문법 설명

'에 관해(서)'는 '에 관하여'의 준말이다. 말하거나 생각하는 대상을 가리킨다. '에 대하여', '에 대해(서)'와 의미는 같지만 보다 격식적이고 문어적인 표현이다.

02 뭐니 뭐니 해도

- 뭐니 뭐니 해도 한국 사람에겐 김치가 최고예요.
- 우리 어머니의 음식 솜씨의 비결은 뭐니 뭐니 해도 정성이다.
- 주말 여가 활동으로는 뭐니 뭐니 해도 스포츠가 최고야. 건강도 지키고 스트레스도 풀 수 있거든.

◎ 질문에 맞는 자신의 생각을 쓰고, 문장을 만드십시오.

	질문	내 생각
1)	한국어 잘 하는 방법	
2)	남자(여자) 친구를 사귀는 방법	
3)	살을 빼는 방법	
4)	스트레스를 푸는 방법	
5)		

1) 한국어를 잘 하려면 뭐니 뭐니 해도 ______________________________.

2) ______________________________.

3) ______________________________.

4) ______________________________.

5) ______________________________.

문법 설명

'사람들이 아무리 이렇다 저렇다 말을 해도'라는 뜻으로 뒤에 이어지는 자신의 생각이 가장 좋다는 의미이다. '~(이)니 뭐니 해도'의 형태로도 쓰인다.

03 V-는다거나

- 수미는 혼자 공부를 한다거나 밀린 빨래를 하며 주말을 보낸다.
- 부모님에게 화를 낸다거나 거짓말을 한다거나 그런 못된 행동을 해 본 적 없어?
- 이렇게 무작정 늦으면 어떡해? 제 시간에 온다거나 못 온다고 연락을 해 줘야지.

◎ 다음 질문에 대답해 봅시다.

1) 시간이 날 때는 주로 무엇을 합니까?

2) 친구를 만나면 주로 무엇을 합니까?

3) 혼자 있을 때 몸이 아프면 어떻게 합니까?

4) 한국어를 공부하다가 모르는 것이 나오면 어떻게 합니까?

5) ______________________________?

문법 설명

여러 가지 행동을 예로 들어 나열하면서 설명할 때 쓴다. '-는다거나 -는다거나'의 형태로 반복하여 사용하기도 한다. 한편, 대립되는 둘 이상의 사실 중 하나를 선택함을 나타낼 때도 사용한다.

04 일거양득

- 아르바이트를 하면서 일도 배우고 용돈도 버니까 일거양득이 아닌가?
- 여럿이 모여서 같이 일을 하면 일도 잘되고 시간도 절약되는 일거양득의 효과가 있습니다.
- 한국 친구를 사귀면 한국어도 배우고, 유학 생활도 재미있게 할 수 있으니까 그야말로 일거양득이죠.

◎ 다음 질문에 대답해 봅시다.

1) 여러분은 한 가지 행동으로 두 가지의 이익을 본 적이 있습니까?

2) '일거양득'과 비슷한 뜻의 속담으로는 '꿩 먹고 알 먹기', '누이 좋고 매부 좋다'가 있습니다. 이 속담의 의미를 생각해 봅시다.

3) 여러분 고향에도 비슷한 속담이 있는지 찾아봅시다.

문법 설명

한 가지 일을 함으로써 두 가지 이익을 얻는다는 뜻이다. 비슷한 뜻의 한자성어로는 일석이조(一石二鳥)가 있다.

메 모

05 V-(으)ㄹ 만하다

- 10년 된 냉장고지만 고장 한 번 안 났어요. 아직 쓸 만해요.
- 가 : 요즘 날씨도 좋은데 어디 갈 만한 곳 없을까요?
  나 : 봄에는 제주도가 가 볼 만해요. 유채꽃이 피어서 참 아름답거든요.
- 가 : 사에 씨가 이번에 또 장학금을 받았대요.
  나 : 사에 씨는 열심히 공부하니까 받을 만한 자격이 있어요.

◎ 다음 질문에 대답해 봅시다.

1) 아침에 간단하게 먹을 만한 음식은 무엇이 있습니까?

2) 우울할 때 들을 만한 음악은 어떤 음악입니까?

3) 오래 됐지만 아직 쓸 만한 물건이 집에 있습니까?

4) 고향에 갈 때 선물로 사 갈 만한 물건에는 어떤 것이 있습니까?

5) ____?

문법 설명

'그렇게 할 정도로 가치가 있다'는 뜻으로 '이/가 볼 만하다', '-아/어 볼 만하다'의 형태로 자주 쓰인다. 한편, 어떠한 행동을 하는 것이 가능하거나 어떠한 일이 일어날 만한 가능성이 충분히 있었음을 표현할 때에는 '이/가 -(으)ㄹ 만하다'의 형태로 쓰인다.

쓰 기

01 글 (가)와 (나) 중에서 어느 글이 더 이해하기 쉽습니까? 그리고 그 이유는 무엇입니까?

(가) 최근 여가 시간을 혼자 보내는 2,30대 '나홀로족'이 늘고 있다. 이들은 여가 시간에 주로 자기 계발을 하면서 자기만족과 즐거움을 얻는다.

(나) 최근 여가 시간을 혼자 보내는 2,30대 '나홀로족'이 늘고 있다. 이들은 여가 시간에 주로 혼자 자기 계발을 하면서 여유롭게 보내기 때문에 '나홀로족'이라고 불린다. 이에 대해 전문가들은 '과거 사회에서는 대인 관계가 중요했지만 지금은 개인의 사생활을 더 중시하기 때문'이라고 그 이유를 설명했다.

02 자세하게 설명할 때 자주 사용되는 표현을 알아봅시다.

자세하게 설명하기 앞의 내용에 다른 내용을 덧붙이거나 예를 들어 설명하면 읽는 사람의 이해를 도울 수 있다.

- **단 ~**
  책은 일주일 후에 반납하시면 됩니다. 단 늦으면 연체료를 내셔야 합니다.
- **다시 말해 ~**
  인간은 사회적 동물이다. 다시 말해 사회를 떠나서 혼자서는 살아갈 수 없다.
- **보충[부연] 설명을 하(자)면 ~**
  커피를 마시는 것이 무조건 몸에 나쁜 것은 아니다. 보충 설명을 하면 하루 한 잔의 커피는 심장병을 예방해 준다는 연구결과가 있다.
- **예를 들어 (보면) ~**
  학교 안에는 학생들을 위한 여러 부대시설이 있다. 예를 들어 도서관, 보건소, 상담실, 체육관 등이다.
- **뿐만 아니라 ~**
  야구장에 가면 커플들을 위한 다양한 이벤트가 있다. 뿐만 아니라 여자 관객들을 위해 네일 아트, 타로 점 같은 서비스를 제공하기도 한다.

03 보기 와 같이 자세하게 설명하는 문장을 만들어 봅시다.

보기

앞의 내용		자세하게 설명하는 내용
코레일은 낭만적인 여행을 떠나고자 하는 아줌마들을 위해 '아줌마 전용 열차'를 만들어 다음 달부터 운행을 시작한다.	+	이 아줌마 전용 열차는 안과 밖을 분홍색과 보라색으로 장식하였고, 미용 강좌, 노래 배우기 등 다양한 문화강좌도 무료로 열 예정이다.

→ 코레일은 낭만적인 여행을 떠나고자 하는 아줌마들을 위해 '아줌마 전용 열차'를 만들어 다음 달부터 운행을 시작한다. **부연 설명하자면** 이 아줌마 전용 열차는 안과 밖을 분홍색과 보라색으로 장식하였고, 미용 강좌, 노래 배우기 등 다양한 문화 강좌도 무료로 열 예정이다.

1)

앞의 내용		자세하게 설명하는 내용
다이어트 중이라도 간식을 전혀 안 먹는 것 보다는 수시로 먹어 주는 것이 좋다.	+	간식은 과일이나 채소처럼 칼로리가 낮은 것을 먹어야 한다.

→

2)

앞의 내용		자세하게 설명하는 내용
소화를 돕는 식품에는 여러 가지가 있다.	+	사과는 위장을 튼튼하게 해 주고 꿀이나 파인애플은 고기를 먹은 후에 소화를 돕는다.

→

3)

앞의 내용		자세하게 설명하는 내용
자전거를 타고 출퇴근을 하면 출퇴근에 걸리는 시간을 줄일 수 있어서 좋다.	+	______________ .

→

04 앞에서 배운 표현을 사용하여 자세하게 설명하는 글을 완성해 봅시다.

1) 경기가 나빠지면서 여가 시간에 집에서 낮잠을 자거나 텔레비전을 시청하는 사람들이 크게 늘고 있다고 한다. 그러나 돈을 들이지 않고도 할 수 있는 여가 활동은 얼마든지 있다.

2) 한국의 여가 문화와 우리 고향의 여가 문화를 비교해 보면 비슷한 점도 있고 다른 점도 있다.

제 4 과

생태와 환경

1. 생태

듣기 생태와 환경 보호에 대한 대화 듣기
어휘 환경 보호 Ⅰ
문법 및 표현 • A/V-기에 망정이지
• N을/를 비롯하다
• V-자고 들다
• 그리 A/V-지 않다
말하기 동의하기

2. 환경 보호

읽기 리폼에 대한 글 읽기
어휘 환경 보호 Ⅱ
문법 및 표현 • V-자니
• V-아/어 대다
• N(으)로 인해(서)
• A/V-거니와
쓰기 예를 들어 설명하기

1 생태

01 다음의 그림은 무엇을 의미합니까? 이야기해 봅시다.

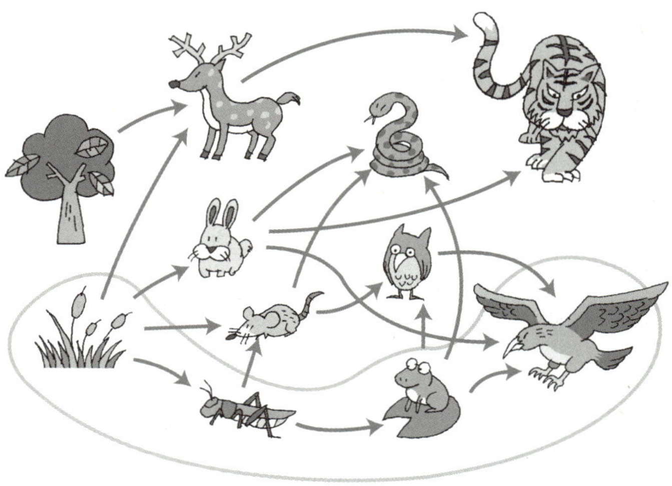

02 다음의 두 그림을 비교해 봅시다. 그리고 앞으로 어떤 일이 생길지 이야기해 봅시다.

듣 기

Track 04

다음을 듣고 물음에 답하십시오.

01 두 사람은 무엇에 대해 이야기를 나누고 있습니까?

① 철새가 늪에 끼친 영향
② 철새가 늪을 찾는 방법
③ 늪에 사는 생물의 종류
④ 늪이 가지고 있는 가치

02 늪은 어떠한 역할을 하고 있습니까? 들으면서 내용을 쓰십시오.

- 늪은 ______________________ 아/어서 아름답다.
- 늪은 공기를 ______________________.
- 늪에는 다양한 ______________________ 이/가 살고 있다.
- 늪에는 학을 비롯한 ______________________ 도 눈에 띈다.

03 철새가 한때 늪을 찾지 않은 이유는 무엇입니까?

① 먹이가 부족해서
② 관광객이 많아서
③ 늪을 보호하기 위해서
④ 수생 식물이 사라져서

04 늪을 살린 사람들은 누구입니까?

05 남자의 마지막 말을 쓰고, 그 예를 찾아서 이야기해 봅시다.

사실 __________ 라는 게 하자고 들면 ______________ 을 이제 모두들 아는 거지.

여 : 우와, 나 이렇게 많은 새들을 한꺼번에 보는 건 처음이야. 말 그대로 정말 그림 같다.

남 : 그렇지? 근데 사실 저 새들이 여길 다시 찾기 시작한 지는 얼마 안 되었을 거야. 한동안 여기서 새를 거의 볼 수 없었다고 하더라고.

여 : 왜? 무슨 일 있었어?

남 : 옛날부터 여기는 철새 도래지로 유명했는데 철새를 보기 위해 관광객이 모여들면서 늪이 서서히 파괴되기 시작했대.

여 : 철새 이야기하다가 갑자기 웬 늪 이야기야?

남 : 늪은 새를 비롯해 다양한 생물이 서식하는 공간인데 늪이 말라가면 늪에서 사는 생물들도 살 수 없잖아.

여 : 그렇게 되면 당연히 새들도 먹을 게 없어지는 거겠네. 알겠어. 그런데 어떻게 철새가 다시 이곳을 찾게 된 거야?

남 : 늪의 상태가 더 나빠지기 전에 정부와 환경 보호 단체가 나선 덕분이지. 시민들도 적극적으로 동참했고.

여 : 그렇구나. 늦지 않게 모두 힘을 모았기에 망정이지 하마터면 이 멋진 장관을 영영 잃어버릴 뻔했네.

남 : 응. 게다가 여긴 철새가 아니더라도 그 자체만으로도 충분히 가치가 있어. 늪이 계절마다 다른 얼굴을 보여준다고 생각해 봐. 얼마나 아름다울지. 공기도 깨끗하게 만들어 주고. 또 늪에는 다양한 수생 식물도 살고 있잖아. 학을 비롯한 한국의 천연기념물도 눈에 띄고. 이 모든 게 너무나 쉽게 우리 곁에서 사라질 뻔했어.

여 : 그러고 보니 결국 모두 사람이 하는 일이었네. 자연을 파괴하는 것도 회복시키는 것도.

남 : 맞아. 사실 환경 보호라는 게 하자고 들면 그리 어려운 일도 아니라는 걸 이제 모두들 아는 거지.

한동안	철새	도래지	모여들다	늪	서서히	파괴되다	웬	서식하다
마르다	생물	상태	나서다	시민	하마터면	장관	영영	자체
충분히	가치	수생	학	천연기념물	띄다	곁	회복시키다	

더 생각해 봅시다

01 개발과 보존에 대한 다음의 글을 읽고 이야기해 봅시다.

1) 다음 글을 읽고 여러분의 생각을 이야기해 봅시다.

- 한국은 국토는 좁은데 인구는 많다. 또한 국토의 70%가 산이어서 회사나 공장을 세울 수 있는 땅이 부족하다. 그러나 갯벌을 개발하면 국토가 넓어진다. 그러면 인구 문제를 해결할 수 있다. 동시에 경제 성장도 이루어진다. 갯벌 간척 사업은 많은 문제들을 해결할 수 있는 최선의 선택이다.
- 갯벌은 육지에서 오염된 물질을 깨끗하게 만들어주는 정화 기능을 한다. 도시에서 나온 더러운 물들이 갯벌로 흘러들면 갯벌에서 그 물을 깨끗하게 만들어주는 것이다. 그래서 갯벌을 자연의 허파라고 부른다. 그러므로 갯벌은 보존되어야 한다.

2) 여러분은 갯벌을 개발해야 한다고 생각합니까? 아니면 보존해야 한다고 생각합니까? 갯벌의 개발과 보존에 대해 조사를 해 봅시다. 그리고 그것을 바탕으로 여러분의 생각을 이야기해 봅시다.

개발해야 한다	보존해야 한다
1. 인구 문제 해결	1. 환경을 깨끗하게 만들어준다.
2.	2.
3.	3.

갯벌이란?
바닷물이 빠져나간 후의 넓고 평평한 땅을 갯벌이라고 부른다. 한국의 서해안 갯벌은 면적이 넓고 다양한 생물이 살고 있어 세계 5대 갯벌로 꼽히고 있다.

3) 다음을 읽고 개발과 보존에 대한 여러분의 생각을 이야기해 봅시다.

- 우리 동네에 공항이 만들어지면 이동이 빠르고 편리해서 경제가 발전할 것이다. 그러나 근처에 있는 산을 없애야 공항을 지을 수 있다고 한다.
- 산 중턱에 매점이 생긴 후로 목이 마르거나 배가 고플 때 이용할 수 있어서 편리하다. 그런데 얼마 지나지 않아 그 주위로 노점들이 하나둘씩 생겨나면서 음식물 쓰레기가 넘쳐나게 되었다. 게다가 야생동물이 그 음식물 쓰레기를 먹기 시작하면서 병에 걸리기 시작한 것이다.

02 다음을 보고 물음에 답하십시오.

1) 다음이 의미하는 바가 무엇입니까? 이야기해 봅시다.

- 배낭에는 휴지를 가슴에는 추억을
- 죽이는 손 죽어가는 손 모두 당신의 손입니다
- 살펴봐요 숨은 불씨 다시봐요 꺼진 불씨
- 가꾸기 10년 훼손하기 1년
- 두 바퀴로 녹색성장 두 다리로 건강증진

2) 환경 표어를 만들어 봅시다.

어 휘

◎ 환경 보호와 관련된 어휘에 대해 알아봅시다.

- **보호**
  환경 보호를 위해서 쓰레기는 재활용되는 것과 그렇지 않은 것으로 분리해서 따로 버려야 한다.
- **개발**
  영화의 배경이 된 시골 마을에 관광객의 발길이 이어지자 조용하던 마을에 갑자기 개발 바람이 불기 시작했다.
- **보존**
  정부는 전통문화 보존을 위해 더 많은 지역 축제를 개최하려고 계획 중에 있다.
- **파괴**
  지난 태풍으로 건물이 무너지고 도로 여기저기가 파괴되었지만 다행히 인명 피해는 없었다.
- **회복**
  물이나 공기에 비해 땅은 한 번 오염되면 회복되는 데 100년 이상의 시간이 걸린다고 한다.
- **동참**
  음식물 쓰레기 줄이기 운동에 적극적으로 동참해 주시기 바랍니다.

1) 전쟁으로 모든 것이 ________ 되자 그 마을을 돕기 위한 손길이 이어지고 있다.

2) 사고 현장은 경찰이 도착할 때까지 훼손되지 않고 잘 ________ 되어 있었다.

3) 경주는 문화재를 보호하기 위해 고층 아파트를 짓는 등의 ________ 이/가 제한되어 있다.

4) 한 달 전에 수술하신 할아버지께서 이제 거의 건강이 ________ 되셨다.

5) 에너지 절약을 위한 '실내 온도 23도 유지하기 운동'에 많은 시민들이 ________ 한다.

6) 적으로부터 자신을 ________ 하기 위하여 많은 동물들이 자신의 몸 색깔을 스스로 바꾼다.

문법

01 A/V-기에 망정이지

- 엄마가 바로 옆에 있었기에 망정이지 하마터면 아기가 크게 다칠 뻔했다.
- 직장이 바로 코앞이기에 망정이지 요즘같이 폭설이 자주 내릴 때에는 출근하기 쉽지 않았을 것이다.
- 가 : 옷을 얇게 입고 나와서 걱정했는데 생각보다 안 추워서 다행이야.
  나 : 그래. 날씨가 따뜻하기에 망정이지 제대로 구경도 못할 뻔했어.

◎ 다음 대화를 완성하십시오.

1) 가 : 회의 시간에 늦지 않게 도착했어?
   나 : 응, ______________________________.

2) 가 : 크게 다치지 않아서 다행이야.
   나 : 그러게 말이야. ______________________________.

3) 가 : 소나기가 오는 것 같던데 옷이 하나도 안 젖었네요?
   나 : 네, ______________________________.

4) 가 : 지갑 찾아가라고 경찰서에서 연락이 왔어. 택시에 놓고 내렸더라고.
   나 : 그래? ______________________________.

5) 가 : 점심시간에 기숙사 식당에서 불이 났다면서요?
   나 : 네, ______________________________.

문법 설명

당황스럽고 난처한 일이 생겼지만 다행스러운 상황 덕분에 큰 문제없이 그 상황에서 빠져나왔음을 의미한다. 즉 마침 앞문장과 같은 내용의 일이 일어나서 뒤 문장과 같이 되지 않았음을 다행으로 생각할 때 사용한다. 뒤 문장에서 '-(으)ㄹ 뻔했다'와 함께 쓰는 경우가 많다. '-(으)니 망정이지'의 형태로도 쓰인다.

02 N을/를 비롯하다

- 대학생을 비롯한 많은 주민들이 하천 살리기 운동에 동참하기 위해 모였다.
- 매달 마지막 금요일에는 아버지를 비롯하여 온 가족이 모여 저녁 식사를 한다.
- 쓰레기 분리수거를 비롯해서 환경을 보호하는 다양한 방법에 대해 학생들과 이야기를 나누었다.

◎ 다음 내용을 읽고 문장을 완성하십시오.

행복한 요리 교실

요리에 관심이 많으십니까? 그렇다면 행복한 요리 교실로 오십시오.
한국 요리뿐만 아니라 세계의 유명 요리를 배울 수 있습니다.

한국 요리 : 불고기, 잡채, 삼계탕
중국 요리 : 탕수육, 샤브샤브, 북경오리
서양 요리 : 스파게티, 피자, 스테이크와 이탈리안 샐러드

※ 하루에 한 가지 요리를 배웁니다.
※ 개인 준비물 : 머릿수건, 앞치마, 필기도구

- 날짜 : 4월 1일 ~ 4월 30일, 매주 화, 목 오후 3시
- 장소 : 주민 센터 2층

1) 한국 요리를 비롯해 중국 및 서양 요리를 배울 수 있습니다.

2) 불고기를 비롯한 ______________________.

3) ______________________.

4) ______________________.

5) ______________________.

문법 설명

여럿 가운데에서 처음으로 삼을 때 사용하는 표현이다. '을/를 비롯해서', '을/를 비롯한'의 형태로 자주 쓰인다.

03 V-자고 들다

- 하자고 들면 못할 일이 어디 있겠어요?
- 배드민턴은 배우자고 들면 누구나 쉽게 배울 수 있는 운동이다.
- 안 좋은 방향으로만 생각하자고 들지 말고 좋은 방향으로도 생각해 봅시다.

◎ 다음 문장을 완성하십시오.

1) 일이 많은 편이 아니니까 ______________ 금방 끝낼 수 있을 거예요.

2) 아무리 시간이 없어도 ______________ 사무실에서 맨손체조라도 할 수 있으니 방법이 없는 건 아니지요.

3) 전기 사용을 ______________ 못 줄일 것도 없지요.

4) ______________ 못 먹을 것도 없지만 아직까지는 매운 요리에 익숙하지 않아요.

5) 별로 중요하지 않은 일로 ______________ 싸움밖에 나지 않으니 참는 게 어때?

문법 설명

앞말이 뜻하는 어떠한 행동을 멈추지 않고 계속하려고 함을 나타낸다. '-자고 들면'의 형태로 자주 쓰인다. '-(으)려고 들다'와 의미가 비슷하다.

메 모

04 그리 A/V-지 않다

• 자원봉사는 하자고만 들면 그리 어렵지 않은 일이다.
• 심하게 다친 게 아니니까 그리 걱정하지 않아도 돼.
• 여기선 그리 멀지 않으니까 함께 걸어서 가 보도록 하지요.

◎ 다음 대화를 완성하십시오.

1) 가 : 사용법이 어려운 것 같다고 걱정하더니 지금은 괜찮아?
   나 : 설명서대로 해 보니까 ______________________________.

2) 가 : 2시까지 출입국관리사무소에 가야 하는데 택시를 타야 할까요?
   나 : ______________________(으)니까 ______________________________.

3) 가 : 일이 많아서 어제 늦게 집에 갔지? 밤길이 무섭지 않았어?
   나 : ______________________아/어서 ______________________________.

4) 가 : 독일어를 배우는 학생이 많으면 저는 프랑스어를 배울래요.
   나 : ____.

5) 가 : 서류를 내일까지 정리해야 하는데 시간이 없어요.
   나 : ____.

문법 설명

상황이나 상태, 정도가 생각만큼 심하거나 더하지 않음을 나타내는 표현이다. '그다지 -지 않다', '그렇게 -지 않다'로 바꿔 쓸 수 있다.

메 모

말하기

01 다음 그림을 보고 의미하는 바가 무엇인지 이야기해 봅시다.

02 여러분은 에너지 절약을 위해서 어떤 노력을 하고 있습니까? 그리고 그 효과에 대해 이야기해 봅시다.

에너지 절약 운동	효과
가까운 거리 자전거 타기	교통비를 절약할 수 있다, 몸이 건강해진다
넥타이 안 매기	
사용하지 않는 컴퓨터 전원 끄기	
전기 코드 뽑기	

03 에너지 절약에 관련된 의견을 듣고 다음의 표현을 사용해서 상대방의 의견에 동의해 보십시오.

상대방의 의견에 동의하는 표현 (공식적인 자리에서)	저도 그 의견에 동의합니다. 저도 OO 씨와 같은 의견인데요. -다는 생각에 저도 동감입니다. ~(이)라는 의견에 전적으로 동의하는 바입니다.

1) 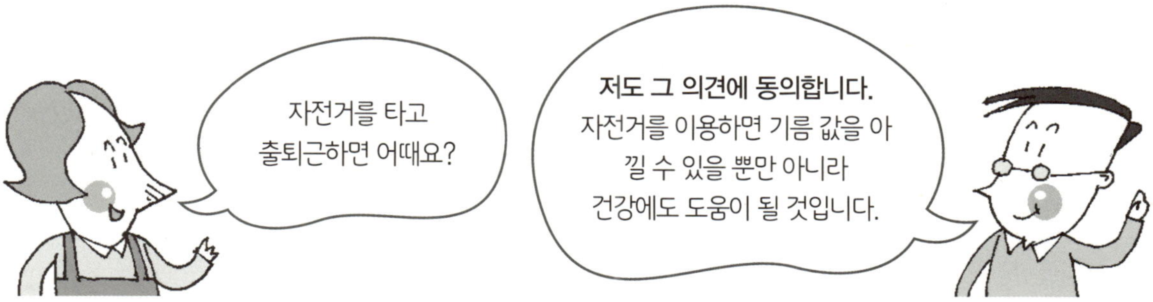

2) 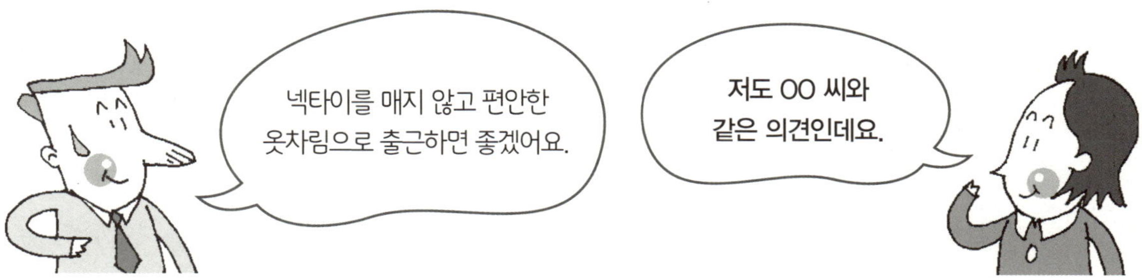

3) 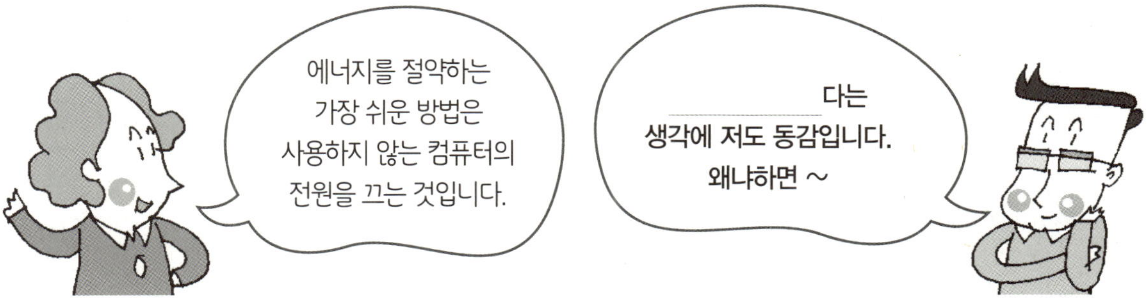

4) 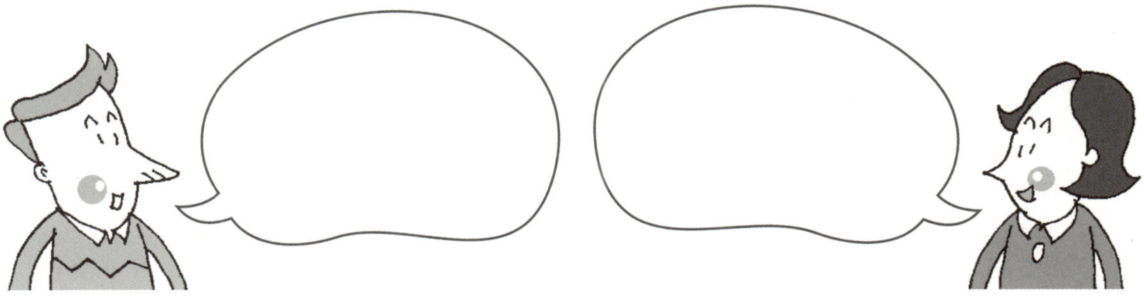

04 다음의 문제에 대해 여러분은 어떻게 생각합니까? 그리고 그렇게 생각하는 이유는 무엇입니까? 앞에서 배운 표현을 이용하여 이야기해 봅시다.

1) 커피숍이나 마트에서의 환경 부담금

환경 부담금을 내야 한다	환경 부담금을 낼 필요 없다
환경 부담금을 내면 자연히 일회용품 사용이 줄 수밖에 없다. 게다가 환경 부담금은 돌려받을 수 있다. 금액도 크지 않다.	기업은 환경 부담금으로 생긴 이익을 환경 보호를 위해 사용하지 않는다. 그 이익에 대한 세금도 내지 않는다. 오히려 장바구니를 가지고 오거나 개인용 컵을 사용하는 사람에게 보상을 해 줘야 한다고 생각한다.

2) 일회용 젓가락 생산

플라스틱으로 만들자	나무로 만들자
나무로 젓가락을 만들면 나무를 많이 베게 되어 환경이 오염될 수 있으니 플라스틱으로 만들고 재활용하는 게 좋다.	플라스틱으로 만들면 잘 썩지 않아서 토양을 오염시킨다. 또한 플라스틱에서는 환경호르몬이 나와서 건강에도 좋지 않다.

3) 야생 동물 보호

사람이 우선이다	야생 동물을 보호하자
멧돼지나 고라니가 농사를 망치는 일이 많다. 또한 사람에게 위협이 되기도 한다. 농작물 피해를 줄이는 데에도 한계가 있다.	농작물에 접근하지 못하도록 방어막을 치면 피해를 줄일 수 있다. 야생 동물에게 먹이를 제공한다면 농작물에 접근하지 않을 것이다.

2 환경 보호

01 아래 사진은 무엇을 의미하는 것일까요? 함께 이야기해 봅시다.

생산

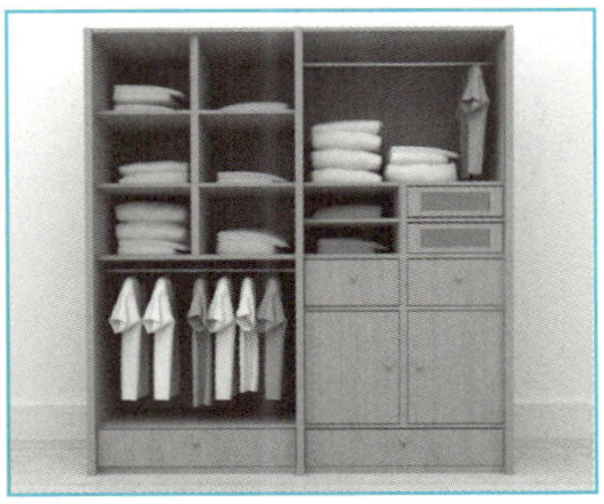

소비

◎ 제품의 생산 및 소비 과정에서 어떤 환경 문제가 나타날 수 있습니까?

02 아래 사진들의 공통점은 무엇일까요? 함께 이야기해 봅시다.

1)  

2) 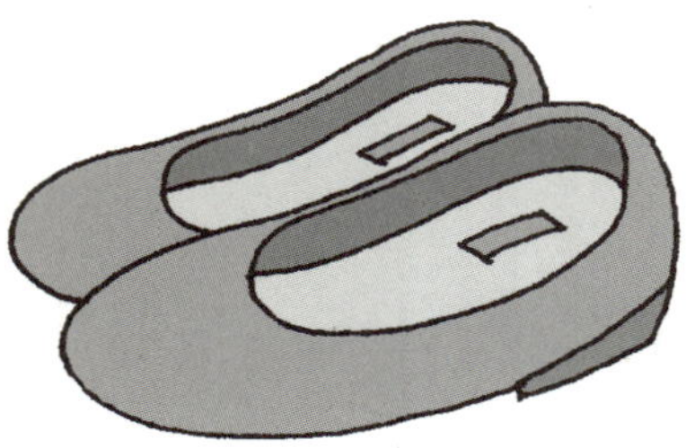 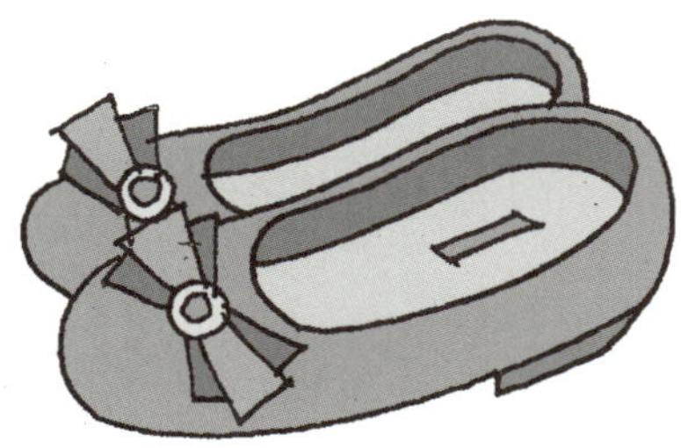

3)  

4) ? 

읽기

다음은 리폼에 대한 글입니다. 잘 읽고 질문에 답하십시오.

옷장을 열어 보면 새 옷이지만 유행에 맞지 않아 안 입는 옷이 많다. 그냥 입자니 촌스럽고 버리자니 아깝고 해서 어떻게 해야 할까 고민했던 경험, 누구나 한 번쯤은 있었을 것이다. 이럴 때 간단한 방법으로 리폼에 도전해 보는 것은 어떨까?

환경 운동과 나만의 것에 관심을 갖는 사람들이 늘어나면서 리폼에 대한 관심이 갈수록 높아지고 있다. 사실 리폼은 새 것을 사는 것보다 더 어려운 작업이지만 리폼 애호가들은 자원의 재활용과 환경 보호를 위해 꼭 필요한 일이라고 말한다. 자꾸 새 옷을 사 달라고 졸라 대는 딸 때문에 고민하던 주부 이지연 씨(38세)는 헌 티셔츠에 물감을 칠하고 리본을 달아서 새 옷 못지않은 예쁜 티셔츠를 만들었다. 세상에 하나뿐인 리폼 티셔츠를 입고 기뻐하는 딸의 모습을 보면서 이지연 씨는 큰 만족감을 느낄 수 있었다.

최근, 유행에 따라 빠르게 생산되어 저렴하게 판매되는 옷인 '패스트 패션'이 소비자들에게 인기가 많다. 그들은 유행에 맞는 값싼 옷을 구입해서 입고, 유행이 지나면 또 다른 옷을 구입해서 입는다. 이렇게 한 철만 입고 버리는 옷은 심각한 환경 문제를 일으킨다. 버려지는 옷들은 대부분 소각 처리되는데 이때 옷감에서 나오는 유해가스로 인해 대기가 오염된다. 또한 옷을 만들 때 사용되는 염색 약품 역시 환경오염의 원인이 된다. 이렇듯 환경 문제의 심각성이 드러나면서 관심을 받고 있는 것이 바로 '슬로 패션'이다. 슬로 패션은 유행을 따라가지 않고, 재활용과 리폼을 한 옷으로 환경에 나쁜 영향을 미치지 않는다.

의류는 물론이거니와 신발, 가방, 가구, 실내 장식품도 모두 리폼의 대상이 된다. 헌 옷으로 만든 가방이나 지갑을 들고 다니고, 낡은 나무 상자로 만든 정리함과 책꽂이 등으로 집안을 꾸민다. 가구는 색을 새로 칠하거나 부속품을 갈아 새 것처럼 만들 수 있다. 심지어 '에코 웨딩'도 등장했다. 한 번뿐인 결혼식을 호화롭게 하기보다는 의미있게 하려는 예비 신혼부부들이 본인들의 옷을 리폼해 웨딩 의상으로 만들고 친환경 재생 종이로 청첩장을 만든다. 신혼살림도 가능하면 재활용품을 사용해 준비하면서 비용도 아끼고 환경의 중요성을 다시 한 번 생각한다.

조금만 관심을 가지면 세상에 버릴 것은 없다. 한 사람이 평생을 살면서 배출하는 생활 쓰레기는 무려 55톤에 이른다고 한다. 요즘은 인터넷과 동호회를 통해서 생활 속 리폼 정보를 쉽게 얻을 수 있으니 마음만 먹으면 리폼은 어렵지 않다. 매일 매일 쏟아지는 새 상품 속에서 버려진 것들을 되살리려는 노력이 우리의 생활을 건강하고 즐겁게 만들어줄 것이다.

리폼	갈수록	애호가	조르다	칠하다	리본	달다	생산되다	판매되다
일으키다	소각	처리	유해가스	대기	원인	심각성	드러나다	낡다
정리함	책꽂이	꾸미다	부속품	갈다	심지어	에코	등장하다	호화롭다
재생	신혼살림	배출하다	무려	톤	쏟아지다	되살리다		

01 각 문단의 중심 내용을 정리해 봅시다.

단락	중 심 내 용
1)	유행에 맞지 않아 안 입는 옷이 있다면 리폼에 도전해 보자.
2)	
3)	
4)	
5)	

02 이 글의 내용과 같은 것을 고르십시오.

① 리폼의 대상이 되는 재료는 그리 많지 않다.

② 자기만의 물건을 갖고 싶은 사람들도 리폼을 한다.

③ 리폼에 대한 정보를 얻으려면 동호회에 가입해야만 한다.

④ 패스트 패션은 환경 문제를 해결할 수 있는 방안 중 하나이다.

03 '패스트 패션'과 '슬로 패션'은 무엇입니까?

- 패스트 패션 :
- 슬로 패션 :

04 본문에 나온 리폼의 예로는 어떤 것이 있습니까? 정리해 봅시다.

슬로 패션

헌 옷으로 만든 가방이나 지갑

더 생각해 봅시다

01 다음 재료를 이용하여 리폼을 한다면 무엇을 만들 수 있겠습니까? 함께 이야기해 봅시다.

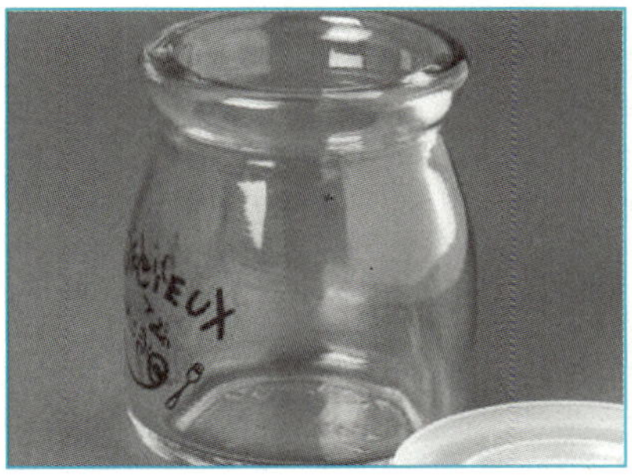

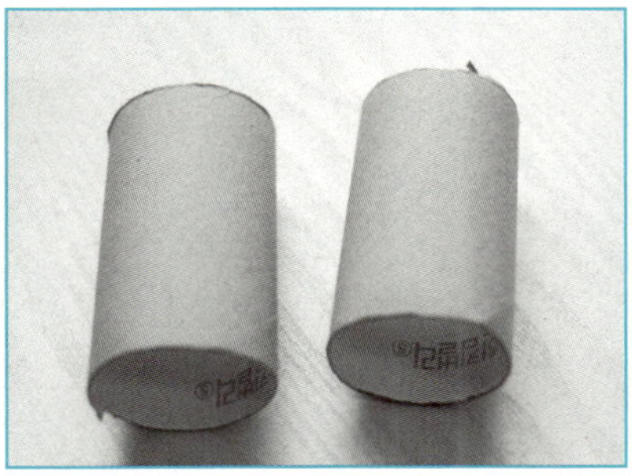

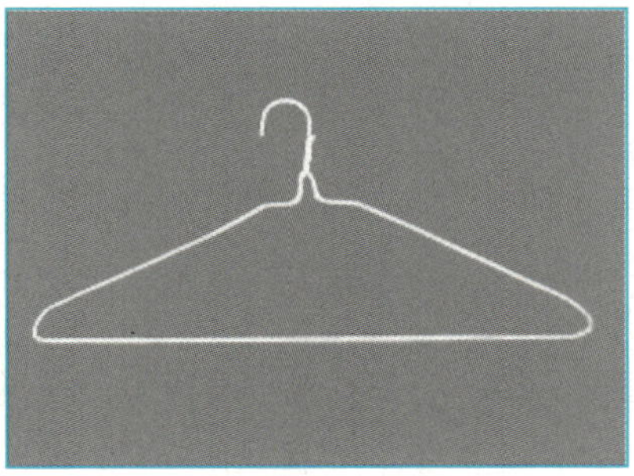

?

?

?

02 '리폼' 외에도 환경을 보호하기 위한 여러 가지 활동이 있습니다. 조사한 후 발표해 봅시다.

아무것도 사지 않는 날 (Buy Nothing Day)
승용차 없는 날 (Car Free Day)
지구 시간의 날 (Earth Hour)
세계 물의 날 (World Water Day)
종이 안 쓰는 날 (No Paper Day)

아무것도 사지 않는 날	
일시 및 장소	매년 11월 말 경, 65개국
유래	1992년 캐나다에서 광고 일을 하던 Ted Dave에 의해 시작
활동	하루 24시간 동안 아무것도 사지 않는다. 전등, TV, 컴퓨터, 불필요한 전기 기구, 휴대전화를 꺼 놓는다. 차들을 주차시켜 놓는다.
의의 및 영향	빠른 속도로 많은 나라로 퍼져 나갔다. 한국에서는 99년부터 '녹색연합'이 이 캠페인을 벌이고 있다. 소비자들의 소비 행위가 환경에 미치는 영향을 다시 한 번 생각하도록 한다.

⇩

안녕하십니까? 저는 오늘 발표를 맡은 OO입니다. 여러분은 오늘 하루 무엇을 샀습니까? 혹은 하루 종일 아무것도 사지 않은 날이 있었습니까? 환경을 보호하기 위한 여러 활동 중에서 저는 '아구것도 사지 않는 날'에 대해 조사해 보았습니다. 그럼 지금부터 제가 조사한 내용에 대해 발표하도록 하겠습니다.

'아무것도 사지 않는 날'은 현재 65개국에서 매년 11월 말 경에 열리고 있습니다. 1992년 캐나다에서 광고 일을 하던 Ted Dave라는 사람에 의해 시작되어 여러 나라로 퍼져 나갔다고 합니다. 이날은 하루 24시간 동안 아무것도 사지 않을 뿐 아니라 전등, TV, 컴퓨터, 불필요한 전기 기구들을 끄고 차들을 주차시켜 놓고 휴대 전화도 꺼 놓습니다. 이러한 활동을 통해 상품 생산에서 소비에 이르기까지 발생하는 모든 환경오염과 자원 고갈, 노동 문제 등을 사람들에게 알리고, 유행과 쇼핑에 중독된 현대인의 생활 습관을 반성하게 합니다.

이 캠페인은 빠른 속도로 많은 나라로 퍼져 나갔으며 한국에서는 1999년부터 '녹색연합'이라는 환경 보호 단체가 이 캠페인을 벌이고 있습니다. 이 캠페인은 단 하루이지만, 다양한 나라와 도시에서 쇼핑하는 대중들이 그들의 소비 행위가 환경에 미치는 영향을 다시 한 번 생각할 수 있는 기회를 마련해 줍니다.

여러분, 우리도 이날 하루만이라도 이러한 활동을 하면서 환경 문제에 대해 생각하는 기회를 가져 보면 어떨까요? 그럼, 이상으로 제 발표를 마치겠습니다. 경청해 주셔서 감사합니다.

( )	
일시 및 장소	
유래	
활동	
의의 및 영향	

⇩

어휘

◎ 환경 보호와 관련된 어휘에 대해 알아봅시다.

- **친환경**
  환경오염이 심각해지면서 환경을 오염시키지 않는 친환경 제품들이 많이 만들어지고 있다.
- **유기농법**
  요즘 농약과 화학 비료를 사용하지 않고 농사를 짓는 유기농법이 인기가 많다.
- **대체 에너지**
  석유 사용량을 줄이고 대체에너지의 사용량을 늘려야 환경을 보호할 수 있다.
- **재생**
  재생 종이, 재생 화장지, 재생 타이어 등 낡거나 못 쓰게 된 것들을 다시 만들어 사용하는 물건이다.
- **환경 보호 단체**
  자연을 파괴하는 아파트 건설에 환경 보호 단체들이 반대하고 나섰다.

1) 가 : 저기 사람들이 몰려 있는데 무슨 일일까요?
   나 : 골프장 공사 반대 운동을 위해 ____________ 에서 사람들이 나왔대요. 지금 반대 서명 운동을 하고 있어요.

2) 가 : ____________ 세제가 뭐예요?
   나 : 소금이나 식초 같은 천연 재료들로 만든 세제예요. 친환경 제품들은 주로 자연 재료를 사용해 만들어서 환경오염을 방지하는 데 도움을 준대요.

3) 가 : 석유가 지구 온난화의 원인이라면서요?
   나 : 네, 그러니까 태양열 에너지 같은 ____________ 이/가 더 많이 개발되어야 할 것 같아요.

4) 가 : 이 화장지는 색깔이 이상하네요. 오래돼서 그런가요?
   나 : 아, 이건 ____________ 화장지예요. 다 쓰고 버린 종이를 화장지로 다시 만든 거예요. 이렇게 다시 만들어 사용하는 것들이 꽤 있어요.

5) 가 : 여기에서 생산되는 과일은 좀 비싼 거 같은데 왜 그런가요?
   나 : 아, 저희는 ____________ (으)로 농사를 짓습니다. 그래서 가격은 좀 비싸지만 건강에는 아주 좋습니다. 환경에도 물론 좋고요.

문 법

01 V-자니

- 적은 돈으로 생활하자니 너무 힘들다.
- 거짓말인 줄 알면서 모르는 척 듣고 있자니 화가 나서 못 참겠다.
- 주말에 집에만 있자니 심심하고 여행을 가자니 피곤하고 어떻게 해야 할까?

◎ 관계있는 것끼리 연결한 후 문장을 완성하십시오.

1) 재미없는 책을 읽고 있다 •	• 안심이 되지 않는다
2) 내 잘못을 솔직하게 말하다 •	• 친구가 실망할까 봐 걱정된다
3) 아이 혼자 유학을 보내다 •	• 자꾸 눈이 감긴다
4) 집에서 연락을 기다리다 •	• 답답해서 참을 수 없다

1) 재미없는 책을 읽고 있자니 자꾸 눈이 감긴다.

2) ______________________________.

3) ______________________________.

4) ______________________________.

◎ 고민과 그 고민의 이유를 생각하여 보기 와 같이 말해 보십시오.

고민1	고민하는 이유	고민2	고민하는 이유
유행 지난 옷을 입다	촌스럽다	버리다	아깝다
대학원에 가다		취직을 하다	
해외 여행을 가다		국내 여행을 가다	
학교까지 걸어 가다		택시를 타다	

보기 유행 지난 옷을 그냥 입자니 촌스럽고 버리자니 아깝고 (해서) 어떻게 해야 할지 모르겠어요.

문법 설명

'-(으)려고 하니'의 뜻으로 앞 행위의 의도를 가지고 있지만 실제로 그 의도를 실행하기 어려울 때 사용한다. 앞 상황의 이유로 해서 망설이거나 고민하고 있음을 뜻한다. '-자니 -고 -자니 -고 (해서)'의 형태로 많이 쓰인다.

02 V-아/어 대다

- 많은 사람들이 그 사람에게 손가락질을 해 댔다.
- 그렇게 담배를 피워 대는데 건강할 리가 없지요.
- 옆집 아이가 하도 시끄럽게 울어 대서 공부를 할 수가 없습니다.

◎ 다음 문장을 완성하십시오.

1) 가 : 네 동생 어제 응급실에 갔었다면서?
   나 : 응, 어제 차가운 아이스크림을 쉬지 않고 ______________ 더니 결국 배탈이 났어.

2) 가 : 술을 매일 마시면 어떡해? 그렇게 ______________ 다가는 큰일 날 지도 몰라.
   나 : 나도 좀 줄이고 싶지만 잘 안 되네.

3) 가 : 저 가방 예쁘지? 저것도 살까?
   나 : 가방을 왜 그렇게 많이 사? 어제도 두 개나 샀잖아. 그렇게 ______________ 다가는 한 달 용돈을 며칠 안에 다 써 버리고 말겠어.

4) 가 : 어, 이번 달 관리비가 왜 이렇게 많이 나왔지?
   나 : 물 때문이겠지. 너는 물을 너무 낭비하잖아. 샤워할 때 그렇게 ______________ 는데 관리비가 많이 안 나오겠어?

문법 설명

어떤 행동을 계속하여 그 정도가 심하거나 지나치게 반복적임을 나타낸다. 주로 부정적인 뜻을 나타내고 점잖은 말에는 쓰지 않는다. 동작이 긴 시간 동안, 또는 한순간 반복됨을 의미한다.

03 N(으)로 인해(서)

- 이번 지진으로 인해 큰 피해를 입었다.
- 말 한마디로 인해 싸움이 시작되었습니다.
- 이번 연구의 성공으로 인해 앞으로 큰 변화가 있을 것이다.

◎ 알맞은 원인과 결과를 생각하여 문장을 완성하십시오.

원인/이유	결과
날씨가 갑자기 추워졌다	거리가 한산해졌다
감기몸살이 심하다	
어제 교통사고가 발생했다	
어젯밤에 폭설이 내렸다	
	많은 어려움을 겪었다

보기 갑자기 추워진 날씨로 인해 거리가 한산해졌다.

1) 심한 감기몸살로 인해 ______________________.

2) ______________________.

3) ______________________.

4) ______________________.

문법 설명

어떤 상황이나 일에 대한 원인, 이유를 나타내는 표현으로 문어체, 격식체에 많이 쓰인다. '(으)로 인하여', '(으)로 인한'의 형태로도 쓰인다.

04 A/V-거니와

- 나는 그 사람을 알지도 못하거니와 만난 적도 없다.
- 새로 구한 직장은 월급도 많거니와 일도 힘들지 않다.
- 요즘 회사일이 많아서 주말은 물론이거니와 휴일에도 출근할 때가 많다.

◎ 다음 문장을 완성하십시오.

1) 내 친구는 ______________________ 업무 능력도 뛰어나서 회사에서 인정을 받는다.

2) 지금은 ______________________ 시간도 없어서 책을 사러 갈 수 없다.

3) 국제 요리사가 되려면 ______________________ 외국어도 잘해야 한다.

4) 새 사업을 시작하려면 ______________________.

5) 어제는 ______________________.

문법 설명

앞의 사실을 인정하면서 뒤의 사실을 덧붙임을 나타내는 표현이다. 뒤 문장에서는 앞 문장보다 더한 사실이 있음을 나타낸다. 앞과 뒤의 내용이 각각 긍정, 부정으로 일치되어야 한다.

메 모

쓰 기

01 다음 글을 읽어 봅시다.

환경 문제의 심각성이 나타나면서 최근 여러 기업들이 환경 보호 운동에 나서고 있다. L백화점에서는 일정 금액 이상 구매하는 고객에게 에코백을 증정하는 행사를 했으며, C쇼핑몰에서는 할인 기간 동안 발생된 수익금의 3%를 '지역 정원 가꾸기' 단체에 기부했다. 그리고 H대형마트에서는 영수증을 친환경 용지로 바꾸기도 했다. 이러한 활동들이 최근 이루어지고 있는 기업 환경 운동의 예이다. 이들 기업은 이러한 활동을 통해 환경 보호 운동에 적극 동참하고, 기업 인지도를 높이는 두 가지 효과를 동시에 얻고 있다.

1) 이 글은 어떤 사실에 대해 말하고 있습니까? 그 사실을 설명하기 위해 어떤 방법을 사용했습니까?

2) 기업의 환경 보호 활동에는 어떠한 것들이 있습니까?

02 '예를 들어 설명하기'에 자주 사용되는 표현을 알아봅시다.

예를 들어 설명하기

어떤 사실을 설명할 때 조금 더 구체적인 것을 예로 들어서 보여주면 읽는 사람의 이해를 도울 수 있다. 예를 들 때는 쉬운 예를 드는 것이 좋다.

- **예를 들어 [예컨대] ~**

  슬로 패션은 재활용과 리폼을 함으로써 환경에 나쁜 영향을 미치지 않는 패션을 말한다. 예를 들어, 입지 않는 언니의 치마로 동생의 바지를 새로 만들었다면 그것이 바로 슬로 패션인 것이다.

- **예를 들면 ~**

  환경 보호 단체는 기업이나 국가의 환경 관련 활동을 감시하는 일을 한다. 예를 들면, 댐이나 고속도로, 아파트를 건설하는 큰 공사가 있을 경우, 환경 파괴가 얼마나 되는지 조사하고, 심각한 경우에는 반대 운동을 벌이는 등의 활동을 한다.

- **~이/가 그 예이다 [~이/가 이에 해당한다]**

  환경 보호를 목적으로 지정한 날들이 있다. 아무것도 사지 않는 날, 승용차 없는 날, 지구 시간의 날 등이 모두 그 예이다.

03 예를 드는 표현을 사용하여 다음을 써 봅시다.

보기 '일석이조'는 한 가지 일로 두 가지의 이득을 보는 것을 말한다.
예) 도서관에서 일을 하면 돈도 벌고 책도 볼 수 있다.

→ '일석이조'는 한 가지 일로 두 가지의 이득을 보는 것을 말한다. **예를 들어**, 도서관에서 일을 하면 돈도 벌고 책도 볼 수 있다. 이런 경우를 '일석이조'라고 한다.

1) 관용표현은 두 개 이상의 단어가 결합해 특별한 의미로 사용되는 말이다.
예) '발이 넓다'는 실제로 '발이 크다'는 의미가 아니라 '아는 사람이 많다'는 새로운 의미를 나타낸다.

→ ______________________________

____

2) 환경 보호는 생활 속 작은 일에서 쉽게 실천할 수 있다.
예) 쓰지 않는 전등 꺼 두기, 대중교통 이용하기, 적정 실내온도 유지하기 등

→ ______________________________

____

3) 돈이나 물건뿐만 아니라 자신이 가진 재능도 사회를 위해 기부할 수 있다.
예) 노래를 잘하는 사람이 양로원을 방문해 노래를 불러 드린다.
컴퓨터를 전공하는 대학생이 아이들에게 컴퓨터를 무료로 가르쳐 준다.

→ ______________________________

____

____

04 예를 드는 표현을 사용하여 아래의 주제로 단락을 써 봅시다.

1) 정월 대보름 음식과 각 음식의 의미

정월 대보름 음식에는 각각의 의미가 담겨 있다.
예) • 귀밝이술 – 일 년 내내 기쁜 소식만 전해 달라는 의미
• 부럼 – 몸에 부스럼이 나지 않게 해 달라는 의미
• 복쌈 – 풍년이 들기를 기원하는 의미

다른 명절 음식과 마찬가지로 정월 대보름 음식에도 각각의 의미가 담겨 있다. ______________________

____

____

____

2) '배보다 배꼽이 더 크다'의 의미

'배보다 배꼽이 더 크다'라는 한국 속담이 있다. 이 말은 기본이 되는 것보다 덧붙이는 것이 더 큰 경우에 사용한다.
예) • 인터넷으로 천 원짜리 물건을 샀는데 배송비가 3천 원이다.
• 싼 가격에 카메라를 샀더니 고장이 잦아서 수리비가 더 많이 든다.
• ______________________

'배보다 배꼽이 더 크다'라는 속담은 기본이 되는 것보다 덧붙이는 게 더 큰 경우에 사용한다. ______________

____

____

______________________ 은/는 경우에 '배보다 배꼽이 더 크다'라고 말할 수 있다.

05 환경 보호를 위해 환경 보호 단체가 하는 일에 대해 예를 드는 표현을 사용하여 글을 써 봅시다.

환경 보호를 위한 환경 보호 단체의 활동

예) •

•

⇩

제 5 과

현대 사회

1. 외모

듣기 현대인의 외모 가꾸기에 대한 대화 듣기
어휘 외모
문법 및 표현 • 신경(을) 쓰다
• 같은 값이면 다홍치마
• 열을 올리다
• A/V-건 말건
• A/V-기는 하다
• A/V-(으)ㄹ 따름이다
말하기 끼어들기

2. 고령화 사회

읽기 한국의 고령화 현상에 대한 글 읽기
어휘 고령화 사회
문법 및 표현 • A/V-(으)ㄴ/는 반면(에)
• V-(으)ㅁ에 따라(서)
• A/V-(으)니
• 불(을) 보듯(이) 뻔하다[훤하다]
쓰기 비교 · 대조하기

1 외모

다음은 개개인이 가지고 있는 특성들입니다. 다음을 보고 이야기해 봅시다.

1) 위에 제시된 것 이외에 개개인의 특성에는 어떤 것들이 있을까요? 생각해 봅시다.

2) 여러분은 사람을 만날 때 어떤 점을 중요하게 생각합니까? 위에서 순서대로 세 가지를 골라 봅시다.

	친구	애인	회사 직원
1			
2			
3			

- 친구, 애인, 회사 직원에 따라 여러분이 중요하게 생각하는 점은 모두 같습니까? 다릅니까?
- 여러분이 위와 같이 선택한 이유는 무엇입니까?

듣기

Track 05

다음을 듣고 물음에 답하십시오.

01 남자의 의견입니다. 들으면서 쓰십시오.

1) 이력서는 ______________, ______________, ______________ 등으로 채우는 것이다.

2) ______________ 이 있다면 그 사람의 첫인상도 좋아 보이기 마련이다.

3) 사람들이 내면을 제대로 채우기도 전에 ______________________ 사회가 부추기고 있다.

02 여자의 생각과 다른 것을 고르십시오.

① 철저한 자기 관리는 자신감을 만든다.
② 첫인상이 좋은 사람의 이력서가 더 빛난다.
③ 취업 준비와 외모 관리는 전혀 관계가 없다.
④ 외모를 가꾼다고 해서 외모 지상주의는 아니다.

03 취업 준비를 위해 외모를 가꾸는 것에 대한 남자와 여자의 의견을 쓰십시오.

남자	여자

04 여러분은 누구의 의견에 동의합니까? 그 이유는 무엇입니까?

누구	
이유	

1과 여론과 대중
2과 진실과 속담
3과 취미와 여가
4과 생태와 환경
5과 현대 사회
6과 한국의 전통
7과 소비와 경제생활
8과 한국의 문학
9과 풍속과 음식
10과 대학 생활

여 : 오빠, 나 지금 팩 하려고 하는데 같이 안 할래? 요즘은 남자들도 피부 관리 많이 하던데 오빠도 신경 좀 써. 이제 슬슬 취업 준비도 해야 하잖아.

남 : 취업 준비하는 거랑 피부 관리가 무슨 상관이 있어? 이력서는 전공, 외국어 실력, 각종 사회 활동 등으로 채우는 거지 거기에 피부 관리를 위한 공간은 없다고.

여 : 오빠가 말한 건 취업을 위한 기본 조건이야. 요즘 좋은 회사에 취직하려고 그 정도 노력은 다들 하고 있잖아. 그럼 마지막으로 경쟁력을 갖기 위해서 어디에다가 신경을 써야겠어? 그건 바로 외모지. 특히 좋은 첫인상을 주기 위해서 말이야.

남 : 능력과 경력이 있다면 그 사람의 첫인상도 좋아 보이기 마련이야.

여 : 어휴, 답답해. 같은 값이면 다홍치마라는 말도 몰라? 첫인상에서 호감이 가는 사람의 이력서가 더 빛나게 되어 있어.

남 : 회사 면접에서까지 외모 지상주의라니 정말 너무하다. 외모를 우선해서 뽑는 회사라면 내가 먼저 사양하겠어.

여 : 오빠가 그렇게 마음을 먹건 말건 회사들은 전혀 상관 안 할걸. 훌륭한 능력과 화려한 경력에 깔끔하고 좋은 인상까지 갖추었다면 금상첨화잖아. 요즘 사람들이 왜 그렇게 다이어트에 열을 올리고 성형 수술을 많이 하겠어? 다 자기 관리라고 생각해. 철저한 자기 관리를 통해서 자신감이 생기면 일뿐만 아니라 대인 관계에서도 당당해질 수 있잖아. 그러니 외모를 중요하게 여기는 걸 무조건 부정적으로만 생각할 일은 아니라고 봐.

남 : 네 말에도 일리가 있긴 한데 나는 요즘 사회가 너무 외모 지향적인 것 같아서 그저 답답할 따름이야. 사람들이 내면을 제대로 채우기도 전에 외면에 신경 쓰도록 사회가 부추기고 있는 것 같잖아.

여 : 일부 심한 경우가 있긴 하지만 외모를 가꾸고 중요하게 생각한다고 해서 외모 지상주의는 아니라고 생각해. 사람들이 눈에 보기 좋은 걸 추구하는 건 자연스러운 일이고, 능력과 경력 등 조건이 비슷한 상황에서 마지막으로 경쟁력을 발휘할 수 있는 게 바로 외모라는 거지. 그러니 외모만 중시한다고 볼 수 없어. 나도 팩이나 마사지만 하는 게 아니라 책도 열심히 읽고 자원봉사 활동에도 활발하게 참여하고 있다고.

남 : 너한테 말로는 못 당하겠다. 아무튼 나는 남을 외모로 판단하고 싶지도 않고, 내가 남에게 외모로 판단당하고 싶지도 않아. 그러니 팩은 사양하겠어.

슬슬 채우다 공간 경쟁력 경력 답답하다 호감 빛나다 지상주의
우선하다 사양하다 깔끔하다 금상첨화 철저하다 당당하다 일리 지향적
내면 외면 부추기다 일부 추구하다 중시하다 당하다 아무튼 판단하다

더 생각해 봅시다

◎ 다음 글을 읽고 생각해 봅시다.

현대 사회는 이미지가 경쟁력이다!

이미지는 눈에 보이는 시각적인 것과 그것을 보고 느끼는 감각적인 것을 모두 포함하는 말이다. 현대 사회에서는 '어떻게 보고 어떻게 느끼는가'하는 이미지를 중요하게 생각한다. 예전에는 정치인, 연예인들에게만 중요한 것이었지만 요즘은 기업이나 개인도 각자의 가치를 높이기 위해 고유한 이미지를 만들려고 노력한다. 새로운 사람을 만나거나 회사 면접을 볼 때 등 사람들에게 신뢰와 호감을 주고 자신의 실제 모습을 보여주는 데에 이미지가 큰 작용을 한다. 그러므로 현대인에게 이미지 메이킹(Image Making)은 필수라 할 수 있다. 이는 단순히 예뻐 보이게 하거나 좋아 보이게 하는 것이 아니다. 자기 자신의 장점과 개성이 외면으로 잘 나타날 수 있도록 하는 것이다. 그렇게 하기 위해서는 가장 먼저 자기 자신에 대해 잘 알아야 한다. 다양성이 요구되는 현대 사회에서는 다른 사람들과 다른, 자신만의 좋은 이미지를 갖는 것이 최고의 경쟁력이라고 할 수 있겠다.

1) 여러분은 사람들을 만날 때 특별히 신경 쓰는 점이 있습니까?

보기
- 착한 사람으로 보이고 싶다.
- 상대방의 말을 잘 들어준다는 이미지를 주고 싶다.

•

•

2) 여러분이 생각하기에 여러분 자신은 어떤 사람인 것 같습니까? 여러분 자신에 대해서 생각해 봅시다.

장점 및 단점	
개성	
성격	

1과 여론과 대중
2과 진실과 속담
3과 취미와 여가
4과 생태와 환경
5과 현대 사회
6과 한국의 전통
7과 소비와 경제생활
8과 한국의 문학
9과 풍속과 음식
10과 대학 생활

◎ 다음 글을 읽고 생각해 봅시다.

좋은 이미지를 주기 위한 필수 요소

첫인상	'ㅊ첫인상은 마지막 인상이다'라는 말이 있는 것처럼 한 번 받은 인상은 쉽게 바뀌지 않는다. 첫인상이 항상 맞는 것은 아니지만 회사 면접 등과 같이 짧은 시간에 자신을 보여 줘야 하는 상황이라면 첫인상은 아주 중요하다. 상대방에게 호감을 줄 수 있는 표정, 말투 등에 대해 알아보고 연습해 두는 것이 좋다.
자신감	자신감 있는 모습은 상대방을 설득할 수 있는 힘을 가지고 있으므로 좋은 이미지를 주는 데 필요하다. 자신감은 그냥 얻어지는 것이 아니라 자신의 분야에서 끊임없이 노력하고 연습해야 얻을 수 있는 것이다.

1) '첫인상은 마지막 인상이다'라는 말에 대해 어떻게 생각합니까? 여러분의 경험을 예로 들어 말해 봅시다.

	동의한다	동의하지 않는다
이유		

2) 여러분은 다른 사람에게 좋은 첫인상을 주기 위해 노력한 적이 있습니까? 그 방법은 무엇이었습니까?

3) 여러분은 무엇에 가장 자신 있습니까? 자신이 있다면 그 이유는 무엇이라고 생각합니까?

4) 좋은 이미지를 주기 위해 필요한 것으로 첫인상, 자신감 이외에 또 무엇이 있을까요? 그 이유는 무엇입니까?

어 휘

◎ 외모와 관련된 어휘에 대해 알아봅시다.

• 말쑥하다
동생이 면접을 보러 간다고 기르던 수염을 말쑥하게 자르고 정장을 입었다.

• 수수하다
한 유명 배우가 사람들의 시선이 부담스러워서 수수한 옷차림에 모자를 눌러 쓰고 외출했지만 금방 사람들의 눈에 띄었다.

• 성숙하다
나는 어릴 때 또래보다 성숙해 보였다.

• 촌스럽다
사진첩을 보다가 발견한 한 장의 사진 속에는 촌스러웠던 남편의 10년 전 모습이 있었다.

• 갸름하다
하얗고 갸름한 손가락으로 피아노 건반 위를 날아다니듯 연주하는 피아니스트의 모습을 정신없이 바라보았다.

• 평범하다
어렸을 때 나는 반에서 그다지 눈에 잘 띄지 않는 평범한 학생이었다.

• 개성(이) 있다[없다]
누구나 한 번만 보면 기억할 정도로 내 동생 얼굴은 독특하고 개성 있게 생겼다.

1) 온가족이 힘을 합쳐 낙서로 가득했던 담벼락을 ______________ 새로 페인트칠했다.

2) 어릴 때 나이에 비해 ______________ 보이는 외모 때문에 사람들은 내가 3남매 중 막내인 줄 몰랐다.

3) 그는 신도 아니었고 영웅도 아니었다. 우리와 똑같은 한 사람의 ______________ 사람이었다.

4) 나는 세련되고 화려한 여자보다는 화장기 없는 얼굴에 청바지와 티셔츠를 즐겨 입는 ______________ 여자가 좋다.

5) 감기 몸살로 일주일 정도 앓았더니 얼굴이 좀 ______________ 진 것 같다.

6) 이 신발은 산 지 1년 밖에 안됐는데 벌써 유행이 지나 ______________ 보여서 못 신겠다.

7) 그 가수의 ______________ 노래는 비슷한 노래가 많은 일관된 가요계에 새바람을 불러일으킬 것으로 보인다.

문법 및 표현

01 신경(을) 쓰다

- 건강한 치아는 어릴 때부터 만들어지므로 아이들의 치아 관리에 신경 써야 한다.
- 이번 회의에는 사장님도 참석하기 때문에 회의 자료를 더욱 신경 써서 만들어야 한다.
- 오랜만에 놀러 온 친구가 편하게 지내다 갈 수 있도록 이것저것 신경을 많이 썼다.

문법 설명

작은 일에까지 주의를 기울이다.

02 같은 값이면 다홍치마

- 같은 값이면 다홍치마라고 똑같은 사과라도 좀 더 깨끗하고 예쁜 것을 고르고 싶다.
- 같은 값이면 다홍치마라는 말도 있듯이 품질과 가격이 비슷하다면 디자인이 더 좋은 것을 고르는 게 당연하다.
- 같은 값이면 다홍치마라고 두 곳 모두 경치가 아름답다면 먹거리가 많은 곳으로 여행가는 게 어때?

문법 설명

같은 값이거나 같은 노력을 한다면 품질이 더 좋고 보기 좋은 것을 고른다는 표현이다.

03 열을 올리다

- 휴대 전화 회사들이 신규 고객들을 모으는 데 열을 올리고 있다.
- 근무 시간을 한 시간 연장할 거라는 회사의 방침에 사원들은 열을 올려 반대했다.
- 제품 판매에만 열을 올리지 말고 고객 관리에 신경 써야 합니다.

문법 설명

흥분하여 화를 내거나 무엇에 열중한다는 표현이다.

◎ 다음 보기 에서 알맞은 표현을 골라 대화를 완성하십시오.

보기 신경(을) 쓰다 같은 값이면 다홍치마 열을 올리다

1) 가 : 등산복 브랜드가 너무 많아서 어떤 것을 사서 선물로 드려야 할지 모르겠어요.
나 : ______________ 사람들에게 많이 알려진 유명한 브랜드의 등산복을 사 드리면 좋을 것 같아요.

2) 가 : 요즘 자동차 수출이 많이 감소했다면서요?
나 : 네, 기존의 시장은 이미 가득 찬 상태라서 각 회사들이 새로운 시장을 찾는 데 ______________.

3) 가 : 여행 계획은 다 세웠어요?
나 : 네, 처음으로 친구들끼리 가는 해외여행이라서 특별히 ______________ 세웠어요.

04 A/V-건 말건

- 형은 동생이 울건 말건 상관하지 않고 게임에만 집중했다.
- 과장님이 뭐라고 하건 말건 내가 할 일만 잘하면 결국 인정받을 수 있을 것이다.
- 남의 기분이 나쁘건 말건 자기 하고 싶은 말을 끝까지 하는 사람은 대인 관계가 좋을 수 없다.

◎ 보기 와 같이 문장을 만드십시오.

보기 갖고 싶은 물건은 가격에 상관없이 꼭 사야 기분이 좋다.
→ 갖고 싶은 물건은 가격이 비싸건 말건 꼭 사야 기분이 좋다.

1) 이번 휴가 때는 날씨에 상관없이 바다로 가기로 했다.

→ ______________________________.

2) 친구의 취향에 상관없이 내가 좋아하는 것을 사서 선물로 줬다.

→ ______________________________.

3) 나는 디자인에 상관없이 싸고 품질이 좋은 가구를 찾고 있다.

→ ______________________________.

문법 설명

어떤 경우에도, 어떤 일을 해도 상관이 없음을 나타내는 표현이다.

05 A/V- 기는 하다

- 술을 가끔 마시기는 하지만 좋아하지는 않는다.
- 동료의 말대로 우리 회사 월급이 다른 회사에 비해 좀 적기는 하다.
- 두 번째로 본 집이 밝고 넓어서 좋기는 한데 집세가 비싸서 계약할까 말까 고민하고 있어.

◎ 다음 대화를 완성하십시오.

1) 가 : '바람과 함께 사라지다'라는 영화를 본 적 있어요?
   나 : ______________________________.

2) 가 : 커피 맛이 평소보다 좀 쓴데 괜찮아요?
   나 : ______________________________.

3) 가 : 여기 조용해서 집중 잘 되지?
   나 : ______________________________.

4) 가 : 시내까지 택시로 가니까 지하철로 가는 것보다 편하지?
   나 : ______________________________.

문법 설명

상황이나 상대방의 말에 과연 그렇다고 긍정하지만 약간 부정하는 느낌도 있다. '-기는 한데', '-기는 하지만'의 형태로 상대방의 말을 일부 긍정하지만 뒤 문장에서 그 말을 일부 부정할 때 많이 사용한다. '-긴 하다'로 줄여 쓸 수 있다.

06 A/V-(으)ㄹ 따름이다

- 돈을 많이 벌건 말건 나는 하고 싶은 일을 할 따름이다.
- 가족 모두 건강하고 행복하게 지내고 있다는 사실에 그저 감사할 따름이다.
- 사람들은 이번 영화가 정말 흥미롭고 재미있다고 하는데 나는 피곤해서인지 졸리기만 할 따름이었다.

◎ 다음 문장을 완성하십시오.

1) 가 : 유학생활 어땠어?

나 : 처음에는 집이 너무 그리워서 ______________________ 나중에는 친구들도 많이 생기고, 그곳 생활에 익숙해져서 재미있게 잘 보냈어.

2) 좋아하던 뮤지컬 배우가 이제 뮤지컬을 그만둔다는 소식에 ______________________.

3) 가진 건 별로 없어도 따뜻한 집에서 배부르게 먹을 수 있고, 사랑하는 사람들과 함께 지낼 수 있다는 것에 ______________________.

4) 국민을 위한 일에는 관심이 없고 자기들 이익만 챙기는 정치인들을 보면 ______________________.

문법 설명

현재의 상황 이외에 다른 가능성이나 선택은 없다는 것을 나타낸다. '-(으)ㄹ 뿐이다'와 유사한 표현이다.

말하기

01 대화 중 다른 사람이 이야기하고 있는데 끼어들어야 할 때가 있습니다. 다음과 같은 상황에서 여러분은 어떻게 상대방의 말을 중단시키고 의견을 표현하겠습니까?

1) 나는 물건을 고를 때 디자인에 신경을 많이 쓰는 편이야. 기능이나 품질이 중요하다고 말하는 사람도 많은데 난 디자인이 마음에 들지 않으면 사고 싶은 생각이 안 들어. 그래서……

2) 내일 면접 있다면서? 내일은 화장 좀 해. 너무 짙은 화장은 피해야 되지만 오늘처럼 맨 얼굴로 가면 안 돼. 자연스러운 화장은 안 한 것보다 훨씬 단정하고 자신감 있는 인상을 줄 수 있어. 그리고……

3) 요즘은 커피숍에서 공부를 하거나 일을 하는 사람들도 많아요. 웬만한 커피숍에서는 컴퓨터 작업을 할 수 있도록 인터넷을 연결해 놓고 컴퓨터 책상을 마련해 두었더라고요. 저도 과제가 있으면 노트북을 들고 커피숍으로 가요. 어제도……

02 상대방의 대화에 끼어들 때 다음 표현들이 사용됩니다.

상대방의 의견에 동의하며 끼어들기

- 맞아, 나도 ~
- 그래, 내 생각에도 ~
- 내 생각도 ~

상대방의 의견에 반대하며 끼어들기

- 내 생각에는 ~
- 그렇지만 ~
- 하지만 ~

화제를 바꾸면서 끼어들기

- 그런데 ~
- 그건 그렇고 ~
- 그렇긴 한데 ~

정중하게 끼어들기

- 말씀(통화) 중에 죄송합니다만 ~
- 제가 먼저 말씀드려도 되겠습니까?
- 그 점에 대해서는 제가 말씀드리겠습니다.
- ~에 대해서는 제가 확실하게 말씀드려야 할 것 같습니다.

03 여러분은 다음과 같은 의견에 동의합니까, 아니면 반대 의견을 가지고 있습니까? 상대방의 말에 이어 의견을 이야기해 봅시다.

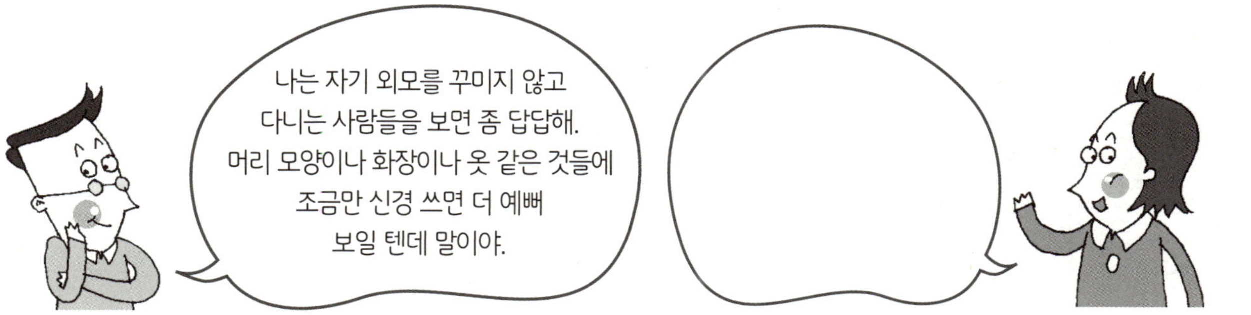

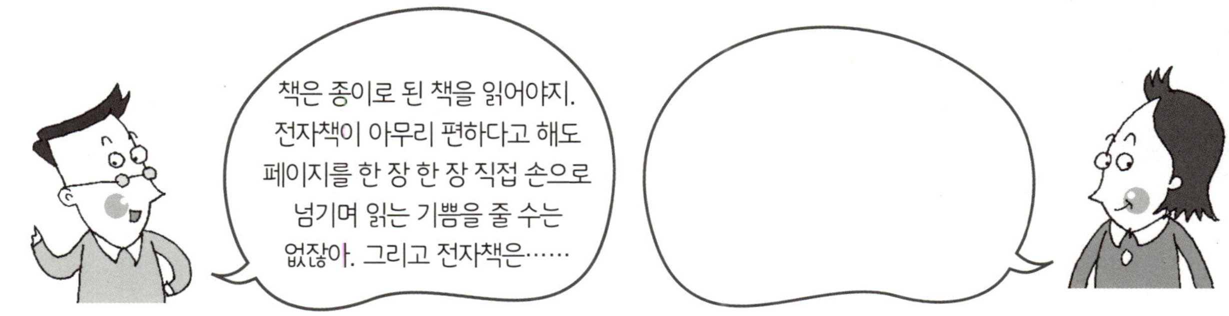

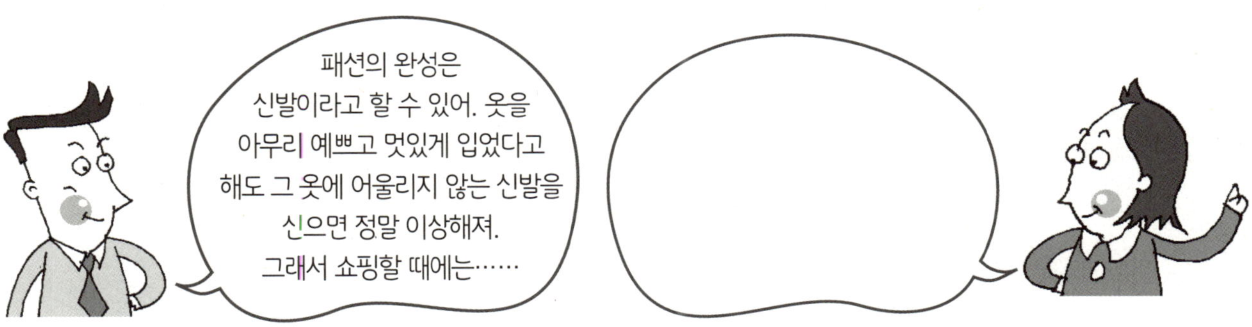

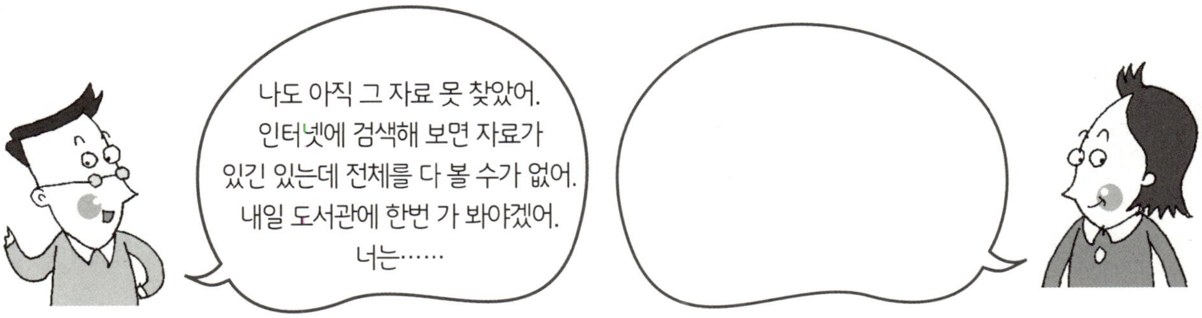

04 다음과 같은 상황에서 상대방에게 예의를 지키면서 이야기를 시작해 봅시다.

05 다음은 성형 수술에 관한 토론입니다. 성형 수술에 대한 자신의 입장을 정하고 그 이유에 대해 생각해 봅시다. 그리고 다음과 같이 토론 중에 자기 의견을 정중하게 말하는 연습을 해 봅시다.

찬성 이유	반대 이유
• 성형 수술을 하면 외모에 자신감이 생기고, 그렇게 되면 모든 일에 자신감을 얻을 수 있다. •	• 자신감을 얻기 위해 성형 수술하는 것에 반대한다. 자신감이란 외모에서만 나오는 게 아니라 실력에서도 나오기 때문이다. •

가 : 누구나 예뻐지고 싶어합니다. 성형 수술은 예뻐질 수 있는 가장 확실한 방법입니다. 그리고 성형 수술의 가장 큰 장점은 바로 자신감을 얻는다는 데에 있습니다. 외모에 자신감이 생기면 행동도 자신감 있게 하고, 취업에도 큰 영향을 미칠 것입니다. 실제로 제 주위에 성형 수술을 한 후 성격도 밝아지고 원하는 곳에 취업을 한 경우가 있습니다.

나 : 말씀 중에 죄송합니다만, 그 자신감이라는 것에 대한 제 의견을 말씀드리고 싶습니다. 제 생각에는 외모에서 모든 자신감이 비롯된다는 말은 위험한 발언인 것 같습니다. 그렇지 않은 경우가 더 많으니까요. 저는 진정한 자신감이란 자신을 믿고, 자기가 하고 있는 일이나 공부를 즐기며 그 분야에서 누구에게도 뒤지지 않을 만큼의 실력을 쌓았을 때 생기는 것이라고 생각합니다. 진정한 자신감이야말로 그 사람을 빛나게 하고 매력적으로 보이게 합니다. 그러므로 사고로 인해 반드시 성형 수술이 필요한 경우가 아니라면 자신감을 얻기 위한 성형 수술은 반대합니다.

2 고령화 사회

01 다음 그림을 보고 질문에 대답해 봅시다.

1) 다음은 한국의 인구 구조 변화를 예상하여 나타낸 그래프입니다.

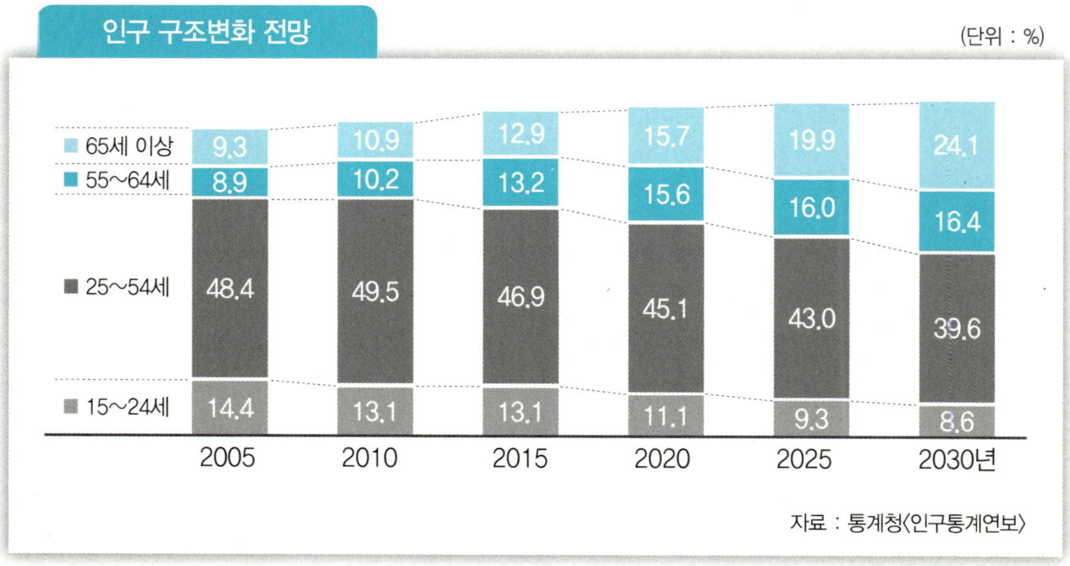

• 이 그래프가 의미하는 것은 무엇입니까?

• 왜 이런 일이 일어난다고 생각합니까?

• 이런 일이 계속 된다면 앞으로 어떤 문제가 생길 것 같습니까?

2) 다음은 한국의 합계출산율 변화를 나타낸 그래프입니다.

출생아수 · 합계출산율 추이 ※ 합계출산율 : 여성 1명이 평생 낳을 것으로 예상되는 평균 출생아 수

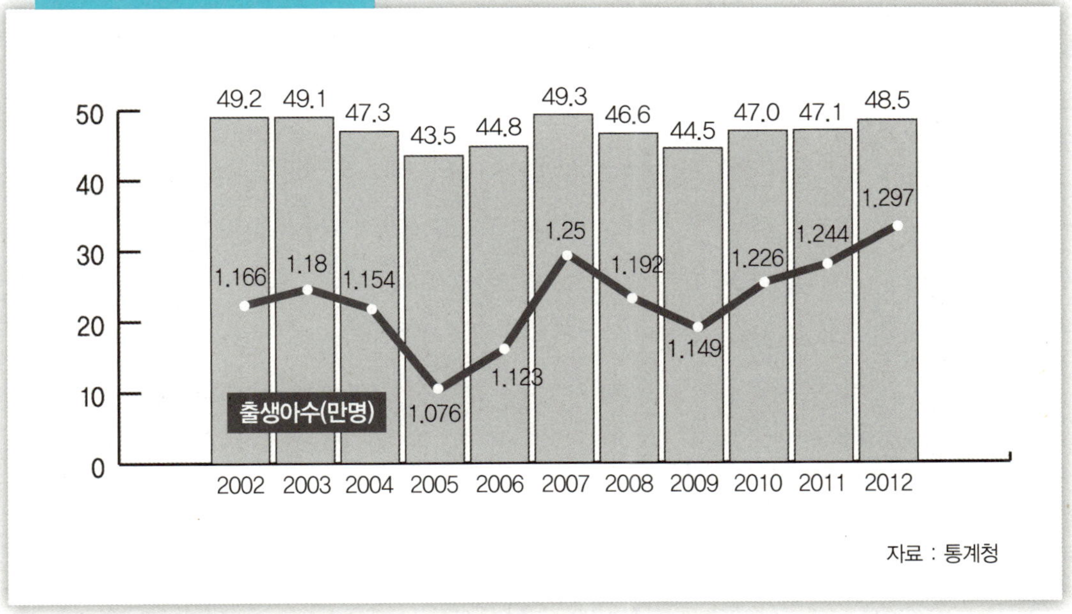

• 이 그래프가 의미하는 것은 무엇입니까?

• 왜 이런 일이 일어난다고 생각합니까?

• 이런 일이 계속 된다면 앞으로 어떤 문제가 생길 것 같습니까?

02 여러분 나라에는 어떤 사회 현상이 있습니까? 찾아서 이야기해 봅시다.

읽기

다음은 한국의 고령화 현상에 대한 글입니다. 잘 읽고 질문에 답하십시오.

한국이 늙어가고 있다. 아이를 낳지 않거나 적게 낳아 젊은 사람은 줄어드는 반면에 평균 수명이 늘어 노인 인구는 증가하고 있는 것이다. 이러한 저출산, 고령화 현상의 원인은 무엇일까?

대구 달서구에 사는 63세 이 모 씨는 퇴직 후 3년 째 일자리를 구하고 있지만 쉽지가 않다. 임금이 낮은 아파트 경비원 일도 경쟁률이 높아서 취직하기는 하늘의 별 따기이다. 젊은 시절 먹고 살기 바쁜 탓에 변변한 노후 대책 하나 마련해 두지 못했다. 그렇다고 자식들에게 손을 벌리기도 어려워 이 씨는 오늘도 일자리를 찾아 여기저기 헤맨다. 이런 사람이 비단 이 씨만은 아니다.

자녀 양육비 부담, 여성의 사회 진출 증가 등의 원인으로 생겨난 저출산 현상은 곧 고령화로 이어진다. 출생아가 줄어들게 되면 65세 이상의 고령 인구가 전체 인구 가운데 차지하는 비율이 그 만큼 늘어나기 때문이다. 한국은 2000년에 고령 인구 비율이 7%를 넘어 이미 '고령화 사회'로 진입했고, 2019년에는 14% 이상인 '고령 사회', 2026년에는 20% 이상인 '초고령 사회'가 될 것으로 전망된다.

의학이 발달하고 식생활이 향상됨에 따라 평균 수명이 길어졌지만 오래 산다고 마냥 좋아할 수만은 없는 것이 현실이다. 한창 일할 수 있는 나이에 퇴직을 하지만 다시 일을 하고 싶어도 노인 일자리는 턱없이 부족하다. 노후 대책을 미처 세우지 못한 노인들은 경제적으로 어려움을 겪게 되고 이러한 노부모를 모셔야 하는 자식들 또한 경제적 부담이 가중되어 결국 저출산으로 이어지게 되는 것이다.

고령화는 한국의 경제 성장을 방해하는 원인으로도 지적되고 있다. 일할 수 있는 젊은이들이 없으니 회사가 사람을 구하기 어려워질 것은 불을 보듯 뻔한 일이 아닌가.

이에 대한 대책으로 전문가들은 노인 복지 정책이 필요하다고 말하고 있다. 정년을 연장하여 노인들이 더 늦은 나이까지 일 할 수 있게 하고, 퇴직 후에도 경제적 능력을 가질 수 있도록 노인 일자리를 많이 만들어야 한다. 또한 지역 사회에 참여할 수 있는 다양한 프로그램을 개발하여 노년을 즐겁고 보람 있게 보낼 수 있도록 도와주는 정책을 시행해야 한다는 것이다. 한국은 고령화가 빨리 진행되고 있지만 이에 대한 준비는 아직 부족하다. 저출산과 고령화에 맞는 대책을 세워 변화하는 사회에 잘 대응하는 것이 '100세 시대'를 맞이하는 우리의 자세일 것이다.

수명 저출산 고령화 현상 퇴직 시절 변변하다 대책 손을 벌리다
헤매다 비단 양육비 부담 진출 생겨나다 이어지다 출생아 차지하다
진입하다 전망되다 향상되다 마냥 한창 턱없이 미처 어려움 겪다
가중되다 지적되다 뻔하다 복지 정책 정년 연장하다 개발하다
시행하다 진행되다 대응하다 맞이하다

01 '고령화 사회'란 무엇입니까? (　) 안에 알맞은 말을 써 보십시오.

고령화 사회란 (　　)세 이상의 고령 인구가 (　　　　)에서 차지하는 비율이 (　　)%를 넘는 사회를 말한다.

02 저출산이란 무엇이며 그 원인은 무엇입니까?

- 저출산이란 ______________________ 을/를 말한다.
- 저출산 현상의 원인은 ______________________ (이)다.

03 이 글의 내용으로 볼 때 저출산과 고령화는 어떤 관계가 있습니까?

04 사회가 고령화되면서 생길 수 있는 문제점이 아닌 것을 고르십시오.

① 노후 대책을 세우지 못한 경우 경제적 어려움을 겪을 수 있다.
② 식생활이 향상되고 의학이 발달하여 평균 수명이 길어질 수 있다.
③ 젊은 사람이 부족해져서 한국의 경제성장을 방해하는 요인이 될 수 있다.
④ 부모를 모시는 자식에게 부담을 주어 아이를 낳지 않는 원인이 될 수 있다.

05 고령 사회에 대비하기 위한 '노인 복지 정책'의 내용을 쓰십시오.

더 생각해 봅시다

01 여러분이 원하는 노후 생활에 대해서 써 보십시오. 그리고 원하는 삶을 살기 위해서 어떤 준비를 해야 하는지도 생각해 봅시다.

	내가 원하는 노후 생활	준비해야 되는 일
1		
2		
3		
4		
5		

02 다음은 출산율을 높이기 위한 방법입니다. 같이 이야기해 봅시다.

- 임산부와 아이의 병원비를 무료로 해 준다.
- 아이를 키우는 데 드는 양육비를 지원해 준다.
- 직장에서 일을 하는 동안 아이를 맡길 수 있는 보육 시설을 늘린다.
- 여성이 아이를 낳은 후 다시 회사로 돌아갈 수 있도록 법으로 보호해 준다.
- 남성의 육아 휴직을 법으로 정해서 남성들도 아이 키우는 일을 도울 수 있도록 한다.

03 여러분 나라의 저출산, 고령화 현상에 대해서 알아봅시다.

어 휘

◎ 고령화 사회와 관련된 어휘에 대해 알아봅시다.

- **노년층**
  노년층이 청년층에 비해 대체로 보수적이라고 할 수 있다.
- **재취업**
  정년퇴직 후에 재취업을 하고 싶어 하는 고령자들이 많다.
- **노후 대책**
  나이 들어서 자식에게 의지하지 않고 여유로운 생활을 하려면 노후 대책이 필요하다.
- **노인 복지**
  고령화에 대비하여 정부는 노인 복지에 많은 관심과 노력을 기울여야 할 것이다.
- **실버산업**
  노인 복지가 발달된 선진국에서는 노인들을 대상으로 하는 실버산업이 인기를 얻고 있다.
- **생산 인구**
  저출산, 고령화로 인해 청년층이 줄어들면서 20년 후에는 생산 인구 1명이 노인 1명을 부양해야 하는 상황이 된다.
- **출산 장려 정책**
  정부에서는 여성들이 아이를 많이 낳을 수 있도록 하는 출산 장려 정책을 실시하고 있다.

1) 퇴직한 노인들이 ______________ 에 성공하여 제 2의 인생을 살고 있는 것을 가끔 볼 수 있다.

2) 경제 활동을 할 수 있는 나이의 ______________ 이/가 감소하게 되면 경제 성장에 큰 피해를 주게 된다.

3) 노후 대비를 하지 못한 노년층을 위해서 정부에서는 노령 연금이나 일자리 확대, 의료 보험등의 ______________ 에 신경 써야 한다.

4) 아버지는 ______________ (으)로 몇 가지 보험에 가입해 두셨다.

5) 출산비와 양육비를 지원하고 보육 시설을 늘리는 것 등이 ______________ 의 주된 내용이다.

6) 노인들에게 노인을 위한 상품을 만들어서 판매하거나 의료와 복지 시설을 세우는 등의 산업을 ______________ (이)라고 한다.

문 법

01 A/V-(으)ㄴ/는 반면(에)

- 봉사 활동은 힘든 반면에 보람이 있다.
- 택시 요금이 오르면서 택시 승객은 줄어든 반면에 버스나 전철 승객은 늘어났다.
- 컴퓨터 통신의 발달로 생활이 편리해진 반면 개인 정보가 빠져나갈 위험이 높아졌다.

◎ 다음 문장을 완성하십시오.

1) 마이클 씨는 한국어를 아주 잘하는 반면에 ________________.

2) 그 회사는 월급이 많은 반면에 ________________.

3) 예전에 비해 식비의 비중은 줄어든 반면 ________________.

4) 전자책은 파일로 되어 있어 가벼운 반면에 ________________.

5) ________________.

문법 설명

반대되는 두 가지 사실을 연결하여 말할 때 사용한다. '-지만'과 의미는 비슷하지만 더 격식적이다.

02 V-(으)ㅁ에 따라(서)

- 평균 수명이 길어짐에 따라 노인 인구가 급증하고 있다.
- 경제 상황이 나빠짐에 따라 대졸자들의 취업이 더욱 어려워졌다.
- 출산율이 감소함에 따라 생산 인구가 감소하는 등 여러 문제가 생기고 있다.

◎ 다음 문장을 완성하십시오.

보기 과학이 발달하다 → 과학이 발달함에 따라 자연환경이 파괴되기도 했다.

1) 스마트폰이 보급되다 → ________________.

2) 나이가 많아지다 → ______________________.

3) 한국어 실력이 향상되다 → ______________________.

4) 날씨가 추워지다 → ______________________.

문법 설명

앞 문장의 상황이나 기준에 의해서 뒤 문장의 내용과 같은 결과가 나타나게 되었을 때 사용한다. 따라서 앞의 내용이 달라지면 뒤에 오는 내용도 달라진다.

03 A/V-(으)니

- 고개를 넘으니 마침내 마을이 한눈에 들어왔다.
- 오랜만에 고향 친구를 만나고 보니 무척 반가웠다.
- 갈 길이 머니 오늘은 여기에서 자고 내일 집으로 돌아갑시다.

◎ 다음 문장을 완성하십시오.

보기 하루 종일 굶다
→ 하루 종일 굶으니 눈에 보이는 것이 없다.

1) 흡연은 건강에 해롭다
→ ______________________.

2) 고향에 가는 비행기 표가 비싸다
→ ______________________.

3) 노래 대회에 참가해야 하다
→ ______________________.

4) 열심히 공부하기로 부모님과 약속했다
→ ______________________.

문법 설명

앞 말이 뒤에 오는 문장의 원인, 근거, 전제가 되는 것을 뜻한다. '-(으)니까'와 뜻은 같으나 문어적인 표현이다.

04 불(을) 보듯(이) 뻔하다[훤하다]

- 이런 식으로 공부하다가는 시험에 떨어질 게 불을 보듯이 뻔하다.
- 두 사람이 맨날 싸우는 걸 보니 곧 헤어질 것이 불 보듯 뻔하지 않니?
- 이 드라마는 조금밖에 안 봤는데도 앞으로 어떤 내용일지 불 보듯 훤하게 알겠어.

◎ 다음 질문에 대답해 봅시다.

1) 직접 경험해 보지 않아도 불을 보듯이 뻔한 상황에는 어떤 것이 있습니까?

2) 여러분 고향에도 비슷한 속담이 있는지 찾아봅시다.

문법 설명

'뻔하다'는 굳이 확인하거나 경험해 보지 않아도 알 수 있을 만큼 확실하다는 뜻이다. 따라서 '불을 보듯 뻔하다'는 불을 보는 것처럼 앞으로 일어날 일을 분명하게 알 수 있다는 뜻이다.

쓰 기

01 다음 글을 읽고 질문에 대답해 봅시다.

한국은 저출산과 빠른 고령화로 인해 2030년이 되면 국민 4명 중에 1명이 65세 이상의 노인이 될 전망이다. 일본도 한국과 마찬가지로 고령화가 심각한 문제이다. 하지만 일본은 2007년에 이미 초고령 사회로 진입했기 때문에 노인을 위한 복지 제도들이 잘 갖춰져 있다. 이와 달리 한국은 초고령 사회에 대한 준비가 아직 부족한 상황이다.

1) 무엇에 대해서 이야기하고 있습니까?

2) 두 대상의 비슷한 점은 무엇입니까?

3) 두 대상의 다른 점은 무엇입니까?

-
-

02 '비교하기'와 '대조하기'에 자주 사용되는 표현을 알아봅시다.

비교하기와 대조하기

비교하기는 두 대상의 비슷한 점(공통점)을, 대조하기는 다른 점(차이점)을 중심으로 표현하는 방법이다. 비교와 대조의 방법으로 표현할 때 주의할 점은 그 대상이 반드시 같은 범주에 속해야 한다는 것이다.

예) 한국어와 영어, 영화와 연극, 하숙집과 기숙사 (O)
　　한국어와 언어, 영화와 예술, 기숙사와 집 (X)

1) 비교하기

- **~와/과 마찬가지로 / 이와 마찬가지로**
  고령화도 저출산 현상과 마찬가지로 선진국에서 먼저 문제가 되었다.

- **~은/는 점에서 동일하다 [유사하다, 비슷하다, 차이가 없다]**
  미국과 일본은 20~30년 전부터 실버산업이 활성화되었다는 점에서 비슷하다.
  한국의 경우도 일본과 유사하게 고령화가 빠르게 진행되고 있다.

- **~에서 서로 공통점이 있다**
  고령화와 저출산 현상은 생산연령인구의 감소를 가져온다는 점에서 서로 공통점이 있다.

2) 대조하기

- **~와/과 달리 [다르게]**

  과거와 달리 일하는 여성이 늘면서 결혼을 중요하게 생각하지 않게 된 것도 저출산 현상의 원인으로 지적되고 있다.

- **~에 비해**

  한국의 출산 장려 정책은 이 정책에 성공한 프랑스에 비해 아직 부족한 점이 많다고 할 수 있다.

- **~은/는 반면에 [데 반해]**

  생활수준이 높아지고 의료 기술이 발달하면서 사람들의 평균 수명이 늘어난 반면에 출산율은 낮아져서 고령화 현상이 심각해지고 있다.

- **~와/과 대조적으로**

  과거의 한국 노인들이 TV 시청, 산책과 같은 소극적인 여가 활동으로 시간을 보낸 것과 대조적으로 최근에는 스포츠나 노래 교실 등 적극적인 여가 활동으로 바뀌고 있다.

- **~은/는 점에서 다르다 [차이가 있다]**

  프랑스에서는 아이를 낳을 경우, 혼인 여부에 관계없이 지원금을 주고 부모 모두에게 휴가를 제공한다는 점에서 한국의 출산 장려 정책과 차이가 있다.

- **~에서 서로 차이점이 있다**

  고령화가 일찍 시작된 일본에서는 노인 일자리가 충분하지만 한국은 아직 그렇지 못하다는 점에서 서로 차이점이 있다.

03 다음 표를 채운 후 보기와 같이 비교 · 대조의 문장을 써 봅시다.

연극과 영화　　기숙사와 하숙집　　한국어와 모국어

보기	연극	영화
공통점	배우들의 연기를 중심으로 하는 종합 예술이다.	
차이점	무대에서 배우들의 연기를 직접 볼 수 있다.	극장에서 배우들의 연기를 간접적으로 볼 수 있다.

→ 영화와 연극은 배우들의 연기를 중심으로 하는 종합 예술이라는 점에서 동일하다. 그러나 연극은 배우들의 연기를 무대에서 직접 볼 수 있고, 영화는 극장에서 간접적으로 볼 수 있다는 점에서 다르다.

(1)	기숙사	하숙집
공통점		
차이점		

→

(2)	한국어	모국어
공통점		
차이점		

→

04 아래에 있는 표를 채운 다음, 비교 · 대조의 단락을 써 봅시다.

	한국의 고령화	여러분 나라의 고령화
원인	• 출산율이 낮아졌다. • 평균 수명이 길어졌다.	
현상	• 2000년 – '고령화 사회' 진입 • 2019년 – '고령 사회' 예상 • 2026년 – '초고령 사회' 예상	
대책	• • • •	

제 6 과

한국의 전통

1. 인간문화재

듣기 한지와 인간문화재에 대한 대화 듣기
어휘 문화유산 Ⅰ
문법 및 표현 • A/V-(으)면서도
• N치고(는)
• V-아/어 내다
• A/V-고 해서
말하기 자세한 설명 요청하기

2. 한국의 명소

읽기 담양 여행에 대한 글 읽기
어휘 문화유산 Ⅱ
문법 및 표현 • V-(으)ㄹ세라
• A-기 그지없다
• V-고 보니
• N(이)며 N(이)며
쓰기 분류하기

1 인간문화재

01 다음의 그림을 보면서 이야기해 봅시다.

1) 무엇을 하는 과정입니까?

2) 완성된 것을 어디에 활용했습니까?

02 다음의 그림이 의미하는 바에 대해 이야기해 봅시다.

듣기

Track 06 **다음을 듣고 물음에 답하십시오.**

01 두 사람은 어디에서 이야기를 나누고 있습니까?

02 다음은 한지에 대한 설명입니다. 들으면서 내용을 쓰십시오.

특 징

______________________________ → 쉽게 젖거나 찢어지지 않는다.

색

화려하지 않지만 편안한 아름다움이 있다.

______________________________ → 눈이 덜 피로하다.

가 격

______________________________ → 한 번에 많이 만들 수 없어서 비싸다.

03 들은 내용과 같은 것을 고르십시오.

① 여자는 한지 전시회에 가 본 적이 있다.
② 남자는 한지를 만들어 본 적이 있다.
③ 남자는 한지의 미래가 어둡다고 생각한다.
④ 여자는 한지와 일반 종이가 다르지 않다고 생각한다.

04 인간문화재에 대한 설명으로 맞는 것을 고르십시오.

① 전통 기술을 다음 세대에 전수한다.
② 한지 기술을 보호하기 위해 만들어졌다.
③ 사라진 전통 문화를 찾아서 발전시켜야 한다.
④ 전통 문화를 재현할 수 있으면 모두 인간문화재이다.

여 : 여기 있는 게 모두 종이로 만들어졌단 말이지?

남 : 더 정확하게 말하면 한지로 만들었어.

여 : 한지?

남 : 한국의 전통적인 방법으로 만든 종이를 한지라고 해.

여 : 에이, 그럼 어차피 종이라는 거잖아.

남 : 한지는 보통 종이랑 달라. 부드러우면서도 질겨. 옷이나 신발이 그냥 보통 종이로 만들어졌다고 생각해 봐. 쉽게 젖거나 찢어지지 않겠어?

여 : 듣고 보니 그러네. 나는 여기 오기 전까지만 해도 종이로 만들 수 있는 게 이렇게 다양할 줄 몰랐어. 가만히 보니까 색도 아름답다. 화려하진 않은데 편안한 아름다움이 있는 거 같아.

남 : 그 점 때문에 나도 한지를 좋아해. 게다가 자연에 가까운 색이라 눈도 덜 피로해.

여 : 그런데 가격이 좀 더 싸면 좋겠어. 이것도 좀 봐. 공책치곤 비싸잖아.

남 : 그건 한지를 만드는 방법 때문에 그래. 사람이 하나하나 손으로 직접 만들어 내야 하거든.

여 : 그러면 한 번에 많이 만들 수 없잖아. 이래서야 공장에서 나오는 종이와 경쟁이 되겠어?

남 : 싼 가격에 대량 생산이 가능한 종이와 한지가 같은 방법으로 싸울 수는 없겠지. 그래서 이런 전시회를 여는 거야. 한지를 알리고 해서 조금 비싸더라도 사람들이 먼저 찾을 수 있도록 말이야.

여 : 한지 기술 보호도 중요하겠다.

남 : 그건 걱정 안 해도 돼. 인간문화재가 있으니까.

여 : 인간문화재? 사람이 문화재라고?

남 : 재밌지? 전통 문화를 재현할 수 있는 능력을 지닌 사람들을 뽑아서 인간문화재로 지정하고 있어.

여 : 그렇다면 탈을 만드는 기술자도, 판소리를 하는 소리꾼도 모두 인간문화재가 될 수 있다는 말이야?

남 : 그렇지. 그래야 우리의 전통 기술이 사라지지 않을 수 있으니까. 인간문화재의 역할 중 하나가 다음 세대에 자신의 기술을 전수하는 거거든.

한지	어차피	부드럽다	질기다	젖다	찢어지다	피로하다	하나하나	대량
기술	인간문화재	문화재	재현하다	지정하다	기술자	판소리	소리꾼	
세대	전수하다							

더 생각해 봅시다

01 한국의 문화유산에 대해 이야기해 봅시다.

1) 다음 어휘의 의미를 알아보고 아래의 그림이 어디에 속하는지 분류해 봅시다.

문화유산	무형유산	기록유산	자연유산

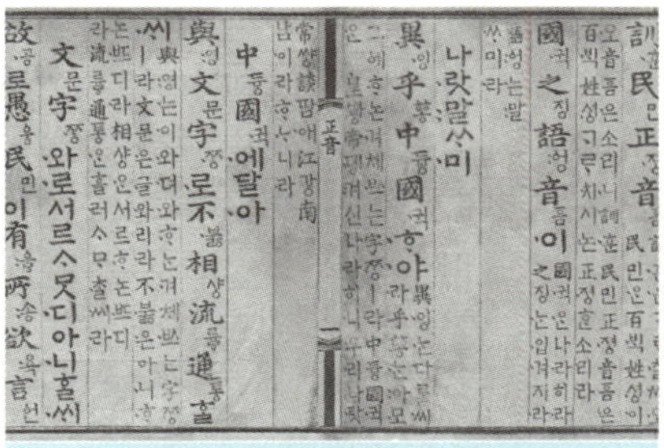

훈민정음

수원화성

강강술래

대목장

창덕궁

고인돌유적

매사냥

석굴암

동의보감

용암동굴

안동 하회마을

?

2) 위에 제시된 여러 유산들 중 하나를 선택해서 조사하여 발표해 봅시다.

주요 유산	특징	가치
수원화성	조선시대의 정조라는 왕이 아버지를 위해 지었다.	거중기를 이용해 건축해서 과학적이라는 평가를 얻는다.

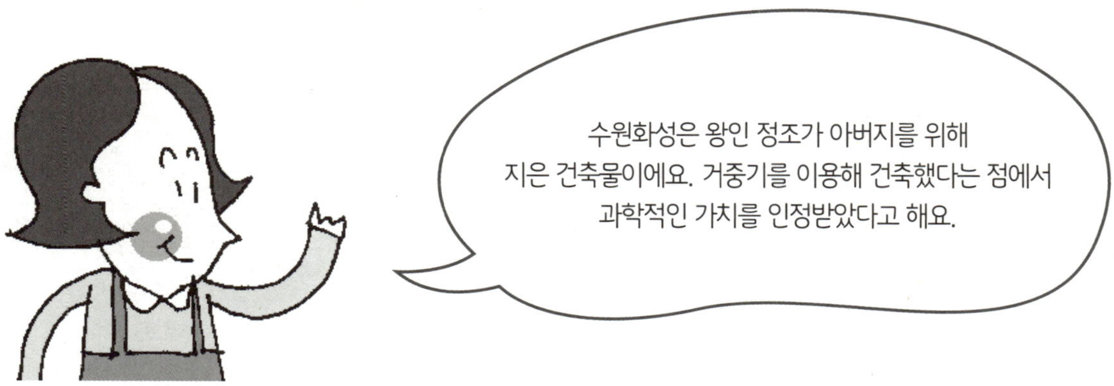

수원화성

동산병원 선교박물관

세종대왕 태실

02 다음을 보고 이야기해 봅시다.

1) 무엇을 홍보하는 포스터입니까?

2) 위 포스터에 어떠한 문화유산이 소개되어 있습니까?

3) 여러분 나라를 홍보하는 동영상이나 포스터에는 어떠한 문화유산이 소개되어 있습니까? 조사해서 발표해 봅시다.

어 휘

◎ 문화유산과 관련된 어휘에 대해 알아봅시다.

• 지정
설악산 내에 있는 비룡폭포는 웅장하고 빼어난 경치 때문에 국가지정문화재인 명승지로 지정이 되었다.

• 등재
최근 유네스코 세계문화유산에 등재가 된 경주의 양동마을은 다른 세계유산과 달리 실제로 주민들이 거주하고 있다.

• 재현
인간문화재란 중요무형문화재로 지정된 전통문화를 재현할 수 있는 능력을 지닌 사람들이란 뜻이다.

• 전수
전통 기술을 보유하고 있는 장인에게서 기술 전수를 받을 학생의 수가 많지 않아 우리의 전통문화가 사라질 위기에 처해 있다고 한다.

• 훼손
한번 훼손이 된 문화재는 원상태로 복구하기가 힘들기 때문에 문화재 보호에 힘써야 한다.

• 복원
2008년 2월 화재로 전소된 숭례문의 복원 공사가 마무리되어 관광객을 맞이할 준비를 하고 있다.

1) 이 절은 전쟁 때 불에 타 없어졌다가 최근에 ______________ 되어 시민들에게 개방되었다.

2) ______________ 된 장소에서만 담배를 피울 수 있다.

3) 100여 년 전의 생활 모습을 그대로 ______________ 한 마을에 관광객이 줄을 이었다.

4) 인류의 무분별한 개발로 자연이 많이 ______________ 되고 있다.

5) '얼짱'은 '얼굴이 짱이다'라는 말이 줄어든 것으로, 국어사전에도 ______________ 되어 있다.

6) 지난 모임에서 선배들은 학점 잘 받는 방법을 후배들에게 ______________ 했다.

문 법

01 A/V-(으)면서도

- 바쁘지 않으면서도 귀찮아서 전화를 안 받는다.
- 친구는 잘못을 했으면서도 절대로 사과하지 않는 성격이라 대인관계가 원만하지 않다.
- 두 사람은 서로 사귀면서도 동료들에게 알려지면 회사생활이 불편해질까 봐 안 사귀는 척했다.

◎ 다음 문장을 완성하십시오.

1) 그 사람은 ______________________ 돈을 잘 쓰지 않습니다.

2) 선영이는 ______________________ 겉으로는 싫어하는 척해요.

3) 내 친구는 ______________________ 운동을 전혀 하지 않아요.

4) 저 식당 음식은 ______________________ 값은 비싸요.

5) 두 사람은 ______________________ 결혼을 하지 않는다.

6) 이야기를 ______________________.

문법 설명

앞 문장의 행동이나 상태와 반대되는 내용이 뒤 문장에 올 때 쓴다. 주로 앞의 상황이나 사실에도 불구하고 그것과 전혀 상관이 없거나 대조적인 상황이 함께 있을 때 사용한다.

메 모

02 N치고(는)

- 그는 농구 선수치고 키가 작은 편이다.
- 배운 지 얼마 안 된 거치고는 한국어를 잘한다.
- 젊은 사람치고 요즘 스마트폰을 사용하지 않는 사람이 없어.
- 동굴치고 이렇게 사람 말을 잘 알아듣는 동물을 본 적이 있습니까?

◎ 다음 대화를 완성하십시오.

1) 가 : 민아는 초등학교 2학년밖에 안 됐는데 하루에 학원을 네 곳이나 다닌대요.
   나 : 네 군데면 ______________________ 학원을 많이 다니는 편이군요.

2) 가 : 상우 얘기만 듣고 동호회에 가입했는데 듣던 것과는 달라서 실망했어.
   나 : 으이구, ______________________ 믿을 만한 거 봤어?

3) 가 : 태권도를 배운 지 한 달밖에 안 됐어요.
   나 : ______________________ 잘 하시네요.

4) 가 : 이 자동차는 탄 지 10년 정도 되었어요.
   나 : ______________________ 상태가 꽤 괜찮네요.

5) 가 : 이 케이크 어때? 이번에 처음 만들어 봤어.
   나 : ______________________.

문법 설명

1. 앞 명사에 대해 가지고 있는 생각이 뒤의 내용과 좀 다름을 나타낸다. 일반적으로 기대하는 것보다 더하거나 덜할 때 사용한다. '-(으)ㄴ/는 편이다'와 자주 같이 쓰인다.
2. '그 전체가 예외 없이'의 뜻을 나타내는 경우 뒤에는 흔히 부정을 뜻하는 말이나 표현하고자 하는 것을 강조하는 수사의 문문이 나타난다.

03 V-아/어 내다

- 네가 드디어 그 일을 해냈구나.
- 김 박사는 암의 원인을 밝혀내기 위해 평생을 바쳤다.
- 그 문제의 해결 방법을 생각해 낸 사람은 8살밖에 안 된 막내 동생이었다.

◎ 다음 대화를 완성하십시오.

1) 가 : 어제 우승한 피겨 스케이트 선수의 경기 봤어? 정말 감동적이었어.
   나 : 맞아. 부상을 ______________________ 경기에 참가한 것만 해도 대단한데 말이야.

2) 가 : 이 문제의 답을 ____?
   나 : 응, 찾았어. 간단하게 생각하니까 오히려 쉽게 풀리더라고.

3) 가 : 쟤 이름이 뭐야? 같은 반에서 공부한 기억은 나는데 이름이 생각 안 나네.
   나 : 나도 마찬가지야. 아무리 ______________________ 해도 도저히 안 떠올라.

4) 가 : 요즘 계속 안 좋은 일만 생겨요.
   나 : 힘내세요. 아무리 힘든 일이 있어도 ______________________ 언젠가는 좋은 일이 생길 거예요.

5) 가 : 선생님 전화번호를 어떻게 알았어요?
   나 : ____.

문법 설명

어떤 일을 끝내거나 완성했다는 뜻을 나타낼 때 사용한다. 보통 '참다, 이기다, 견디다'와 같은 어떤 어려운 일을 극복했다는 뜻의 동사와 같이 사용된다. 또한 '마침내, 결국, 끝내, 드디어' 등의 부사어와 함께 자주 쓰인다.

메 모

04 A/V-고 해서

- 잠도 오고 해서 하던 일을 멈추고 밖으로 나갔다.
- 기분도 우울하고 해서 친구를 만나 술을 마셨어요.
- 냉장고도 텅텅 비었고 해서 시장에 장보러 갔다 왔어요.

◎ 다음 대화를 완성하십시오.

1) 가 : 휴대폰을 바꾼 지 얼마 안 되었는데 왜 또 바꿨어요?
   나 : ________________ 바꿨어요.

2) 가 : 소영 씨는 이번 명절에 왜 고향에 안 가세요?
   나 : ________________ 다음에 가려고요.

3) 가 : 지난주에 부산에 다녀오셨다면서요?
   나 : ________________.

4) 가 : 어젯밤에 전화했지? 자느라고 못 받았어. 그런데 무슨 일로 전화했어?
   나 : ________________.

5) 가 : 우와, 저기 사람들이 많이 모여 있네요.
   나 : ________________.

문법 설명

여러 가지의 이유 중에서 가장 대표적인 이유 하나를 말할 때 '-고 해서'를 사용한다. 여러 이유 중 두 가지 이상의 이유를 나열할 때에는 '-고 -고 해서'의 형태가 쓰인다.

메 모

말하기

01 다음은 한국의 생활 속 깊숙이 자리 잡은 여러 문화입니다. 다음의 그림을 보고 이야기해 봅시다.

약수

김치

미역국

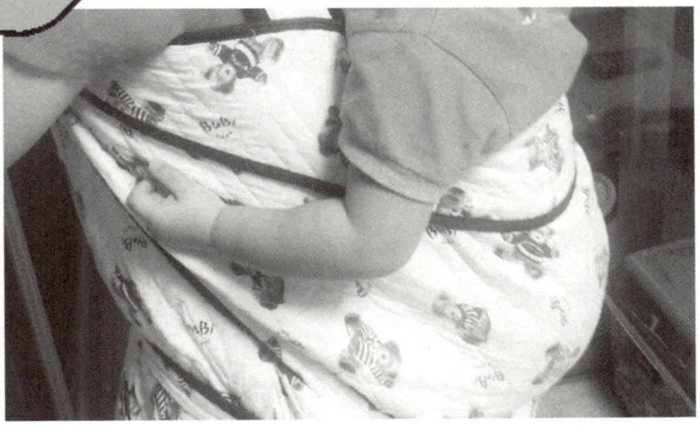
포대기

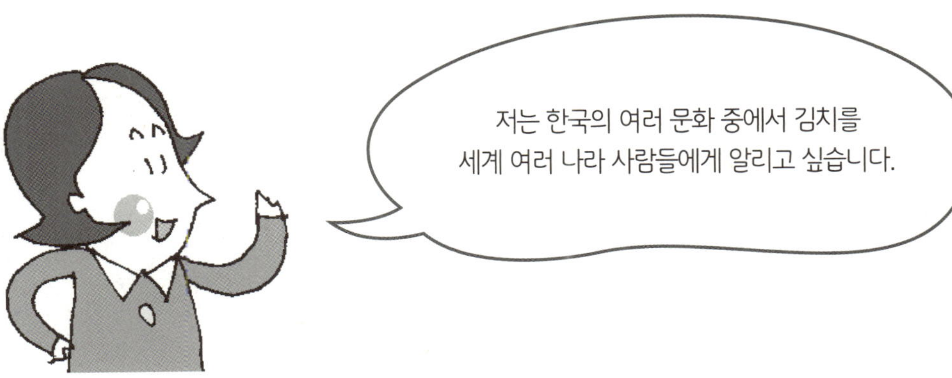

02 한국을 대표하는 음식 중의 하나인 김치에 대해 알아봅시다.

1) 여러분은 김치에 대해 얼마나 알고 있습니까? 김치의 효능에 대해 이야기해 봅시다.

항균 작용	성인병 예방과 치료	암 예방	미용 효과

김치에 있는 유산균이 장을 깨끗하게 만들어서 세균 증가를 억제한다.	항균 작용
김치의 주재료인 배추는 대장암을 예방하고 마늘은 위암을 예방한다.	
김치에 있는 유산균이 몸속에 콜레스테롤이 만들어지는 것을 방해한다.	
김치의 항산화 성분이 피부를 좋게 만들고 살도 빠지게 한다.	

2) 김치에 대해 더 자세히 알고 싶을 때 상대방에게 어떻게 물어보면 좋을까요? 다음은 다른 사람의 이야기를 듣고 더 자세한 설명을 요청할 때 사용하는 표현들입니다.

자세한 설명 요청하기

- 예를 좀 들어 주시겠습니까?
- 구체적으로 말씀해 주시겠습니까?
- 좀 더 자세한 설명이 필요할 것 같습니다.
- 다른 예를 들어서 설명해 주실 수 있으신가요?

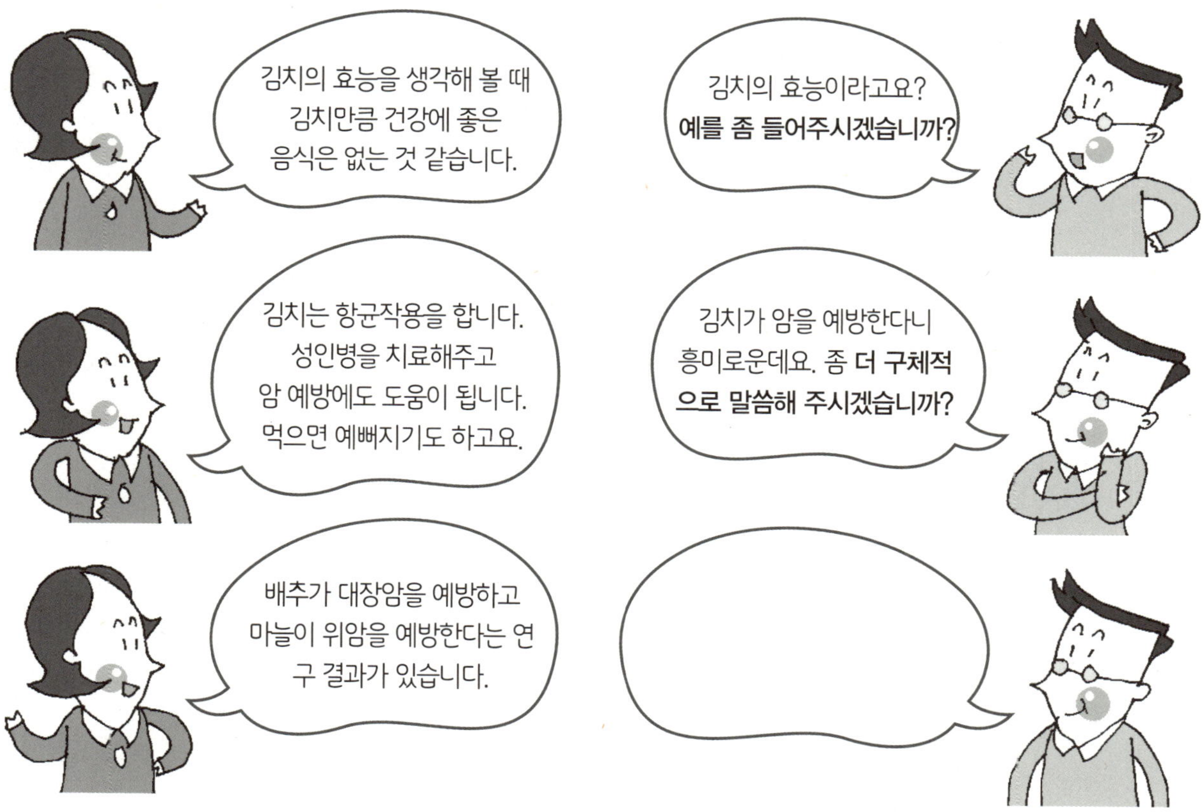

03 한국의 포대기 문화에 대해 알아봅시다.

1) 여러분은 한국에서 아기 어머니가 아기를 포대기로 업고 있는 모습을 본 적이 있습니까? 그것을 보고 어떤 생각이 들었습니까?

2) 서구 문화에 밀려 사라져 가던 한국의 포대기 문화가 최근 세계 여러 나라의 이목을 집중시키고 있습니다. 포대기가 한류를 타게 된 이유에 대해 이야기해 봅시다.

포대기의 우수성

- 엄마가 아기를 포대기로 싸서 업으면 아기는 정서적으로 안정감을 느낀다.
- 엄마의 등은 아기의 안전한 놀이터이자 잠자리이다.
- 아기는 엄마의 등에서 자연스럽게 사람과 사물을 관찰할 수 있다.
- 엄마는 안심하고 자유롭게 일을 할 수 있다.
- ______________________________

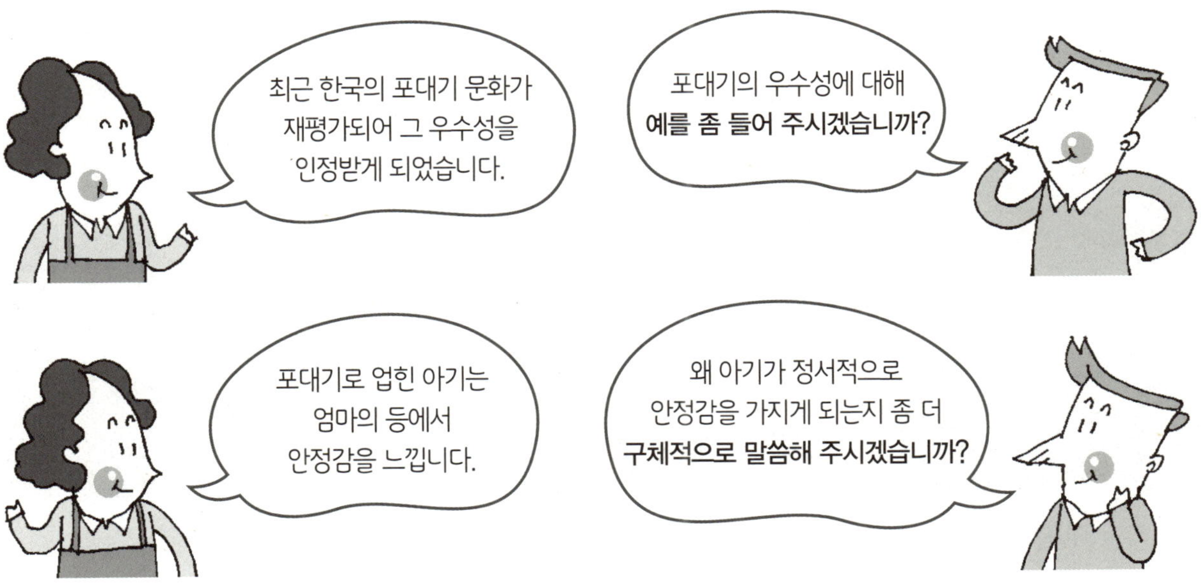

04 여러분의 흥미를 끄는 한국 문화를 조사해서 위와 같이 이야기해 봅시다.

흥미로운 한국 문화	효능 / 우수성 / 특징
한국 사람들은 깊은 산속이나 계곡에서 나오는 물을 약수라고 하며 마신다.	피부병, 신경통 등에 효과가 있다.
아기를 낳은 산모들은 미역국을 먹는다.	

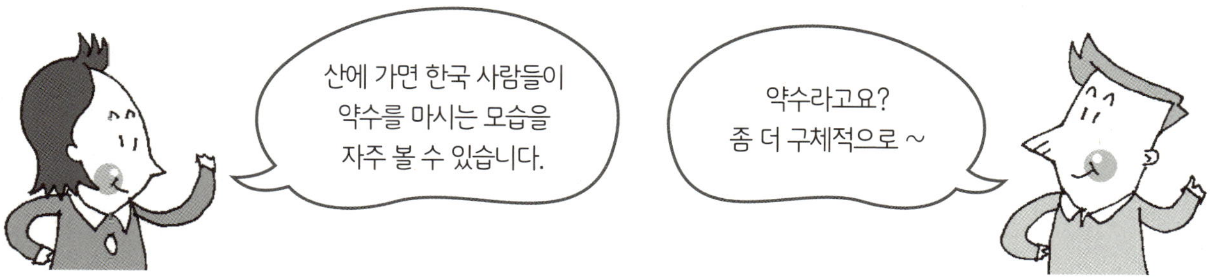

2 한국의 명소

01 아래 질문에 대해 이야기해 봅시다.

1) 여러분은 어떤 때 여행을 떠나고 싶습니까?

☐ 생각해야 할 일이 있을 때　　☐ 새로운 경험을 하고 싶을 때

☐ 다양한 사람을 만나고 싶을 때　　☐ 특별한 추억을 만들고 싶을 때

☐ 일상에 지쳐 편안히 쉬고 싶을 때　　☐ 다양한 볼거리를 즐기고 싶을 때

2) 어떤 기준으로 여행지를 선택합니까?

☐ 여행 비용　☐ 위치　☐ 경치　☐ 음식　☐ 숙박 시설　☐ 체험/구경거리

02 아래 사진을 보고 함께 이야기해 봅시다.

03 아래 글을 읽고 질문에 답하십시오.

그림 같이 아름답고 조용한 청암사를 떠나 우리는 집을 향해 출발했다. 청암사 구석구석을 다 둘러 보기에는 시간이 너무 짧았다. 청암사에서 보낸 하루가 왜 이렇게 짧게 느껴지는 걸까. 낙엽 쌓인 산길을 천천히 내려오며 나는 생각했다. 청암사에서 느꼈던 평화롭고 한가로운 마음을 그대로 가지고 돌아가 생활해야겠다고.

1) 이 글은 전체 글 중 어느 부분이겠습니까?

□ 첫 부분　　□ 중간 부분　　□ 마지막 부분

2) 이 글을 쓴 목적은 무엇이겠습니까?

□ 자신의 주장을 내세워 다른 사람을 설득하려고

□ 어떠한 지식이나 정보를 다른 사람에게 전달하려고

□ 여행에서 자신이 경험한 것들과 느낀 것을 표현하려고

읽기

다음은 담양 여행에 대한 글입니다. 잘 읽고 질문에 답하십시오.

지난 주말에 나는 대나무의 고장 '담양'에 다녀왔다. 사계절 늘 푸르고 곧게 자라는 대나무는 한국에서 옛 선비의 굳은 의지에 비유된다고 한다. 한국에 와서는 대나무 방석, 죽순 요리 정도만 보았는데, 대나무가 숲을 이룬 곳이 있다는 진우의 말에 좋은 구경거리를 놓칠세라 얼른 따라 나섰다.

무려 4시간이 걸려 도착한 담양에서 우리는 우선 '죽녹원'으로 향했다. 죽녹원으로 가는 길에 잠시 들른 메타세쿼이아 길은 그야말로 장관이었다. 길 양쪽으로 쭉 줄지어 곧게 서 있는 나무들의 모습이 아름답기 그지없었다.

오전 10시가 넘어 죽녹원에 도착했다. 멀리서도 보이는 키가 큰 대나무 숲 덕분에 죽녹원이라는 것을 한눈에 알 수 있었다. 죽녹원은 사랑이 변치 않는 길, 추억의 샛길, 선비의 길 등 8가지 주제의 길로 구성된 정원이며, 각각의 길마다 다른 특징이 있다고 한다. 대나무 숲이 사람의 마음을 안정시켜 준다는 안내글을 읽고 나니 대나무 숲 사이로 불어오는 시원한 바람에 심신이 다 맑아지는 듯했다.

한국에서 대나무는 각종 생활용품과 건강식품으로도 다양하게 이용된다고 한다. 죽부인을 비롯한 방석과 베개, 소쿠리, 부채 등의 죽제품으로 만들어 쓰기도 하고 건강을 위해 죽염, 댓잎 차 등으로 만들어 먹기도 한다. 죽녹원 앞 가게에서 나는 복을 가져다 준다는 예쁜 복조리를 하나 사 들고 '소쇄원'으로 발걸음을 돌렸다.

차로 30분쯤 이동하니 한국의 대표적인 정원 소쇄원이 나타났다. 입구에 들어서면 대나무가 숲을 이루고 있고, 작은 계곡을 지나 안으로 들어가면 여러 건물과 정자가 나타난다. 500년 전에 한 선비가 이 소쇄원을 지어 놓고, 자신과 말이 통하는 사람과 이런저런 이야기를 나누면서 여생을 보냈다고 한다. 이곳에 만들어진 건물 하나하나, 꽃 한 송이, 나무 한 그루 모두 선비의 마음이 담긴 것이라 하니 천천히 즐기면서 그 안에 담긴 정신을 느껴보고 싶었다.

소쇄원을 나와 우리는 담양에서 유명한 대통밥을 먹으러 식당으로 이동했다. 이름만 듣고는 어떤 밥일지 무척 궁금했다. 알고 보니 대통밥은 대나무 통에다 쌀을 넣고, 대추며 잣이며 밤 등을 넣어 쪄서 만든 밥이었는데, 대나무향이 나는 달콤한 밥이 주변의 경치와 어울려 더 맛있게 느껴졌다. 건강에 좋다는 대나무 음식을 먹었으니 이 무더위도 다 이겨낼 수 있겠지? 밥을 먹고 나서 바로 집으로 돌아오기가 아쉬웠지만 시간이 늦어 우리는 차에 올라타야 했다.

곧 담양의 대나무와 정원이 또 나를 부를 것 같다. 생각만 해도 마음이 편안해지는 대나무 숲에서 옛 사람과 같은 마음을 다시 한 번 느끼고 싶다.

대나무 고장 곧다 선비 굳다 비유되다 방석 죽순 숲 죽녹원
메타세쿼이아 그야말로 쭉 줄짓다 그지없다 한눈 샛길 정원 심신
생활용품 죽부인 소쿠리 죽제품 죽염 복조리 소쇄원 이동하다 계곡
정자 통하다 이런저런 여생 대통밥 무척 대추 잣 달콤하다
무더위 아쉽다

01 이 글에서 알 수 있는 내용이 아닌 것은 무엇입니까?

① 대나무의 쓰임　　② 죽녹원의 역사

③ 소쇄원의 유래　　④ 대통밥의 재료

02 이 글의 내용과 같은 것을 고르십시오.

① 나는 한창 더운 시기에 담양 여행을 다녀왔다.

② 나는 한국에 온 후 다양한 죽제품을 본 적이 있다.

③ 나는 오래 전부터 담양의 대나무 숲을 구경하고 싶었다.

④ 나는 먼 곳에서는 보이지 않는 죽녹원을 가까이 가서 확인했다.

03 '나'가 여행한 곳을 순서대로 쓰십시오.

1) ______

2) ______

3) ______

4) 대통밥 식당

04 '죽녹원'에서 '나'가 본 것, 들은 것, 느낀 것을 쓰십시오.

본 것	키가 큰 대나무 숲, 대나무 숲이 사람의 마음을 안정시켜 준다는 안내 글
들은 것	
느낀 것	

더 생각해 봅시다

01 다음은 무엇에 대한 기사일까요? 아래 기사 제목을 보고 함께 이야기해 봅시다.

- 하회 · 양동, 세계문화유산 등재 성공
- '김치' 세계기록유산 등재 신청
- 김치 · 아리랑 · 해녀 등 무형문화유산 된다
- 제주 돌담 세계문화유산 추진!
- 훼손 심각한 석가탑 대수술... "3년 뒤에 만나요"
- 안동, 문화재 유지 · 보수에 150억 원 투입
- 보수 공사 마친 수원화성 팔달문

02 세계적으로 유명한 명소를 소개해 봅시다.

캄보디아 앙코르와트

인도 타지마할

중국 진시황릉

이집트 피라미드

03 기억에 남는 여행에 대해 감상문을 써 봅시다.

1) 여행의 주요 내용을 간단하게 써 봅시다.

여행 장소	
여행 일정	
여행 동기	
같이 간 사람	
교통편	
음식 / 숙박	

2) 장소 이동에 따른 감상을 정리해 봅시다.

여행 장소	특징	감상
(1)		
(2)		
(3)		

3) 가장 기억에 남는 것 등 여행의 전체적인 느낌을 정리해 봅시다.

4) 앞 내용을 종합해서 여행 감상문을 써 봅시다.

____________________ 에 다녀와서

어 휘

◎ 문화유산과 관련된 어휘에 대해 알아봅시다.

- **문화유산**
  한국의 문화유산 중 최고는 한글이라고 말하는 사람들이 꽤 많다.
- **자연유산**
  현재 많은 동식물이 멸종되고 있어서 이러한 자연유산을 보호하기 위해 유네스코는 세계 자연유산을 지정했다.
- **기록유산**
  유네스코는 전 세계의 귀중한 기록물을 보존하고 활용하기 위해 2년마다 세계 기록유산을 선정한다.
- **유적지**
  역사와 옛날 모습을 알 수 있는 유적지를 찾아다니는 사람들이 많다.
- **명승지 [명소]**
  그 학생은 다른 지역에서 온 사람들에게 자기 고장의 명승지를 자랑스럽게 소개했다.
- **유물**
  역사박물관에 가면 조상이 남긴 여러 유물을 만날 수 있다.

1) 가 : ____________(이)라는 게 뭐예요?
   나 : 한국의 불국사, 하회마을, 김치, 태권도 등과 같은 각종 문화재나 문화 양식을 말해요.

2) 가 : 이 지역은 관광의 ____________ 라고 하던데, 그게 뭐지요?
   나 : ____________ 은/는 옛 문화를 보여 주는 건물이나 물건이 있던 장소, 또는 경치, 생산되는 물건 등으로 널리 알려진 곳을 말해요.

3) 가 : 이번 여행은 ____________(으)로 가자고 했지요? 그게 뭐 하는 곳이에요?
   나 : 아, 그건 현재 남아 있는 옛 건축물이나 싸움터, 역사적인 사건이 벌어졌던 곳을 말해요.

4) 가 : ____________(이)라는 게 뭐지요?
   나 : 아름다운 자연과 멸종 위기에 있는 동식물이 살고 있는 곳을 말해요. 제주 화산섬과 용암 동굴은 세계 ____________(으)로 지정돼 있어요.

5) 가 : 옛날 사람들이 쓰던 그릇 같은 것도 ____________(이)라고 할 수 있어요?
   나 : 그럼요, 조상이 남긴 물건들은 모두 포함돼요.

6) 가 : ____________ 은/는 책을 가리키는 건가요?
   나 : 아니에요, 책을 포함하여 편지, 그림, 지도, 전자 자료 등 가치 있고 귀중한 기록물들을 모두 가리키는 말이에요.

문 법

01 V-(으)ㄹ세라

- 남이 들을세라 어머니는 조용하게 말씀하셨다.
- 아이들은 자신의 기회를 놓칠세라 서로 먼저 말하려고 했다.
- 불면 날아갈세라 귀하게 키운 딸을 시집보내려니 섭섭합니다.

◎ 보기 와 같이 문장을 완성하십시오.

보기 아기가 감기에 걸리다
→ 아기가 감기에 걸릴세라 옷을 따뜻하게 입혔다.

1) 얼음길에서 넘어지다

→ ______________________________.

2) 태풍에 우산이 날아가다

→ ______________________________.

3) 기차를 놓치다

→ ______________________________.

4) 전화번호를 잊어버리다

→ ______________________________.

문법 설명

뒤 문장의 행위에 대한 이유나 근거로서 앞 문장의 상황이 혹시 그렇게 될까 봐 걱정함을 나타낸다. '-(으)ㄹ까 봐'와 유사한 의미로 '혹시, 자칫, 행여'와 같이 쓰여 의미를 강조해 주기도 한다.

02 A–기 그지없다

- 주인공의 연기가 훌륭하기 그지없다.
- 그동안 열심히 노력한 결과가 겨우 이거라니, 실망스럽기 그지없다.
- 집을 잃은 아이들에게 자원봉사자들이 보내 준 사랑은 따뜻하기 그지없었다.

◎ 다음 문장을 완성하십시오.

보기 하얀 웨딩드레스를 입은 신부의 모습이 아름답기 그지없다.

1) 영화의 마지막 장면이 ______________________________.

2) 얌전해 보이는 겉모습과 달리 그 사람의 성격은 ______________________________.

3) 매번 실패만 하다 성공을 하니 ______________________________.

4) 10년 넘게 다니던 직장을 그만두려 하니 ______________________________.

문법 설명

말로 다 할 수 없을 만큼 정도가 심하거나 대단하다.

03 V–고 보니

- 부모가 되고 보니 부모님의 마음을 알 것 같다.
- 화가 많이 나 있었는데 이야기를 듣고 보니 이해가 되었다.
- 급하게 버스를 타고 보니 학교로 가는 버스가 아니었다.

◎ 다음 문장을 완성하십시오.

1) 너무 목이 말라서 정신없이 우유를 ______________________________ 그건 상한 우유였다.

2) 남자 친구랑 사귈 때는 몰랐는데 ______________________________ 참 좋은 남자였던 것 같다.

3) 늦어서 급하게 옷을 입었는데 ______________________________.

4) 외향적인 사람이라고 해서 만났는데 ______________________________.

문법 설명

어떠한 행위나 일이 일어나기 전에는 모르고 있다가 그 행위가 완료된 다음에 그것을 근거로 하여 새롭게 알게 된 사실이나 느낌, 의견을 나타낼 때 사용하는 표현이다. '-(으)ㄴ 다음에 생각하니까', '-(으)ㄴ 다음에 보니까'의 뜻이다.

04 N(이)며 N(이)며

- 식탁 위에 떡이며 과일이며 먹을 것이 가득하다.
- 이번 홍수로 논이며 밭이며 모두 물에 잠겨 버렸다.
- 이 제품이 가격이며 색깔이며 다 적당하니까 이걸로 삽시다.

◎ 다음 대화를 완성하십시오.

1) 가 : 저 아이는 얼굴이 엄마를 아주 많이 닮았지요?

나 : 네, ________________ 엄마를 안 닮은 곳이 없네요.

2) 가 : 그 사람이 어디가 그렇게 마음에 들어요?

나 : 다 마음에 들어요. ________________.

3) 가 : 요즘 물가가 많이 올랐지요?

나 : 네, ________________.

4) 가 : 요리에 필요한 재료는 빠짐없이 다 사 왔지요?

나 : 네, ________________.

문법 설명

한 부류로 묶을 수 있거나 서술어와 연관된 여러 사물들을 같은 자격으로 이어주면서 나열할 때 쓴다. '와/과 ~와/과'의 뜻이다.

메 모

쓰기

01 다음 글을 읽어 봅시다.

김치의 주재료는 배추, 무, 오이 등 30여 종의 채소이다. 김치는 어떤 재료를 주재료로 사용하느냐에 따라 배추김치, 무김치, 오이김치 등으로 나눌 수 있다. 배추로 만든 김치에는 배추김치, 백김치 등이 있으며 무김치로는 깍두기, 총각김치 등이 있다. 오이로 만든 김치로는 오이지와 오이깍두기 등이 대표적이다.

1) 이 글은 어떤 사실에 대해 말하고 있습니까? 그 사실을 설명하기 위해 어떤 방법을 사용했습니까?

2) 김치의 종류에는 어떤 것이 있습니까?

02 '분류하기'에 자주 사용되는 표현을 알아봅시다.

분류하기 어떤 사실을 설명할 때 설명 대상을 특징에 따라 분류해서 설명하면 더욱 효과적으로 설명할 수 있다. 분류할 기준을 정해서 그 기준에 따라 분류해야 한다.

- **~에 따라 ~(으)로 나눌 수 있다**
  화폐는 화폐를 만드는 재료에 따라 지폐와 주화[동전]로 나눌 수 있다.
- **~인지 ~인지[아닌지]에 따라 ~(으)로 나뉜다**
  식물은 생존 기간이 1년인지 2년인지에 따라 한해살이식물과 두해살이식물로 나뉜다.
- **~이/가 있는지 없는지[있느냐 없느냐]에 따라 ~(으)로 분류된다**
  문화재는 형체가 있느냐 없느냐에 따라 유형문화재와 무형문화재로 분류된다.
- **~(으)냐/느냐에 따라 ~(으)로 나누어진다**
  채소는 어느 부분을 주로 먹느냐에 따라 잎채소, 뿌리채소, 열매채소로 나누어진다.

03 분류할 때 사용되는 표현들을 연습해 봅시다.

1) 꽃 • 분류 기준 : 꽃이 피는 계절
• 종류 : 봄꽃 / 여름 꽃 / 가을꽃 / 겨울 꽃

→ 꽃은 ______________ 에 따라 봄꽃, 여름 꽃, 가을꽃, 겨울 꽃으로 나눌 수 있다.

2) 생물 • 분류 기준 : 혼자 이동할 수 있다 / 혼자 이동할 수 없다
• 종류 : 동물 / 식물

→ 생물은 ______________ 에 따라 동물과 식물로 ______________.

3) 동물 • 분류 기준 : 풀을 먹고 산다 / 고기를 먹고 산다
• 종류 : 초식 동물 / 육식 동물

→ 동물은 ______________ 에 따라 ______________.

04 분류할 때 사용되는 표현으로 아래의 단락을 완성해 봅시다.

1) 쓰레기

• 분류 기준 : ______________

• 종류 : ① 재활용 쓰레기 – 종이, 병, 캔, 플라스틱처럼 재활용할 수 있는 쓰레기
② 일반 쓰레기 – 재활용할 수 없어 그대로 버려지는 쓰레기

못쓰게 되어 버리는 물건을 쓰레기라고 한다. 쓰레기는 ______________ 에 따라 ______________.

재활용 쓰레기는 ______________ 을/를 말하고,

일반 쓰레기는 ______________ 을/를 말한다.

2) 감상문

- 분류 기준 : ______________________________
- 종류 : ① 독서 감상문 – 읽은 책에 대한 감상을 쓰는 글
  ② 공연 감상문 – 관람한 공연에 대한 감상을 쓰는 글
  ③ 여행 감상문 – 다녀온 여행에 대한 감상을 쓰는 글
  ④ 작품 감상문 – 보고 온 예술 작품에 대한 감상을 쓰는 글

어떤 대상을 감상한 후, 자신이 느낀 점을 쓰는 글이 감상문이다. 감상문은 ______________________________

05 한국의 문화재에 대해 '분류해서 설명하는 표현'을 사용하여 글을 써 봅시다.

- 분류 기준 : ______________________________
- 종류 : ① 유형 문화재 – ______________________________
  ② 무형 문화재 – ______________________________

제 7 과

소비와 경제 생활

1. 낭비와 소비

듣기 충동구매에 대한 대화 듣기
어휘 소비
문법 및 표현 • A/V-다더니
• V-고 나면
• A/V-다고 치다
• V-(으)ㄴ/는 셈이다
말하기 이해 여부 확인하기

2. 광고 이야기

읽기 공익 광고에 대한 글 읽기
어휘 광고 종류
문법 및 표현 • A/V-(으)ㄴ/는가 하면
• A/V-(으)ㄴ/는/(으)ㄹ 듯하다
• A/V-(으)ㄹ지라도
쓰기 근거를 제시하며 의견을 주장하기

1 낭비와 소비

01 여러분은 쇼핑을 좋아합니까? 아래의 그림을 보고 같이 이야기해 봅시다.

02 여러분은 주로 어떤 이유로 쇼핑을 합니까? 그리고 쇼핑을 할 때 가장 많이 고려하는 것은 무엇입니까?

없어서

망가져서

더 좋아 보여서

그냥

가격	디자인
상표	쇼핑 장소
품질	실용성

03 아래의 광고 문구를 보고 질문에 대답해 봅시다.

연예인 화장품!
매진임박!
지금 바로 전화하세요!
오늘까지만 19,900원 x 10개월

하나 더!
1+1 행사
올해 마지막 구성!
이 기회 놓치지 마세요!
대박행진

크리스마스
특별 할인♥
여신 드레스
주말 특가
쿠폰 30%
다운 받기
크리스마스 파티의 여왕이
되어 보세요!

1) 가장 마음에 끌리는 광고는 무엇입니까?

2) 어떤 광고 문구를 보면 물건이 사고 싶어집니까?

3) 이런 광고를 보고 충동구매를 한 적이 있습니까?

듣기

Track 07 다음을 듣고 물음에 답하십시오.

01 다음 중 들은 내용과 같은 것을 고르십시오.

① 소영은 시내에서 같은 구두를 두 켤레 샀다.

② 소영은 아사코에게 책을 사지 말라고 말렸다.

③ 상우는 충동구매를 하지 않으려고 꼭 필요한 물건만 산다.

④ 아사코는 마음에 드는 물건을 보면 지금 필요 없어도 일단 산다.

02 소영의 쇼핑 습관은 어떤 것인지 고르십시오.

① 원래 가격보다 비싸게 물건을 주문하기도 한다.

② 지금 당장 필요한 물건인지 고민한 후에 구입한다.

③ 할인하는 물건을 보면 생각하지 않고 바로 구입한다.

④ 물건을 구입할 때 디자인을 가장 중요하게 생각한다.

03 소영과 아사코의 쇼핑에 대한 상우의 생각을 고르십시오.

① 쇼핑으로 기분 전환을 하는 것은 나쁜 방법이다.

② 계획적이지 않은 소비로 생활비가 부족해 질 수 있다.

③ 언젠가 필요한 물건을 미리 사 두는 것은 나쁘지 않다.

④ 비싼 명품만 사는 것이 아니기 때문에 과소비라고 할 수 없다.

04 여러분은 소영과 아사코의 소비 생활에 어떤 문제점이 있다고 생각합니까?

아사코 : 상우야, 이 구두 정말 예쁘지 않아?

상 우 : 소영이하고 서점에 갔다 온다더니 구두 산거야? 지난주에도 새 구두를 본 것 같은데.

아사코 : 응 맞아, 이 구두 정말 예쁘지? 잡지에서 본 적이 있었는데 디자인이 정말 예뻤거든. 그래서 시내에서 이 구두를 보는 순간 사지 않을 수 없었어.

상 우 : 디자인이 예쁘다고 신발을 또 샀어? 그럼 책은?

아사코 : 어머, 책을 안 샀네! 까맣게 잊고 있었어. 구두에 정신이 팔렸었나봐. 어쩐지 좀 허전하더라.

상 우 : 설마 했더니 꼭 필요한 책은 안 사 오고 구두를 산 거야? 소영아, 네가 옆에서 좀 말리지 그랬어.

소 영 : 그렇지 않아도 말리려고 했는데 그럴 틈도 주지 않고 사버리던 걸. 아사코는 디자인의 예쁜 물건만 보면 정신을 못 차리니 정말 큰일이야. 쇼핑할 때는 얼마나 활기차던지.

아사코 : 마음에 드는 물건을 보고 나면 눈에 선해서 안 살 수가 없어. 지금 당장 필요없다고 쳐도 사두면 언젠가는 쓸 일이 생길걸. 내가 비싼 명품만 사면서 과소비를 하는 것도 아니잖아. 너희들도 예쁜 물건을 보면 갑자기 사고 싶어지지 않아? 나만 그런가.

소 영 : 하긴, 나도 인터넷 쇼핑사이트나 TV 홈쇼핑에서 '주말 특가', '할인 쿠폰'이라는 글자가 보이면 고민할 시간도 없이 허겁지겁 주문을 하게 돼. 막상 물건이 오면 별로 필요 없는 물건인데도 말이야. 그래도 쇼핑을 하면 기분이 좋아지니까 그 정도는 괜찮지 않을까?

상 우 : 그렇게 계획 없이 돈을 써 대다가는 생활비가 바닥나고 말거야. 당장 필요하지도 않은 물건을 사면 충동구매하게 되는 셈이라고. 할인이라고 하지만 배송비까지 더하면 오히려 원래 가격보다 비싸게 사는 경우도 있어. 물건을 사기 전에 꼭 필요한 물건인지 아닌지 생각해 보면 좋을 텐데.

소 영 : 물론 알지만 텔레비전이나 잡지 속에 넘쳐나는 유혹의 손길을 뿌리치기가 어디 쉬운 일이니. 광고를 보고 있으면 다 필요한 것 같다니까.

까맣다 허전하다 설마 말리다 틈 활기차다 눈에 선하다 명품 과소비 하긴 특가 허겁지겁 막상 바닥나다 충동구매 넘쳐나다 유혹 손길 뿌리치다

더 생각해 봅시다

01 여러분의 쇼핑 습관은 어떻습니까? 다음 항목을 읽고 해당하는 것에 √ 해 봅시다.

가	나는 나의 쇼핑 습관을 스스로 고치지 못한다.	□
나	쇼핑할 때 너무 많이 사는 것 같아서 죄책감이 들 때가 있다.	□
다	쇼핑할 때 드는 돈과 시간이 과거에 비해 늘었지만 별로 심각하게 생각하지 않는다.	□
라	가족이 보지 못하도록 쇼핑한 물건을 숨긴 적이 있다.	□
마	쇼핑은 스트레스와 긴장을 해소하는 취미 생활이라고 생각한다.	□
바	나는 돈을 쓰는 것 자체를 좋아한다.	□
사	물건을 산 뒤 한 번도 사용하지 않은 물건이 있다.	□
아	주위에 돈을 빌려야 할 정도로 쇼핑을 많이 한다.	□
자	내가 쇼핑하는 것을 보고 친구나 가족들이 놀랄 때가 있다.	□
차	쇼핑을 하면 기분이 좋아진다.	□

〈마, 바, 차〉 '충동구매형' 〈나, 다, 라, 사, 자〉 '과소비형' 〈가, 아〉 '쇼핑 중독형'

1) 여러분은 어떤 유형에 속합니까? 왜 그런 결과가 나왔다고 생각합니까?

2) 잘못된 쇼핑 습관을 고치기 위해서 할 수 있는 일을 생각해 봅시다.

02 여러분은 한 달 용돈이나 생활비를 어떻게 씁니까? 사용하는 곳과 비용을 적어봅시다.

내 용	비 용	비 고
식 비		
주거비		
통신비		
학습비		
교통비		
유흥비		
문화비		
기 타		
총 액		

1) 생활비 중에서 가장 많은 부분을 차지하는 것은 무엇입니까? 왜 그렇습니까?

2) 친구의 가계부와 비교하면서 생활비를 절약할 수 있는 방법에 대해 이야기해 봅시다.

어휘

◎ 소비와 관련된 어휘에 대해 알아봅시다.

- **바자회**
  오늘 초등학교 운동장에서 불우 이웃 돕기 바자회가 열릴 것이다.
- **벼룩시장**
  오랫동안 사용하지 않는 물건을 깨끗하게 닦아서 벼룩시장에 내 놓았다.
- **절약하다**
  유행에 따라 가구며 물건들을 바꾸다 보면 절약하고 아끼는 미덕이 없어지지 않을까 걱정이다.
- **알뜰하다**
  자원 재활용 운동이 확산되면서 도서 교환 시장과 중고품 시장을 찾는 알뜰한 주부가 늘고 있다.
- **낭비하다**
  환경 단체들이 환경 관련 정책을 제각각 시행하는 바람에 예산과 인력만 낭비하는 결과를 낳았다.
- **허비하다**
  동생에게 쓸데없는 일에 용돈을 허비하지 말라고 했다.
- **파산하다**
  지나친 쇼핑으로 카드 빚이 늘어 파산할 위기에 놓인 사람들이 많다.

1) 연예인들이 자신의 물건을 ________________에서 팔아 그 수익금을 소년소녀가장을 돕는 일에 쓰기로 했다고 한다.

2) 일회용품을 사용하지 않는 것은 돈도 ________________ 환경도 보호할 수 있는 일석이조의 방법이다.

3) 친구는 직업도 없이 카드와 은행에서 빌린 돈으로만 살아오다가 결국 ________________.

4) 오빠는 저가 항공을 이용하고 잠도 호텔이 아닌 민박에서 자는 ________________ 여행을 계획하고 있다.

5) ________________에 나온 사람들이 자기 물건들을 서로 교환하기도 하고 저렴한 가격으로 사기도 했다.

6) 종이의 원료인 펄프를 대부분 수입하는 현실에서 우리는 종이를 너무 ________________ 것이 아닌가?

7) 출퇴근할 때 지하철을 이용하니까 길에서 ________________ 시간이 줄어서 좋다.

문법

01 A/V-다더니

- 아까는 배부르다더니 이 많은 걸 혼자서 다 먹어 버렸네.
- 집에서 책을 읽는다더니 텔레비전 보는 거야?
- 다음 달에 유럽으로 배낭여행 간다더니, 준비는 잘 되고 있어요?

◎ 다음 문장을 완성하십시오.

1) 방학 동안 ______________________ 일본어 실력은 늘었어요?

2) 일기예보에서 올해 겨울은 작년 겨울보다 ______________________ 생각보다 괜찮은걸요.

3) ______________________ 아직 한국에 있었어요? 벌써 캐나다로 떠난 줄 알았어요.

4) 저 두 사람은 크게 싸우고 나서 ______________________ 벌써 화해하고 웃으면서 이야기하고 있네.

5) 우리 부모님은 옛날에는 공부는 못해도 ______________________ 이제는 내가 공부는 못하고 운동만 잘 한다고 싫어하셔.

문법 설명

말하는 사람이 들어서 알고 있는 사실을 말하며 그것과 관련되거나 반대의 상황을 말할 때 쓴다.

02 V-고 나면

- 치료를 받고 나면 증상이 좀 나아질 겁니다.
- 배가 고파서 많이 먹고 나면 꼭 후회가 된다.
- 먼저 사과하고 나면 마음이 훨씬 가벼워질 거예요.

◎ 관계있는 것끼리 연결한 후 문장을 완성하십시오.

1) 가족과 전화 통화를 하다 •	• 스트레스가 풀리다
2) 시험을 치다 •	• 더 보고 싶다
3) 술을 많이 마시다 •	• 공부를 안 한 것이 후회가 되다
4) 과제를 끝내다 •	• 남에게 실수를 하다
5) 친구와 이야기를 하다 •	• 보람이 있다

1) 가족과 전화 통화를 하고 나면 더 보고 싶어요.

2) ______________________________.

3) ______________________________.

4) ______________________________.

5) ______________________________.

문법 설명

어떤 행동의 완료를 가정하고, 그 행동에 대한 사실이나 의견을 나타낸다.

03 A/V-다고 치다

- 그건 그렇다 치고, 우선 이 일부터 해결합시다.
- 회사에 들어간다고 쳐도 잘할 자신이 없어.
- 지금은 비밀로 한다고 쳐도 영원히 숨길 수 있는 건 아니에요.

◎ 다음 대화를 완성하십시오.

1) 가 : 저는 졸업하자마자 외국에 가고 싶어요.

나 : ______________________. 가서 뭐 하려고?

2) 가 : 정말로 제가 가져간 게 아니에요. 믿어 주세요.

나 : 그래. ______________________. 그런데 왜 이 물건이 네 가방에서 나오는 거니?

3) 가 : 아무리 공부해도 시험에 계속 떨어져요. 대학교에 가는 걸 포기하고 싶어요.

나 : ______________________. 다른 계획이라도 있니?

4) 가 : 내일 ________________. 오늘 무엇을 하고 싶은지 이야기해 보세요.

나 : 만약 내일 지구가 사라진다면 부모님께 사랑한다고 말할 거예요.

문법 설명

앞 문장의 사실을 그렇다고 가정하고 그 일에 대해 질문하거나 의견을 제시할 때 사용한다.

04 V-(으)ㄴ/는 셈이다

- 한 달 후면 대학교에 입학하니까 이미 대학생인 셈이죠.
- 오늘이 벌써 금요일이라니 일주일이 다 지나간 셈이네요.
- 일주일에 다섯 번 정도는 어머니께 전화를 하니까 거의 매일 연락하는 셈이에요.

◎ 다음 문장을 완성하십시오.

1) 가 : 왜 이렇게 피곤해 보여요? 어제 못 잤어요?

나 : 보고서를 작성하느라고 한 시간밖에 못 잤으니까 ________________.

2) 가 : 아침 드셨어요?

나 : 늦잠을 자는 바람에 시간이 없어서 우유 한 잔밖에 못 마셨으니까 ________________.

3) 가 : 여자 친구와는 잘 지내고 있죠?

나 : 지난달에 심하게 싸우고 한 달 째 전화도 안 하고 있으니까 ________________.

4) 가 : 축구 경기는 어떻게 됐어요? 이기고 있어요?

나 : 3분 남았는데 3:1로 우리 팀이 이기고 있으니까 ________________.

문법 설명

어떤 상황이 실제로 그렇지는 않지만 거의 그런 것이나 마찬가지라고 생각할 때 사용한다.

말하기

01 과소비와 낭비를 하게 되는 이유가 무엇이라고 생각합니까? 메모해 봅시다.

- 계획 없이 물건을 구매한다.
- ______________________
- ______________________
- ______________________

02 좋은 물건을 싸게 살 수 있는 방법과 과소비를 하지 않는 방법에 대해 이야기해 봅시다.

믿을 만한 중고 거래 대표 사이트

중고이야기

좋은 물건을 싸게 사는 방법	과소비를 하지 않는 방법
• 마트보다는 시장을 이용한다.	• 식사를 하고 나서 쇼핑을 한다. (배가 고플 때는 쇼핑하지 않는다.)
• ______________________	• ______________________
• ______________________	• ______________________
• ______________________	• ______________________

03 아래의 표현을 이용하여 다른 사람의 이야기를 제대로 이해했는지 확인해 봅시다.

이해 여부 확인하기

- 제가 제대로 이해했는지 모르겠지만 -(으)ㄴ/는다는 말씀이시지요?
- -다고 말씀하셨지요? 맞습니까?
- 방금 말씀하신 것을 -다는 뜻으로 정리해도(이해해도) 되겠습니까?

1)

낭비 하는 이유	이해 여부 확인하기
• 돈을 쓰기 전에 생각을 하지 않아요. ⇨	제가 제대로 이해했는지 모르겠지만, ○○ 씨는 계획 없이 돈을 쓴다는 말씀이시지요?
• 돈 쓰는 것 자체를 좋아해요. ⇨	
• 쇼핑으로 기분 전환을 해요. ⇨	
• 마음에 드는 물건은 무조건 사요. ⇨	
• 할인 물건이라고 해서 사도 비싸요. ⇨	

가 : 과소비에는 여러 가지 이유가 있지만 가장 중요한 이유는 자신이 어디에 얼마나 많은 돈을 쓰는지 모른다는 데에 있습니다. 그래서 과소비를 하는 사람들은 같은 물건을 여러 개 사기도 하고, 쇼핑 후에는 전혀 사용을 하지 않기도 합니다. 결국 자신이 무엇이 필요한지 정확하게 모르는 것이라고 할 수 있습니다.

나 : 그 말씀은 (1) 계획이 없이 소비를 하기 때문에 과소비를 하게 된다는 뜻으로 정리해도 되겠습니까?

가 : 그렇습니다. 그래서 미리 계획을 세우는 것이 중요합니다. 하지만 계획을 세운다고 해서 과소비를 안 하는 것은 아닙니다. 자신이 좋아하는 디자인이나 브랜드, 신제품을 보면 정신이 팔려서 자신도 모르게 충동구매를 하게 되는 경우가 있기 때문입니다. 사고 싶은 물건을 보면 그냥 지나치지 못한다거나 쇼핑으로 기분 전환을 하는 경우가 있습니다. 이것은 자신의 감정을 조절하지 못하고 쇼핑의 유혹에 빠진 것이라고 할 수 있겠습니다.

나 : 충동구매는 (2) ______________________ 다고 말씀하셨지요? 맞습니까?

가 : 네, 그렇다고 할 수 있지요.

나 : 그러면 선생님, 충동구매와 과소비를 막는 방법에는 어떤 것들이 있는지 설명해 주시겠습니까?

가 : 꼭 필요한 소비인지 아닌지를 판단하는 것이 가장 중요합니다. 자신이 꼭 필요한 것만 사겠다는 의지가 있으면 쇼핑의 유혹에 빠지는 일이나 과소비로 생활비가 바닥나는 일은 없을 것입니다.

나 : 네, (3) ______________________ 다는 뜻으로 정리할 수 있겠네요.

04 '이해 여부 확인하기'를 이용하여 다음의 주제에 대해 이야기해 봅시다.

1) '합리적인 소비'란 무엇이라고 생각합니까? 어떻게 하면 합리적인 소비를 할 수 있습니까?

가. 합리적인 소비란 ______________________ 을/를 말한다.

나. 합리적인 소비를 하는 방법

- ______________________
- ______________________
- ______________________

2) '합리적인 소비'라는 주제로 친구와 대화해 봅시다.

2 광고 이야기

01 지금까지 본 광고 중에 가장 기억에 남는 광고는 무엇입니까? 그 이유는 무엇입니까?

02 다음 두 광고는 각각 무엇에 대한 광고입니까? 또 그 목적은 무엇인지 이야기해 봅시다.

03 다음의 공익 광고가 전하려는 메시지가 무엇인지 추측해 봅시다.

**한 잔 비우셨다면,
운전할 마음도 비우십시오.**

아직도 한 잔쯤은 괜찮다고 생각하십니까? 한 잔의 술에도 운전대를 잡지 않는 것은 자신은 물론 타인의 생명을 배려하는 기본입니다.

**365일, 36.5℃
나눔이 있는 세상은 365일 따뜻합니다.**

혼자 손자를 키우는 힘든 생활이지만 할머니가 언제나 따뜻한 웃음을 잃지 않는 건 함께 마음을 나누는 사람들 때문입니다. 마음만 있다면, 나눌 수 있는 것은 참 많습니다.

읽기

다음은 공익 광고에 대한 글입니다. 잘 읽고 질문에 답하십시오.

우리는 아침에 눈 뜨면서부터 잠자리에 들기까지 수많은 광고들을 접하게 된다. 매일 보는 신문과 텔레비전은 물론이고, 거리를 걸어 다니거나 지하철이나 버스를 타도, 일을 하거나 공부를 하려고 컴퓨터를 켜도 여지없이 쏟아지는 광고를 만날 수 있다. 이러한 광고들 중에는 우리의 지갑을 열어 소비하게 만드는 것이 있는가 하면 우리가 무심코 지나쳐 버린 것들에 대해 잠깐 멈춰 생각하게 하는 광고도 있다. 후자가 바로 공익 광고이다.

공익 광고란 금연, 환경 보호, 청소년 문제 등과 같이 정부 기관이나 공공 단체가 공공의 이익을 위해 만든 광고를 말한다. 이러한 공익 광고는 기업들이 상품 판매를 위해서 하는 상품 광고와는 목적에서부터 차이가 있다. 공익 광고의 목적은 사회적 문제에 대해 사람들이 관심을 가져 줄 것을 호소하거나 공공의 이익을 추구하는 방향으로 사람들의 태도를 변화시키는 데 있다.

이러한 목적을 이루기 위해 예전에는 공익 광고를 제작할 때 '에너지를 낭비하지 마세요', '쓰레기를 줄입시다'와 같은 광고 카피에서도 알 수 있듯이, 직접적이고 딱딱한 표현들을 사용해 메시지를 전달하곤 했다. 그러나 이런 방법은 메시지를 분명하게 전달할 수 있었을지는 몰라도 보는 사람을 꾸짖는 듯한 느낌을 주어 역효과가 나타나기도 했다. 그래서 요즘에는 단순히 메시지만 전달하는 데 그치지 않고 기발한 아이디어를 사용해 사람들이 그 문제에 대해 한 번 더 생각해 볼 수 있게 하는 광고들이 주를 이루고 있다. 뿐만 아니라 문제의 심각성만 일깨우는 데 그치지 않고 그 문제를 해결하기 위해 개인이 할 수 있는 작은 일일지라도 구체적으로 제시해 주고 있어 큰 효과를 얻게 되었다.

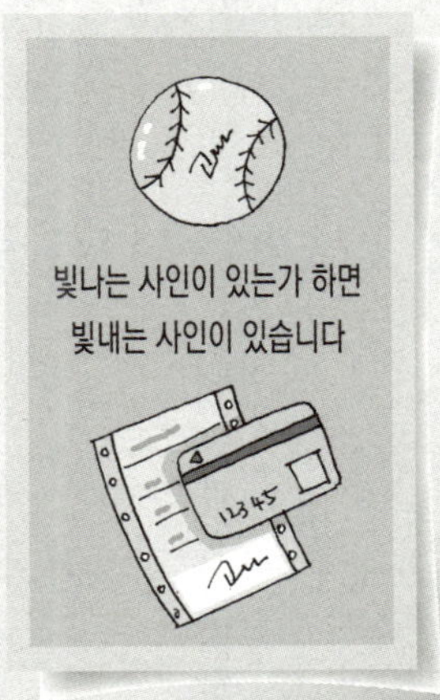

잠자리 여지없이 소비하다 무심코 지나치다 후자 공익 광고 정부 기관
공공 이익 상품광고 호소하다 딱딱하다 꾸짖다 역효과 단순히 그치다
기발하다 일깨우다 제시하다

01 공익 광고란 무엇입니까?

02 공익 광고와 상업 광고의 차이점에 대해 정리해 보십시오.

	공익 광고	상업 광고
주 체		
목 적		

03 예전 공익 광고에 대한 설명으로 맞는 것을 고르십시오.

① 문제의 심각성을 알려주는 데에만 그 목적을 두고 있다.

② 딱딱한 표현들을 사용하여 직접적으로 메시지를 전달하고 있다.

③ 전하고자 하는 메시지가 분명하지 않아 역효과가 나타나기도 한다.

④ 문제를 해결하기 위해 개인이 할 수 있는 구체적인 방법을 제시해 준다.

04 다음은 공익 광고 카피(문안)입니다. 예전 광고에 '예전', 요즘 공익 광고에 '요즘'이라고 쓰십시오.

1) 엄마, 나도 동생 선물해 주세요. ________

2) 아들 딸 구별 말고 둘만 낳아 잘 기르자. ________

3) 무감각해진 기름 낭비, 이대로 두면 안 됩니다. ________

4) 흐르는 세월은 멈출 수 없지만 흐르는 물은 멈출 수 있습니다. ________

더 생각해 봅시다

01 다음은 공익 광고에서 자주 다루는 주제들입니다. 아래 공익 광고를 보고 무엇에 관한 것인지 말해 보십시오.

금연　　환경 보전　　다문화 사회　　에너지 절약　　안전 운전　　출산 장려

이민 갈 행성은 없습니다

지구보다 더 살기 좋은 별은 아직까지 발견되지 않았습니다. 하나뿐인 지구를 내 집처럼 보살피지 않으면 안 됩니다.

10인의 살인범

인터넷의 익명성을 이용해 오늘도 누군가의 가슴에 씻을 수 없는 상처가 되는 악플을 달고 있지는 않습니까? 인터넷 악플러, 사람의 마음을 죽이는 살인범입니다.

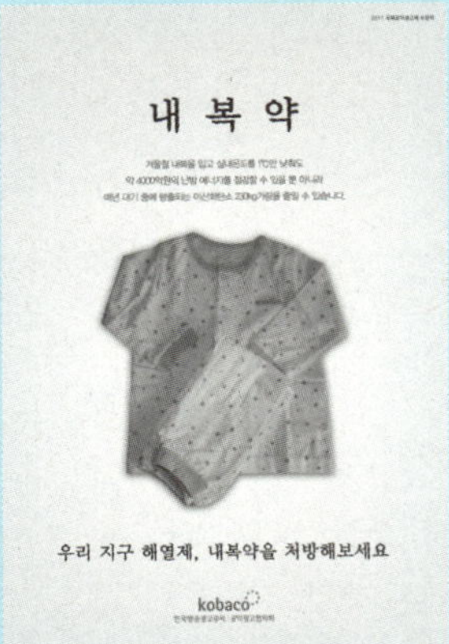

내 복 약

겨울철 내복을 입고 실내온도를 1℃만 낮춰도 약 4,000억원의 난방 에너지를 절감할 수 있을 뿐 아니라 매년 대기 중에 방출되는 이산화탄소 230kg 가량을 줄일 수 있습니다.

아이는 당신과 대한민국의 미래입니다

2005년 부부 한 쌍이 낳은 평균 자녀수 1.08명, 2050년 생산가능 인구 1.4명당 부양노인인구 1명, 어린이보다 노인이 더 많은 나라, 지금의 우리 아이들이 짊어지고 가야 할 대한민국의 모습일지도 모릅니다.

02 다음 공익 광고를 보고 내용에 맞게 광고 카피나 문구를 써 보십시오.

물도 끊어 쓰세요!

동생의 세안 – 물 네칸, 아버지의 세차 – 물 여섯
누나의 샤워 – 물 여덟칸
우리가족의 일상을 책임지는 소중한 물. 끊어쓰지 않으면 언젠가는 끊어집니다!

아빠 차만 타면…

?

어 휘

◎ 광고 종류와 관련된 어휘에 대해 알아봅시다.

- **상품 광고**
  많은 회사들이 자신들이 만든 제품을 소비자들에게 널리 알리고 판매하기 위해 상품광고를 만드는 데 애를 쓰고 있다.
- **기업 광고**
  소비자들에게 기업에 대한 좋은 이미지를 심어 주고자 하는 기업광고가 많이 제작되고 있다.
- **인쇄 광고**
  TV 광고가 제작 시간과 비용이 많이 드는 데 반해 신문이나 잡지를 이용한 인쇄 광고는 비교적 저렴한 가격으로 효과적인 광고를 할 수 있다.
- **온라인 광고**
  인터넷 사용자의 수가 증가하면서 기업들이 온라인 광고를 통해 큰 광고 효과를 얻고 있다.
- **과대광고**
  사용한 지 3일 만에 피부가 좋아진다, 이 약을 먹기만 하면 금방 효과가 나타난다'는 등 제품의 기능을 과장하여 광고하는 과대광고로 인한 피해가 늘고 있다.
- **허위 광고**
  과자에 포함되어 있지도 않은 영양소가 들어있다고 허위 광고를 한 식품 회사가 많은 벌금을 내게 되었다.

광고의 홍수 시대에 살고 있는 우리는 신문이나 잡지 등의 매체를 통한 1) ______________ 에서부터 TV를 통한 방송 광고, 인터넷 보급으로 인해 그 영향력이 커진 2) ______________ 에 이르기까지 수없이 많은 광고들을 접하며 살아가고 있다. 이러한 광고들의 대다수는 기업들이 광고를 통해 제품의 정보를 제공함으로써 더 많은 이익을 얻고자 하는 3) ______________ 이다. 그러나 최근 들어 제품 판매를 목적으로 하는 광고가 아닌 기업 자체를 홍보하거나 그 기업이 추구하는 가치관을 제시함으로써 소비자들로 하여금 기업에 대한 좋은 이미지와 신뢰를 갖게 하는 4) ______________ 이/가 등장하여 눈길을 끌고 있다.

이러한 광고의 홍수 속에서 소비자들은 독특하고 기발한 아이디어로 만들어진 광고에 마음을 빼앗기곤 한다. 하지만 광고 중에는 상품의 내용을 실제보다 과장한 5) ______________ (이)나 사실이 아닌 거짓 정보를 주는 6) ______________ 이/가 있어서 문제가 되는 경우가 종종 있다. 그러므로 소비자들은 광고가 보여 주는 이미지를 그대로 받아들이지 말고 비판적으로 볼 필요가 있다.

문법

01 A/V-(으)ㄴ/는가 하면

- 그 가수는 노래 실력은 뛰어난가 하면 춤은 그리 잘 추는 편은 아니다.
- 아버지는 오늘 기분이 좋으신지 노래를 부르시는가 하면 큰소리로 웃기도 하신다.
- 살다 보면 일이 잘 되는 날이 있는가 하면 잘 안 될 때도 있으니 너무 실망하지 마.

◎ 다음 문장을 완성하십시오.

밀린 집안일을 하다	커피를 마시며 책을 읽다
몇 명은 열심히 수업을 듣다	몇 명은 잠을 자다
긍정적으로 생각하는 사람이 있다	부정적으로 생각하는 사람이 있다
이야기가 잘 통하다	
고개를 숙여 인사하는 나라가 있다	

1) 주말이 되면 밀린 집안일을 하는가 하면 커피를 마시며 책을 읽기도 한다.

2) 교실에 들어가니 ______________________________.

3) 성형수술에 대해 ______________________________.

4) 우리는 서로 ______________________________.

5) 나라마다 인사하는 방법이 다른데 ______________________________.

문법 설명

앞과 뒤의 상황이나 사실이 서로 상반될 때나 어떤 사실을 말한 다음 또 다른 사실을 말할 때 사용한다. '반면에', '한편'의 뜻이며, 주로 격식체나 문어체에서 사용한다.

02 A/V-(으)ㄴ/는/(으)ㄹ 듯하다

- 종호 씨가 매운 음식을 잘 못 먹는 듯해서 조금 덜 맵게 만들었어요.
- 투이 씨가 수업 시간 내내 하품을 하는 걸 보니 어제 잠을 잘 못 잔 듯해요.
- 여행을 떠나기 전에 먼저 그 지역에 대한 정보를 알아보는 것이 좋을 듯해요.

◎ 다음 문장을 완성하십시오.

1) 가 : 제니 씨는 먼저 집에 갔나 봐요.
   나 : 제니 씨 컴퓨터가 꺼져 있는 걸 보니까 ______________________.

2) 가 : 요즘 민수 씨 본 적 있어요? 동아리 모임에 통 나오지 않네요.
   나 : ______________________. 요즘 밥 먹을 시간도 없다더라고요.

3) 가 : 왕단 씨한테 옷을 사 주려고 하는데 어떤 색깔이 어울릴까요?
   나 : 왕단 씨는 피부가 흰 편이니까 ______________________.

4) 가 : 올해 우리나라 경제는 어떨 것 같습니까?
   나 : 세계 경제가 좋아지고 있으니 ______________________.

문법 설명

앞의 상태나 동작을 짐작하거나 추측할 때 사용한다. '-(으)ㄴ/는/(으)ㄹ 것 같다'와 비슷한 뜻으로 자신의 생각이나 느낌을 부드럽게 표현할 때도 사용한다. '-듯싶다'로 사용하기도 하나 '-듯하다'가 더 일반적이다.

03 A/V-(으)ㄹ지라도

- 원하지 않을지라도 약속한 이상 지켜야 한다.
- 이번 대회에서는 메달을 못 땄을지라도 다음 대회에서는 꼭 우승하겠다.
- 아무리 좋은 말일지라도 여러 번 들으면 듣기 싫은 법이다.

◎ 관계있는 것끼리 연결한 후 문장을 완성하십시오.

1) 가는 길이 멀고 험하다	•———————•	나는 절대 포기하지 않다
2) 능력이 뛰어난 사람이다	• •	나는 반드시 그 사람과 결혼하다
3) 우리가 서로 떨어져 있다	• •	노력 없이는 결코 성공할 수 없다
4) 내 동생이 나이는 어리다	• •	마음만은 함께 있다
5) 부모님께서 반대하시다	• •	생각은 어른 못지않게 깊다

1) 가는 길이 멀고 험할지라도 나는 절대 포기하지 않겠다.

2) ______________________________.

3) ______________________________.

4) ______________________________.

5) ______________________________.

문법 설명

뒤 상황과 반대 되거나 그것에 영향을 받지 않는 상황을 앞에 가정하여 제시하면서 뒤에 올 내용을 강조할 때 사용한다. '혹시 그렇다고 해서'의 뜻을 가지며, 주로 문어체에서 많이 사용된다.

쓰 기

01 여러분은 하루에 얼마나 많은 광고를 보십니까? 그 광고는 여러분의 생활에 어떤 영향을 줍니까?

02 광고의 기능을 설명하는 글에서 자주 사용되는 어휘에 대해서 알아봅시다.

- 제품, 정보 제공, 인지도, 선택의 폭, 호감, 가격 상승, 충동구매
- 부추기다, 선사하다, 넓히다, 높이다

03 다음은 광고에 대한 신문 기사입니다. 읽고 자신의 생각을 이야기해 봅시다.

1) 배우 전수현 씨가 출연한 S 전자 냉장고 광고가 뜨거운 반응을 얻고 있다. 이 광고에서 전수현 씨는 사랑하는 가족을 위해 어떤 요리를 할까 고민하는 주부의 모습은 물론 음식을 신선하게 유지시켜 주는 제품의 주요 기능까지 잘 표현했다. 뿐만 아니라 광고에는 김치냉장고 기능, 살균 기능, 정수기 기능과 세련된 디자인까지 소개되었다. 이 광고가 나오자 S 전자의 냉장고가 날개 돋힌 듯 팔리기 시작해 대성공을 거두었다.

2) 대구 달서구에 사는 주부 김 모씨는 6개월 전, 우연히 인터넷에서 키 성장제 광고를 보고 몇 백만 원어치를 구입했다. 그러나 아이가 6개월 동안 조금도 자라지 않자, 그 약을 만든 회사를 허위 광고로 신고하였다. 키 성장 효과가 없으면 100% 환불이 가능하다고 설명서에 쓰여 있었음에도 불구하고 제약회사는 환불을 거부했기 때문이다.

04 다음은 광고의 순기능과 역기능에 대한 다양한 견해들입니다. 광고의 순기능이라고 생각되는 것에는 '순', 역기능이라고 생각되는 것에는 '역'이라고 쓰고, 그렇게 생각하는 근거를 말해 보십시오.

1) 소비자들로 하여금 충동구매를 부추긴다. ________

2) 광고를 보는 소비자들에게 즐거움을 선사한다. ________

3) 기업에 대한 인지도를 높여 준다. ________

4) 광고를 통해 새로운 제품에 대한 정보를 알려 준다. ________

5) 다양한 정보를 제공하여 선택의 폭을 넓혀 준다. ________

6) 높은 광고 비용으로 인해 제품 가격을 상승시킨다. ________

7) 허위 · 과대광고로 인해 소비자들이 잘못된 선택을 하게 한다. ________

보기 광고는 기업에 대한 인지도를 높여 줍니다. 기업들이 자신들의 제품을 광고할 때 방송, 신문, 잡지, 인터넷 등 다양한 매체를 통해 광고를 하기 마련인데, 소비자는 이러한 광고를 반복적으로 접하게 됨으로써 제품뿐만 아니라 그 기업에 대해 알게 되고 그것이 구매로 연결되기도 합니다.

05 아래 주제에 대한 자신의 생각을 메모한 후, 그것을 바탕으로 주장하는 글을 써 봅시다.

주제 광고를 대하는 우리의 자세

1) 자신의 주장 : ________

2) 그렇게 생각하는 근거 :

- ________
- ________
- ________

3) 글 쓰기

제목 :

제 8 과

한국의 문학

1. 한국의 시

듣기 한국 시 감상에 대한 대화 듣기

어휘 소비

문법 및 표현
- A/V-거든
- N(으)로는
- A/V-(으)ㄴ/는 이상
- N의 여지가 없다

말하기 인터뷰 하기

2. 생활 속의 수필

읽기 낙엽을 소재로 한 수필 읽기

어휘 생활 태도

문법 및 표현
- V-지 않으면 안 되다
- A/V-건마는
- V-노라면
- N(이)니 N(이)니

쓰기 묘사하기

1 한국의 시

01 그림을 보고 물음에 답하십시오.

1) 다음 그림을 자세히 설명해 봅시다.

밤이에요.
여자가 산책을 하고 있어요.
남자는 여자를 위해서 ____________
____

여자가 낮잠을 자고 있어요.
땀을 흘리고 있네요.
남자는 여자를 위해서 ____________
____

____
____
____

2) 그림을 보고 전체적인 느낌을 이야기해 봅시다.

예) 남자는 항상 여자 옆에 있고 싶어하는 것 같아요.

3) 이 그림에 어울리는 제목을 지어 봅시다. 그리고 그 이유에 대해서도 이야기해 봅시다.

예) 저는 이 그림의 제목을 '영원히'라고 정하겠어요. 왜냐하면 남자는 여자를 평생 보고 싶어하는 것 같아서요.

듣 기

Track 08

다음을 듣고 물음에 답하십시오.

01 시를 듣고 쓰십시오.

언제	당신	나의 꿈
새벽	산보하다	
여름 오후	낮잠을 자다	
		귀뚜라미

02 다음 중 남자에 대한 설명으로 맞는 것을 고르십시오.

① 시에 대해 발표하고 싶어했다.
② 시가 마음에 들어서 외우려고 노력했다.
③ 엄마 생각이 나서 그 시가 마음에 들었다.
④ 시가 이해되자 자연스레 외워지기 시작했다.

03 남자가 시를 이해하게 된 과정을 설명하십시오.

04 외우고 있는 시가 있습니까? 소개해 봅시다.

■ 한용운(1879~1944)

충청남도 홍성에서 태어난 한용운은 승려이며 시인이자 독립운동가이다. 대표적인 시집으로 『님의 침묵』이 있다. 한용운의 시에 자주 등장하는 '님, 당신'은 여러 방법으로 해석이 가능하다. 그가 승려인 점을 고려하면 '님'은 부처로 해석될 수 있고 또한 독립운동가라는 점에서 보면 조국으로도 볼 수 있다. 한용운의 시는 이러한 '님'에 대한 간절한 사랑과 헌신을 노래하고 있다.

남 : 끝으로 한용운의 시 중에서 제가 가장 좋아하는 시를 암송하면서 발표를 마치도록 하겠습니다.

나의 꿈

한용운

당신이 맑은 새벽에 나무 그늘 사이에서 산보할 때에 나의 꿈은
작은 별이 되어서 당신의 머리 위에 지키고 있겠습니다.
당신이 여름날에 더위를 못 이기어 낮잠을 자거든 나의 꿈은
맑은 바람이 되어서 당신의 주위를 떠돌겠습니다.
당신이 고요한 가을밤에 그윽히 앉아서 글을 볼 때에 나의 꿈은
귀뚜라미가 되어서 책상 밑에서 '귀뚤귀뚤' 울겠습니다.

선생님 : 패트릭 씨, 발표 잘 들었습니다. 여러분도 패트릭씨처럼 좋아하는 시가 있다면 한번 외워보는 게 어떨까요? 그럼 오늘 수업을 마치겠습니다.

학생들 : 감사합니다.

여 : 아까 시 낭송할 때 멋있었어. 특히 외국인이 한국 시를 암송하니까 감동스럽기 그지없더라.

남 : 고마워, 드디어 끝났다. 시에 대해 발표해야 한다는 걸 알았을 때 얼마나 답답하던지. 내 한국어 실력으로는 쉽지 않은 일이었어.

여 : 시라는 게 짧은 문장 속에 너무 많은 이야기를 담고 있어서 이해하기 어려운 건 당연해. 한국인인 나도 그런데 하물며 너는 오죽했겠어?

남 : 발표를 해야 하는 이상 나한텐 선택의 여지가 없었어. 그래서 시를 되풀이해서 읽고 또 읽었어. 그러니까 자연스레 외워지더라고. 그런데 이상한 거 있지? 외우다 보니까 시가 서서히 이해되기 시작하는 거야. 시인의 마음도 알 것 같고.

여 : 그런데 너는 이 시가 왜 마음에 든 거야?

남 : 사랑하는 사람이 잠을 잘 때 바람이 되어서 그 곁에 머무르겠다는 구절이 아름다우면서도 감동적이어서. 엄마 생각도 나고. 내가 아이였을 때 잠을 잘 때면 내가 더울까 봐 부채질을 해 주셨거든.

암송하다	그늘	산보하다	떠돌다	고요하다	그윽히	귀뚜라미	귀뚤귀뚤
낭송하다	하물며	오죽하다	여지	되풀이하다	자연스레	머무르다	구절
부채질							

더 생각해 봅시다

01 여러분이 시인이 되어 한용운 시인처럼 다음 시 구절을 완성해 보십시오.

당신이 화창한 봄날에 ______________________________ (으)ㄹ 때에
나의 꿈은 ______________________________.
당신이 눈 내리는 겨울에 ______________________________ (으)ㄹ 때에
나의 꿈은 ______________________________.

02 다음 시를 읽고 이야기해 봅시다.

1) '자화상'이라는 제목을 보고 시의 내용을 미리 생각해 봅시다.

2) 다음 시를 눈으로 읽고 감상해 봅시다. 그리고 낭송해 봅시다. 눈으로 읽을 때와 소리 내어 읽을 때의 차이점에 대해 이야기해 봅시다.

자화상

윤동주

산모퉁이를 돌아 논가 외딴 우물을 홀로 찾아가선
가만히 들여다봅니다.
우물 속에는 달이 밝고 구름이 흐르고 하늘이 펼치고
파아란 바람이 불고 가을이 있습니다.

그리고 한 사나이가 있습니다.
어쩐지 그 사나이가 미워져 돌아갑니다.

돌아가다 생각하니 그 사나이가 가엾어집니다.
도로 가 들여다보니 사나이는 그대로 있습니다.

다시 그 사나이가 미워져 돌아갑니다.
돌아가다 생각하니 그 사나이가 그리워집니다.

우물 속에는 달이 밝고 구름이 흐르고 하늘이 펼치고
파아란 바람이 불고 가을이 있고 추억처럼 사나이가 있습니다.

3) 다음을 생각하며 시를 다시 읽어봅시다.

- 「자화상」에 나오는 '사나이'는 누구입니까?
- '사나이'에 대한 감정의 변화는 어떻게 바뀌고 있습니까?
  (　　　　　) → 가엾다 → (　　　　　)
- 왜 이 시의 제목이 자화상입니까?

4) 여러분도 '사나이'와 같은 경험을 해 본 적이 있습니까? 이야기해 봅시다.

■ 윤동주(1917~1945)

일본의 대학에서 영문학을 공부하다가 독립 운동을 했다는 이유로 체포되어 후쿠오카 감옥에서 사망했다. 그의 시는 괴로운 시대를 살면서 스스로 부끄럽지 않은 삶을 살고자 끊임없이 반성하고 고민하는 젊은이의 정신 세계를 그리고 있다.

03 여러분은 어떤 시를 좋아합니까? 친구들에게 소개해 봅시다.

1) 내가 좋아하는 시 (모국어)

제 목 :

지은이 :

- 여러분이 좋아하는 시를 모국어로 낭송해 봅시다.
- 여러분이 낭송한 시의 주제는 무엇입니까?
- 여러분이 이 시를 좋아하는 이유에 대해 이야기해 봅시다.

2) 내가 좋아하는 시 전문 혹은 부분(한국어 번역)

제 목 :

지은이 :

- 여러분이 한국어로 번역한 시를 낭송해 봅시다.
- 한국어로 번역할 때 어려운 점은 무엇입니까?
- 친구들의 낭송을 들은 후 느낀 점에 대해 이야기해 봅시다.

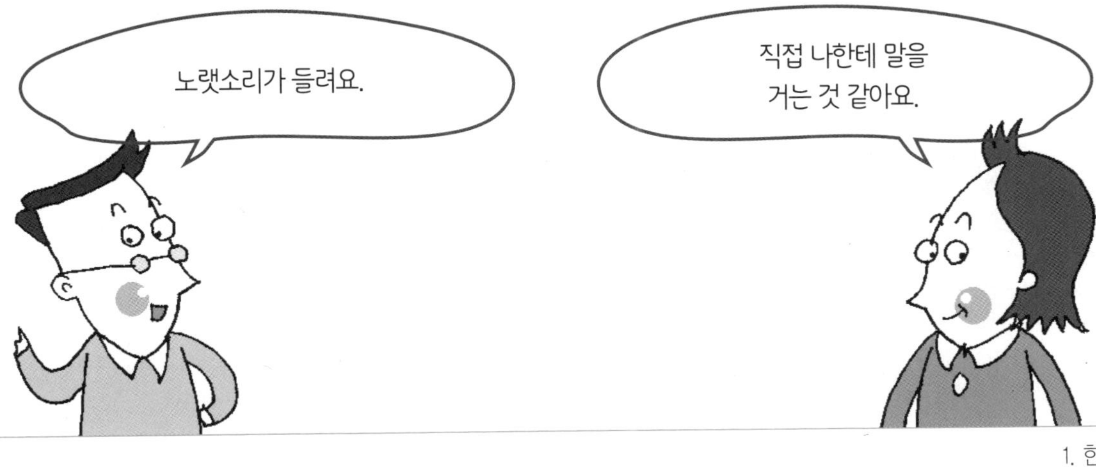

어휘

◎ 문학 감상과 관련된 어휘에 대해 알아봅시다.

- **엿보다**
  속담이나 격언을 통해서 우리 조상들의 지혜를 엿볼 수 있다.
- **상징하다**
  임금의 얼굴을 용안, 임금의 의자를 용상, 임금의 자식을 용손이라고 한 기록을 보면, '용(龍)은' 임금을 상징하는 것이라고 할 수 있다.
- **비유하다**
  그 시인은 시를 쓰는 일을 뼈를 깎는 고통에 비유했다.
- **나타내다**
  요즘 학생들은 자신의 생각을 나타내는 데 SNS를 적극적으로 활용하는 편이다.
- **해석하다**
  시는 비유와 상징이 많기 때문에 글자 그대로만 해석해서는 속에 담긴 깊은 뜻을 알기 어렵다.
- **중의적이다**
  한용운의 시에 자주 등장하는 '님'은 상황에 따라 조국, 부처, 애인 등의 여러 가지로 해석될 수 있는 중의적인 시어이다.
- **함축하다**
  작가는 자신의 의도를 겉으로 드러내지 않고 시 속에 함축해 표현하기 때문에 독자들은 시 감상을 어렵게 느끼는 경우가 많다.

1) 태극기는 한국을 ______________ 국기이다.

2) 도둑은 숨어서 가게 주인이 하는 행동을 ______________ 있었다.

3) 광고는 제품 정보를 ______________ 있어야 하며 독창적이어야 한다.

4) 설명문과 같은 객관적인 글에서는 둘 이상의 의미를 가지는 ______________ 표현을 쓰지 않는 것이 좋다.

5) 음악가는 자신의 감정을 음악으로 ______________ 노력한다.

6) 친구는 일본어로 된 편지를 가져와서 한국말로 ______________ 달라고 부탁했다.

7) 한국에서는 행동이 느리고 미련한 사람을 '곰'에 ______________.

문법

01 A/V-거든

- 시간이 있거든 같이 저녁이나 먹자.
- 친구를 만나거든 안부 좀 전해 주세요.
- 길을 잘 모르겠거든 언제든지 저한테 전화하세요.

◎ 관계있는 것끼리 연결한 후 문장을 완성하십시오.

1) 내가 없을 때 전화가 오다 •	• 언제든지 연락하다
2) 모두 모이다 •	• 발표 준비를 시작하다
3) 도움이 필요하다 •	• 메모를 남기다
4) 학교 홈페이지 주소를 알다 •	• 금방 들어온다고 전하다
5) 학생이 찾아오다 •	• 문자 메시지로 보내다

1) 내가 없을 때 전화가 오거든 메모를 남겨주세요.

2) ______________________________.

3) ______________________________.

4) ______________________________.

5) ______________________________.

문법 설명

조건을 나타내거나 일어나지 않은 일을 가정할 때 사용한다. 실현될 가능성이 있는 조건이나 가정을 나타낸다. 뒷 문장에는 주로 지시나 권유, 부탁, 약속을 나타내는 청유문과 명령문이 사용된다.

02 N(으)로는

- 소문으로는 수학여행을 제주도로 간대.
- 현재로는 그 문제를 해결할 수 있는 방법이 없다고 할 수 있다.
- 제 생각으로는 아침보다는 저녁에 출발하는 게 좋을 것 같습니다.

◎ 관계있는 것끼리 연결한 후 문장을 완성하십시오.

1) 제 판단 •	• 다음 달부터 기름 값이 인상되다
2) 혈액 검사 결과 •	• 두 사람 모두에게 책임이 있다
3) 소문 •	• 합격하기 어려울 것 같다
4) 이번 시험 점수 •	• 아무런 이상이 없다

1) 제 판단으로는 두 사람 모두에게 책임이 있는 것 같습니다.

2) ______________________________.

3) ______________________________.

4) ______________________________.

문법 설명

뒤에 오는 내용의 근거가 됨을 나타낼 때 사용한다.

03 A/V-(으)ㄴ/는 이상

- 일을 맡은 이상 끝까지 책임을 다해야 한다.
- 경기에 참가하는 이상 우승하려고 노력해야지요.
- 서로 생각이 다른 이상 같이 일하는 건 힘들지 않을까요?

◎ 다음 표를 채운 후 보기 와 같이 이야기해 봅시다.

상 황	정해진 사실	당연한 일
한국어가 점점 어려워져서 포기하고 싶다	한국에서 유학하다	한국어를 공부하지 않으면 안 되다
1) 이번에는 참가하는 데 의의를 둬야 겠다	경기에 참가하다	우승을 위해서 노력하다
2) 과제가 어려워서 발표를 잘할 수 있을지 걱정이다	우리가 힘을 합하다	어려움 없이 잘 해낼 수 있을 것이다
3) 친한 친구가 화가 나서 나에게 아무 말도 하지 않고 있다	친한 친구이다	
4) 집에서 학교까지 너무 멀어서 짜증난다	학교에 와야 하다	

문법 설명

앞 내용이 이미 정해진 사실이거나 확실하므로 어떻게 해야 한다거나 어떤 상황인 것이 당연하다는 의미를 나타낸다.

04 N의 여지가 없다

- 우리에게는 선택의 여지가 남아 있지 않았다.
- 어젯밤 축구 경기에서 우리 팀은 변명의 여지가 없이 완패를 당했다.
- 그 사람이 성공할 수 있었던 데에는 훌륭한 어머니와 좋은 환경이 바탕에 있었음은 의심의 여지가 없다.

◎ 다음 문장을 완성하십시오.

1) 가 : 다섯 명을 해고시키는 방법밖에는 다른 방법은 없다는 말씀이십니까?

나 : 우리 회사로서는 ______________________________.

2) 가 : 한 번만 더 검토해 주시면 안 될까요? 보고서를 좀 더 보완했습니다.

나 : 글쎄요. 지난 회의 때 이 의견은 전혀 ______________________________ 것으로 판단했는데요.

3) 가 : 어떻게 그 사람이 범인인 줄 알았습니까?

나 : 감시 카메라에 얼굴이 찍혔기 때문에 ______________________________.

4) 가 : 죄송합니다. 제 말씀 좀 들어보십시오.

나 : 그만하게. 이번 일은 ______________________________. 모두 자네 탓이네.

문법 설명

어떤 일이 일어날 가능성이나 희망이 거의 없을 때 사용한다. 동사에 붙어 '-(으)ㄹ 여지가 없다'의 형태로 쓰인다. 반대로 '여지가 있다'는 가능성이나 희망이 있음을 나타낸다.

메 모

말하기

01 여러분은 다음 인물들에 대해 얼마나 알고 있습니까? 이야기해 봅시다.

천상병

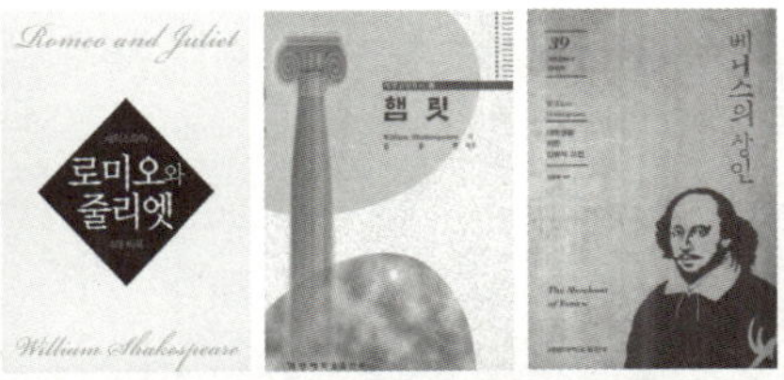

셰익스피어

스티븐 스필버그

02 1번에 소개된 인물을 더 자세히 조사해 봅시다.

1) 인물 소개

인물 : 천상병	
국적 : 한국	직업 : 시인
작품 세계 : 욕심이 없는 맑고 깨끗한 시를 지음. 가난, 죽음, 고독 등을 일상적이고 소박한 언어로 표현함.	
생애 : 가난하고 불행한 삶을 삶. 스스로 가난이 직업이라고 노래함. 생전에 유고 시집이 나온 유일한 시인임.	

2) 대표작

귀 천

천상병

나 하늘로 돌아가리라
새벽빛 와 닿으면 스러지는
이슬 더불어 손에 손을 잡고

나 하늘로 돌아가리라
노을빛 함께 단 둘이서
기슭에서 놀다가 구름 손짓하면은

나 하늘로 돌아가리라
아름다운 이 세상 소풍 끝내는 날
가서 아름다웠더라고 말하리라

03 두 사람이 짝을 이루어 한 사람은 천상병 시인이 되고, 다른 한 사람은 기자가 되어 인터뷰를 해 봅시다.

인터뷰 시작하기
• OO 선생님, 처음 뵙겠습니다. • 선생님의 작품에 대해서 몇 가지 질문을 드리고자 합니다. • 선생님의 작품에 대해 여쭤보고 싶은 것이 있습니다.

작품 설명 요구하기
• 선생님의 작품에 대해서 설명 부탁드립니다. • 그 작품을 통해서 무엇을 표현하고 싶었습니까?

상대방의 말 정리하기
• 그러니까 –다는 말씀이시군요. • 다시 말하자면 –다는 말씀이시지요?

인터뷰 마무리하기
• 바쁘실 텐데 시간을 내 주셔서 감사합니다. • 앞으로 더 왕성한 활동 기대하겠습니다.

04 다음 중 여러분이 인터뷰하고 싶은 사람을 골라서 조사해 봅시다.

셰익스피어	국적 : 영국	직업 : 극작가
	대표작 : 4대 비극(햄릿, 오델로, 맥베스, 리어왕), 로미오와 줄리엣	
	작품 세계 : 인간 세계의 어두운 면을 아름답고도 슬픈 시적 언어로 그리고 있다.	

스티븐 스필버그	국적 : 미국	직업 : 영화 감독
	대표작 : 쉰들러 리스트, 라이언 일병 구하기, E.T.	
	작품 세계 :	

	국적 :	직업 :
	대표작 :	
	작품 세계 :	

05 질문을 만들고 친구와 역할을 나누어 인터뷰해 봅시다.

인사 (인터뷰 시작하기)	
질문1	
질문2	
마무리 (상대방의 말 정리하기)	

2 생활 속의 수필

01 '가을'하면 떠오르는 단어나 표현이 있습니까? 가을의 인상에 대해 함께 이야기해 봅시다.

02 아래의 풍경을 보면 어떤 느낌이 듭니까? 함께 이야기해 봅시다.

03 아래 두 글은 어떻게 다릅니까? 함께 이야기해 봅시다.

설날을 이틀 앞둔 오늘, 새벽 시장은 선물과 제수용품을 준비하려는 사람들로 북적거립니다. 평소 시장은 대형 마트에 비해 사람들이 많지 않지만 명절을 앞두고 오랜만에 활기가 넘치는 모습입니다.

대형 마트가 곳곳에 생기기 시작하면서부터 시장을 가도 북적거리는 사람들을 보기가 쉽지 않다. 그런데 참으로 오랜만에 보는 활기 넘치는 시장이다. 따뜻한 정이 오갔던 어릴 적 시장을 그리워하고 있던 나에게 이틀 앞으로 다가온 설날이 이렇게 반가울 수가 없다.

읽기

다음은 낙엽을 소재로 한 수필입니다. 잘 읽고 질문에 답하십시오.

낙엽을 태우면서

이효석

가을이 깊어지면, 나는 거의 매일 뜰의 낙엽을 긁어모으지 않으면 안 된다. 날마다 하는 일이건마는 낙엽은 어느새 날아 떨어져서, 또다시 쌓이는 것이다. 낙엽이란 참으로 이 세상 사람의 수보다도 많은가 보다.

벚나무 아래 긁어모은 낙엽의 산더미에 불을 붙이면, 속의 것부터 푸슥푸슥 타기 시작해서 가는 연기가 피어오르고, 바람이 없는 날이면 어느새 뜰 안은 연기로 가득해진다. 낙엽 타는 냄새 같이 좋은 것이 있을까? 갓 볶아 낸 커피의 냄새가 난다. 갈퀴를 손에 들고 연기 속에 서서, 타서 흩어지는 낙엽의 산더미를 바라보며 향기로운 냄새를 맡고 있노라면 별안간 강한 생활의 의욕을 느끼게 된다. 연기는 몸에 배서 어느새 옷과 손등에서도 냄새가 나게 된다. 나는 그 냄새를 한없이 사랑하면서 즐거운 생활감에 빠져서는 새삼스럽게 생활을 귀중한 것으로 생각하게 된다.

가을이다! 가을은 생활의 계절이다. 나는 화단의 뒷자리를 깊게 파고 다 타버린 낙엽의 재를–죽어버린 꿈의 시체를–땅속 깊이 파묻고, 꿋꿋한 생활의 자세로 돌아서지 않으면 안 된다. 이야기 속의 소년 같이 용감해지지 않으면 안 된다.

차가운 넓은 방에서 차를 마시면서 생각하는 것이 생활의 생각이다. 방구석에는 올 겨울에 또 크리스마스트리를 세우고 예쁘게 장식할 것을 생각하고, 눈이 오면 스키를 시작해 볼까 하고 계획도 해 보곤 한다. 이런 생각을 할 때만은 근심과 걱정도 어디론가 사라져 버린다. 책과 씨름하고, 원고지 앞에서 끙끙대던 서재에서 개운한 마음으로 이런 생각을 하는 것은 참으로 유쾌한 일이다.

책상 앞에 앉아, 별일 없으면서도 쉴 새 없이 끙끙대고, 생각하고, 괴로워하고 하면서, 생활의 일이라면 아무리 짧은 시간이라도 아끼고, 가령 뜰을 정리하는 것도 소비적이니 비생산적이니 하고 깔보던 것이, 도리어 그런 생활의 작은 일에 창조적, 생산적인 뜻을 발견하게 된 것은 대체 무슨 까닭일까? 계절의 탓일까? 깊어가는 가을이, 이 벌거숭이의 뜰이 한층 산 보람을 느끼게 하는 탓일까?

뜰 낙엽 긁어모으다 어느새 참으로 벚나무 산더미 푸슥푸슥 연기 피어오르다 갓 갈퀴 흩어지다 향기롭다 별안간 의욕 배다 한없이 생활감 새삼스럽다 귀중하다 화단 파다 재 시체 파묻다 꿋꿋하다 돌아서다 용감하다 방구석 장식하다 근심 씨름하다 원고지 끙끙대다 서재 개운하다 유쾌하다 가령 소비적 비생산적 깔보다 도리어 창조적 벌거숭이 한층

01 이 글에서 글쓴이의 감정은 어떻습니까? 모두 고르십시오.

① 개운하고 즐겁다.

② 근심과 걱정이 늘었다.

③ 생활의 의욕을 느낀다.

④ 모든 일들을 귀찮게 여긴다.

02 두 번째 단락을 보고 질문에 대답해 봅시다.

1) 글쓴이는 낙엽 타는 냄새를 무엇에 비유했습니까?

2) 글쓴이는 낙엽 타는 냄새를 맡으면서 어떤 생각을 하게 됩니까?

03 이 글의 내용과 같은 것을 고르십시오.

① 나는 특별한 직업 없이 시간을 보내는 사람이다.

② 나는 겨울에 할 일을 즐거운 마음으로 계획하고 있다.

③ 나는 화단의 뒷자리에 재를 묻은 후에 마음이 약해졌다.

④ 나는 뜰을 정리하는 일을 예전부터 창조적으로 생각해 왔다.

04 글쓴이가 한 일을 단락별로 정리해 봅시다.

단락	글쓴이가 경험한 일
1	가을이 되어 매일 뜰의 낙엽을 긁어모은다.
2	
3	
4	

■ 이효석(1907~1942)

강원도 평창에서 태어난 이효석은 고향에 대한 그리움과 서구적인 것에 대한 동경을 작품으로 표현했다. 그의 작품세계의 특징은 한마디로 '향수의 문학'이라고 할 수 있다. 현재 평창에 이효석의 생애와 문학세계를 한눈에 볼 수 있는 '이효석 문학관'이 세워져 있다.

더 생각해 봅시다

01 여러분은 생활 속에서 의욕을 느낄 때, 혹은 의욕이 사라질 때가 언제입니까? 자유롭게 이야기해 봅시다.

02 글쓴이는 가을을 '생활의 계절'로 표현하였습니다. 여러분은 사계절을 어떻게 표현하겠습니까? 그 이유도 함께 써 봅시다.

	표현	이유
봄		
여름		
가을		
겨울		

03 위 계절 중 하나를 선택하여 경험한 일을 바탕으로 수필을 써 봅시다.

수필 인생이나 자연, 일상생활에서의 느낌이나 체험을 생각나는 대로 자유롭게 쓴 글로 작가의 개성이나 인간성이 잘 나타나는 것이 특징이다.

제목 :		
경험한 일		경험에 대한 느낌과 생각
1		
2		
3		

어휘

◎ 생활 태도와 관련된 어휘에 대해 알아봅시다.

- 꿋꿋하다
  그는 성공을 위해 어려움과 고통을 꿋꿋하게 이겨 나갔다.
- 당당하다
  피나는 노력을 한 연극 배우는 어깨를 펴고 당당한 모습으로 무대 위에 설 수 있었다.
- 성실하다
  자신의 능력만 믿고 노력하지 않는 사람보다 현재의 능력은 좀 부족해도 성실한 자세로 노력하는 사람이 성공할 가능성이 높다.
- 나태하다
  태어날 때부터 가진 뛰어난 재능은 사람을 나태하게 만들 수도 있다.
- 검소하다
  그 나라의 경제 발전은 성실하고 검소하게 생활한 국민들이 있었기에 가능했다.
- 사치스럽다
  이번 조사에서 국민들 중 절반은 골프가 사치스러운 운동이라고 답했다.
- 의욕적이다
  신입 사원은 무슨 일이든 맡겨 달라면서 의욕적인 모습을 보였다.

1) 연예인 중에는 화려한 외모와는 달리 ______________ 생활을 하는 사람이 생각보다 많다.

2) 한 기자가 쏟아지는 빗속에서 우산도 쓰지 않고 ______________ 사건을 보도하고 있다.

3) 마이클은 지각도 하지 않고 오늘 할 일은 내일로 절대 미루지 않는 ______________ 사람이다.

4) 평소 꼭 필요한 물건만 구입하는 남편은, 매일 비싼 물건을 사는 ______________ 아내에게 잔소리를 했다.

5) 그 가수는 자신의 여자 친구를 대중에게 숨기지 않고 ______________ 공개 연애를 하고 있다.

6) 너무 큰 목표를 세우면 피로해지기 쉽고, 너무 작은 목표를 세우면 ______________ 쉽다.

7) 그 사람은 어떤 일이든 무조건 도전하는 ______________ 사람이었지만, 크게 실패한 후 모든 일에 의욕을 잃어버리고 말았다.

1과 여론과 대중 | 2과 전설과 속담 | 3과 취미와 여가 | 4과 생태와 환경 | 5과 현대 사회 | 6과 한국의 전통 | 7과 소비와 경제생활 | 8과 한국의 문학 | 9과 풍속과 음식 | 10과 대학 생활

문법

01 V-지 않으면 안 되다

- 해외여행을 가기 위해서는 여권을 만들지 않으면 안 됩니다.
- 요즘 식당은 무엇보다 주차 시설이 잘 되어 있지 않으면 안 돼요.
- 그 일을 오늘 다 끝내지 않으면 안 되니까 쉬지 말고 빨리 하세요.

◎ 상황에 따라 필요한 일을 생각하여 보기 처럼 말해 봅시다.

상황	의무 / 필요
내일 아침에 발표할 자료이다	오늘 밤까지 완성하다
통장을 만들다	본인이 직접 은행에 가다
중요한 회의이다	
병이 심각하다	
자신의 꿈을 이루다	

보기 내일 아침에 발표할 자료라서 오늘 밤까지 완성하지 않으면 안 돼요.

◎ 다음 문장을 완성하십시오.

1) 돈을 모으려면 ______________________.

2) 건강해지려면 ______________________.

3) 의사가 되기 위해서는 ______________________.

4) 환경을 보호하기 위해서는 ______________________.

문법 설명

어떠한 일을 당연히 해야 하는 의무나 그 일에 필요한 조건을 나타낼 때 사용한다. '-아/어야 하다'[되다]와 유사한 표현으로 이중 부정을 통한 강한 긍정을 나타내어 당위성을 강조한다.

02 A/V-건마는

- 디자인은 예쁘건마는 가격이 너무 비싸서 못 사겠네요.
- 이 아파트에서 10년을 살았건마는 알고 지내는 사람이 몇 명 안 됩니다.
- 능력 있는 사람이건마는 아무도 그 사람의 능력을 알아주지 않는다.

◎ 사실과 반대되는 상황을 생각하여 보기 처럼 말해 봅시다.

사실	반대 상황
화가 나다	억지로 참고 있다
저 가수가 노래는 잘하다	인기가 없다
어렸을 때는 꿈이 많았다	
나한테는 중요한 일이다	
돈이 필요하다	

보기 화가 나건마는 억지로 참고 있습니다.

문법 설명

앞 문장의 사실이나 앞 문장으로 예상할 수 있는 결과와 반대되는 상황이 뒤 문장에 나타날 때 사용하는 표현이다. '-지만'의 뜻으로 주로 문어체와 격식체에 사용하며 '-건만'으로 줄여 쓸 수 있다.

03 V-노라면

- 이 노래를 듣고 있노라면 옛날 생각이 난다.
- 넓고 푸른 바다를 보고 있노라면 가슴이 시원해집니다.
- 학생들과 이야기를 나누노라면 나도 학생이 된 것 같다.

◎ 다음 문장을 완성하십시오.

1) ______________________ 시간이 가는 줄도 모른다.

2) ______________________ 언젠가는 좋은 일이 생길 겁니다.

3) ______________________ 다시 건강을 찾게 될 거예요.

4) ______________________ 마음이 편안해지는 것 같다.

문법 설명

어떤 행위를 지속적으로 유지하다 보면 다른 어떤 상황이나 상태가 된다는 의미이다. 예스러운 느낌을 주며 주로 문어체에 쓰인다. '-다(가) 보면'과 유사한 의미이다.

04 N(이)니 N(이)니

- 가방이 명품이니 짝퉁이니 하면서 말다툼을 한다.
- 이 가게는 작지만, 생활용품이니 식료품이니 없는 것이 없다.
- 외모니 능력이니 해도 배우자의 가장 중요한 조건은 성격이라고 생각해.

◎ 다음 문장을 완성하십시오.

1) 가장 좋은 직업이 ______________________ 하지만, 나는 자기 적성에 맞는 직업이 가장 좋은 직업이라고 생각한다.

2) 접시에 ______________________ 단 음식이 가득 담겨 있다.

3) 책읽기를 좋아해서 ______________________ 종류에 관계없이 다 본다.

4) 너무 화가 나서 ______________________ 모두 찢어 버렸다.

5) 건강이야말로 ______________________ 하는 것들보다 중요한 것이다.

◎ 보기에서 알맞은 표현을 골라 문장을 완성하십시오.

보기 뭐니 뭐니 해도　　누구니 누구니 해도　　어디니 어디니 해도

1) 신혼 여행지로는 ______________________ 제주도만큼 좋은 곳이 없지요.

2) 우리 학교에서 ______________________ 캐빈이 노래는 제일 잘 하는 것 같다.

3) 하고 싶은 일을 하려면 ______________________ 돈이 있어야 하지 않겠어요?

문법 설명

여러 사물을 같은 자격으로 이어주면서 예를 들거나 나열할 때 쓴다. 많거나 복잡함을 나타내는 표현이다.

쓰 기

01 다음 글을 읽어 봅시다.

내가 내 여자 친구를 처음 만난 것은 작년 학교 축제 때였다. 그때 한복을 입고 춤을 추는 여자 친구의 모습을 보고 나는 그만 첫눈에 반해 버렸다. 곱게 빗어 올린 머리에 작고 하얀 얼굴, 알록달록 색동저고리에 연꽃처럼 넓게 퍼진 분홍색 치마를 입고, 부채춤을 추며 수줍게 미소 짓는 모습은 아름답기 그지없었다. 마치 하늘에서 내려온 선녀 같았다.

1) 이 글은 어떤 사실에 대해 말하고 있습니까? 그 사실을 설명하기 위해 어떤 방법을 사용했습니까?

2) 여자 친구의 모습을 나타낸 표현을 찾아봅시다.

02 '묘사하기'에 자주 사용되는 표현을 알아봅시다.

묘사하기

묘사란 사물이나 현상 등을 눈앞에 있는 것처럼 실감나게 표현하는 방법이다. 비유 표현이나 의성어, 의태어 등을 사용해 표현하면 효과적이다.

1) 비유 표현

- **~처럼/ ~같이**
  밤새도록 술을 마시면서 담배를 피운 친구들의 눈은 토끼 눈처럼 빨갛게 되어 있었다.
- **–듯(이)/ –듯한**
  비가 그치고 하늘이 맑아지니 남산이 손에 잡힐 듯 가깝게 보인다.
- **–같다/ –듯하다**
  눈썹이 어찌나 검고 선명한지 마치 까만 펜으로 그려 놓은 듯하다.

2) 의성어, 의태어

- **의성어** : 소리를 흉내낸 말 (예 부릉부릉, 아삭아삭, 콜록콜록 등)
  사람들이 모두 올라타자 버스는 부릉부릉 소리를 내며 출발했다.
- **의태어** : 모양 또는 움직임을 흉내내어 만든 말 (예 모락모락, 방긋방긋, 허겁지겁 등)
  김이 모락모락 나는 빵이 하얀 접시에 가득 담겨 있다.

03 다음을 묘사해 봅시다.

<table>
<tr><td>내동생
</td><td>• 얼굴 – 둥글고 통통하다
• 눈 – 동그랗고 크다
• 코 – 작다
• 입술 – 새빨갛다
• 볼 – 웃으면 보조개가 생긴다</td></tr>
<tr><td colspan="2">둥글고 통통한 얼굴에 구슬처럼 동그랗고 큰 눈, 작은 코와 새빨간 입술을 가진 내 동생은 마치 귀여운 곰 인형 같다. 방긋 웃으면 두 볼에 보조개가 생긴다.</td></tr>
</table>

<table>
<tr><td>내친구 / 가족
•
•
•
•</td><td>____________________
____
____
____________________</td></tr>
</table>

<table>
<tr><td>내 방
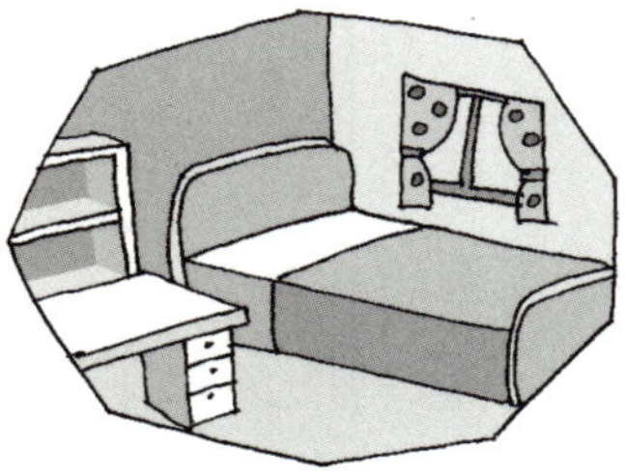</td><td>• 침대 – 크다
• 책상 – 하얗다
• 창문 – 작다
• 커튼 – 물방울무늬가 있다</td></tr>
<tr><td colspan="2">방문을 열고 들어가면 왼쪽에 두 명이 누워도 남을 만큼 큰 침대와 하얀색 책상이 있고, 오른쪽에는 작은 창문이 있다. 창문에 달린 물방울무늬 커튼은 바람이 불면 바람에 살랑살랑 흔들린다.</td></tr>
</table>

<table>
<tr><td>내 방 / 교실
•
•
•
•</td><td>____________________
____
____
____________________</td></tr>
</table>

04 아래의 주제로 묘사하는 글을 써 봅시다.

한국의 첫인상

- 처음 한국에 온 날 : 올해 2월
- 장소 : 인천 공항 앞
- 그곳 경치 : 높은 빌딩, 복잡한 거리
- 사람들 모습 : ______________________
- 나의 느낌 : ______________________

올해 2월의 마지막 날, 나는 처음으로 한국에 왔다. 비행기를 타고 인천 공항에 도착했을 때 공항은 사람들로 북적거렸다. 공항을 나와서 앞을 보니, ______________________

____

____

____

05 '기억에 남는 특별한 만남'이라는 주제로 묘사하는 글을 써 봅시다.

- 만난 사람 :
- 만난 때 :
- 만난 장소 :
- 나의 느낌 :

____

____

____

____

____

제 9 과

풍속과 음식

1. 함

듣기 한국의 함 문화에 대한 대화 듣기
어휘 한국의 결혼식
문법 및 표현
- V-(으)란 듯이
- A/V-다던데
- A/V-(으)ㄹ뿐더러
- 꿈도 못 꾸다

말하기 화제 전환하기

2. 한국의 떡

읽기 한국의 떡에 대한 글 읽기
어휘 떡 만드는 방법
문법 및 표현
- A/V-(으)ㄴ/는지
- A/V-았/었으면 하다(싶다/좋겠다)
- A/V-(으)ㄴ/는 만큼
- V-(으)ㄹ 겸 (해서)

쓰기 인용하기

1 함

01 다음은 미혼 남녀의 배우자 선택 조건을 조사한 결과입니다. 다음을 보고 이야기해 봅시다.

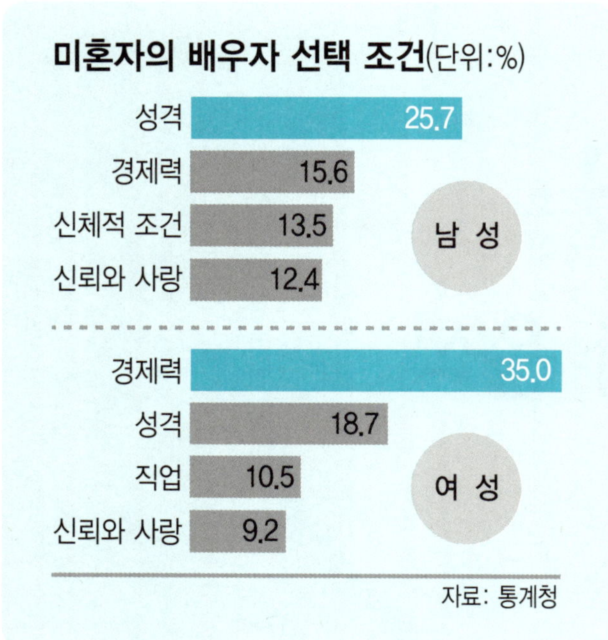

1) 배우자 선택 조건이 남자와 여자가 어떻게 다릅니까?

2) 여러분은 이 결과에 대해 어떻게 생각합니까?

3) 그 이유는 무엇입니까?

4) 이 외에 배우자를 선택할 때 중요한 조건이 되는 것은 무엇입니까?

5) 여러분이 가장 중요하게 생각하는 조건은 무엇입니까?

02 다음은 한국에서 결혼할 때 일반적으로 준비하는 것들입니다. 다음을 보고 여러분 나라의 경우와 비교해서 이야기해 봅시다.

남 자	여 자
집 신혼 생활을 시작할 집을 마련한다.	**혼수** 가구, 가전제품, 침구류 등 생활에 필요한 것들을 준비한다.
예물 시부모님이 신부에게 첫인사를 받고 주는 선물이다.	**예단** 신부 쪽에서 신랑의 부모님께 드리는 선물이다.
예물 결혼식에서 신랑, 신부가 주고받는 시계나 반지와 같은 물품이다.	

듣기

Track 07

다음을 듣고 물음에 답하십시오.

01 함이란 무엇입니까?

02 함 안에 들어가는 것이 아닌 것은 무엇입니까?

① 한복
② 보석
③ 함 값
④ 오곡 주머니

03 들은 내용과 다른 것을 고르십시오.

① 옛날에는 결혼 안 한 남자들이 함을 들고 갔다.
② 함 안에는 신랑의 아버지가 쓴 편지가 들어 있다.
③ 함이 오는 날 신부의 친구들이 함께 함을 기다려 준다.
④ 최근에는 신랑이 혼자 함을 들고 가는 경우가 증가했다.

04 마지막 말을 하는 여자의 심정으로 알맞은 것을 고르십시오.

① 아쉽다
② 힘들다
③ 답답하다
④ 후회스럽다

05 여러분 나라에는 결혼식 전에 하는 행사가 있습니까? 이야기해 봅시다.

(밖에서 외치는 소리 : 함 사세요. 함 사세요.)

여 : 지금 밖에서 무슨 소리 안 들려? 뭘 사라고 하는 것 같은데.

남 : 함을 사라고 하는 거야.

여 : 함? 그게 대체 뭐길래 저렇게 길에서 요란하게 팔고 있어?

남 : 함은 결혼식 전에 신랑 집에서 신부 집에 보내는 예물 상자야. 함 사라고 하는 걸 보니 누가 결혼식을 앞두고 있나 봐. 신부 집 앞에서 동네 사람 모두 들으란 듯이 크게 외치거든.

여 : 그렇구나. 그런데 함 안에 어떤 예물들을 넣어서 보내?

남 : 전통적으로는 혼서지, 오곡 주머니, 신부의 한복 등을 넣는데 요즘은 보석, 화장품, 핸드백, 정장 같은 것도 넣어서 보내.

여 : 함 안에 신부를 위한 선물을 가득 넣어서 보내는구나. 그런데 혼서지와 오곡 주머니가 뭐야?

남 : 혼서지는 신랑의 아버지가 신부의 부모님께 보내는 일종의 편지 같은 건데 귀한 따님을 며느리로 주셔서 감사하다는 내용이 담겨 있어. 옛날에는 신부가 이 혼서지를 죽을 때까지 간직했을 만큼 소중하게 여겼대.

여 : 결혼 전에 그런 걸 주고받는다니 결혼이 더욱 의미 있고 성스럽게 느껴져.

남 : 그렇지? 그리고 오곡 주머니는 다섯 가지 색의 작은 주머니 안에 각각 다른 곡식을 넣은 건데 다산, 건강, 행복 등 주머니마다 특별한 의미가 있어.

여 : 함은 마치 결혼을 축복하는 부모님의 마음이 가득 담긴 선물 상자 같아. 그런데 함은 신랑의 부모님이 직접 가지고 가?

남 : 아니. 지금 함 사라고 외치는 소리 들리지? 남자들 목소리만 들리잖아.

여 : 아, 그러네. 정말.

남 : 옛날에는 신랑의 친지 중에서 가까이 지내는 결혼한 남자가 들고 갔다던데 요즘은 보통 신랑 친구들이 함을 가지고 가. 신부 집 앞에 도착하면 저렇게 큰 소리로 '함 사세요'를 외치는 거지. 그러면 집에서 기다리고 있던 신부 가족들과 친구들이 밖으로 나가서 함을 가지고 온 사람들에게 맛있는 음식과 술을 대접하고 함 값도 줘.

여 : 부모님의 마음을 가득 담은 함을 신랑의 친구들이 잘 전달해 주는구나.

남 : 그런데 요즘은 다들 바쁠 뿐더러 함 사라는 소리가 너무 시끄러워 이웃에 피해를 준다고 해서 신랑 혼자 조용히 함을 가져가는 경우도 많아졌어. 특히 아파트에 산다면 저렇게 떠들썩하게 함을 전해주는 건 꿈도 못 꿔.

여 : 그렇구나. 난 가족, 친구 모두 떠들썩하게 결혼을 축하하는 모습이 더 좋은 것 같은데…….

함 대체 요란하다 예물 앞두다 동네 외치다 혼서지 오곡 보석
일종 귀하다 따님 며느리 간직하다 성스럽다 다산 축복하다 친지
전달하다 떠들썩하다

더 생각해 봅시다

01 다음은 한국 사람들이 결혼을 하는 과정입니다. 다음을 보고 여러분 나라와 비교해서 이야기해 봅시다.

상견례와 택일하기

⇨

예식장 예약하기

⇨

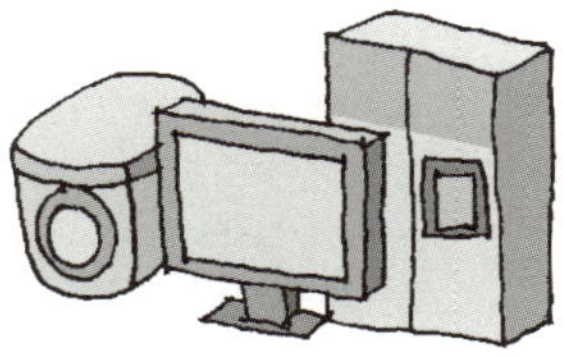
혼수 준비하기

웨딩 사진 촬영하기

⇨

청첩장 보내기

⇨

함 보내고 받기

결혼식, 신혼여행 가기

⇨

이바지 음식 보내기

⇨

혼인 신고하기,
집들이 하기

1)

상견례와 택일하기

두 사람이 결혼을 하기로 하면 양가 부모님이 만나서 인사를 하는 상견례를 한다. 상견례 후에 부모님이 결혼에 찬성하면 신부 집에서 결혼 날짜를 정한다. 이를 택일이라고 한다. 보통은 길일을 찾아서 정하지만, 요즘처럼 바쁜 현대에는 결혼 당사자가 정하는 경우도 많아졌다.

→ 여러분 나라에서는 결혼 날짜를 누가, 어떤 방법으로 정합니까?

2)

예식장 예약하기

결혼식은 보통 전문 예식장이나 호텔에서 한다. 그렇지만 신랑과 신부의 종교에 따라 성당이나 교회, 절에서 하기도 한다.

→ 여러분 나라에서는 주로 어디에서 결혼식을 합니까?

3)

웨딩 사진 촬영하기

결혼 전에 웨딩 사진 촬영을 한다. 다양한 웨딩드레스와 한복을 입고 아름다운 장소에서 촬영을 한 후 웨딩 앨범으로 만든다. 대부분의 예비부부들이 결혼 전에 하는 필수 과정인데 요즘은 결혼 후에 그 앨범을 볼 일이 별로 없다는 이유로 웨딩 사진 촬영을 간단하게 하거나 아예 생략하는 경우도 있다.

→ 여러분 나라에서는 웨딩 사진을 촬영합니까? 만약 여러분이 웨딩 사진을 촬영한다면 어떤 장소에서 하고 싶습니까?

4)

청첩장 보내기

보통 결혼식 두 달 전부터 청첩장을 보낸다. 아주 가까운 친척과 친한 친구, 회사 동료들을 비롯하여 부모님의 지인들에게 보낸다. 결혼식의 주인공은 신랑 신부이지만 부모님의 인간관계도 중요하기 때문에 신랑 신부와는 관계가 없는 사람들을 초대하기도 한다. 청첩장은 보통 종이로 만든 카드를 보내는 것이 일반적인데 요즘은 이메일 청첩장, 모바일 청첩장 등을 보내기도 한다. 이메일 청첩장이나 모바일 청첩장의 경우, 종이나 시간 등이 절약된다는 장점도 있지만 잘못하면 예의가 없어 보일 수도 있으므로 아주 친한 친구가 아니면 잘 보내지 않는다.

→ 여러분 나라에서는 누구를 결혼식에 초대합니까? 어떤 방법으로 초대합니까? 초대를 할 때 주의해야 할 사항이 있습니까?

5)

이바지 음식 보내기

신혼여행에서 돌아오면 바로 신부의 집으로 간다. 그곳에서 신랑, 신부가 하룻밤을 보내고 다음날 신랑의 집으로 가는데, 이 때 신부는 이바지 음식을 가지고 간다. 이바지 음식이란 신부 집에서 신랑 집으로 보내는 음식으로, 신부가 시부모님께 처음으로 차려 드리는 음식이기 때문에 특별히 신경 써서 준비한다. 음식의 종류는 여러 가지가 있는데 지방마다 다르다.

→ 여러분 나라에서는 신혼여행에서 돌아온 후 가장 먼저 무엇을 합니까? 신부의 집이나 신랑의 집에 특별히 선물해야 하는 것이 있습니까?

02 여러분이 이상적으로 생각하는 결혼식에 대해 이야기해 봅시다.

장소	
시간	
초대하고 싶은 사람	
준비하고 싶은 음식	
가고 싶은 신혼 여행지	

메 모

어 휘

◎ 한국의 결혼식과 관련된 어휘에 대해 알아봅시다.

- 물려주다
  맑고 깨끗한 녹색 환경을 후손들에게 물려주는 것은 우리들의 의무이자 책임이다.
- 얽매이다
  나무만 보고 숲을 보지 못한다는 말은 작은 일에 얽매여 큰일을 소홀히 하게 된다는 말이다.
- 통과 의례
  출생, 결혼, 장례 등은 살면서 반드시 거쳐야 하는 통과 의례이다.
- 허례허식
  지나치게 많은 비용을 들여 결혼을 준비하는 것은 남에게 잘 보이기 위한 허례허식에서 비롯된다고 할 수 있다.
- 절차
  비슷한 시간에 공항에 도착한 비행기들이 많아서 입국 수속 절차를 밟는 데 두 시간이나 걸렸다.
- 격식
  손윗사람에게 편지를 쓸 때에는 격식을 갖춰 써야 한다.

1) 부모님께서 ______________ 예술적 재능을 갈고 닦아서 뛰어난 뮤지컬 배우가 되고 싶다.

2) 이번 TV 토론회는 국민들의 다양한 의견을 듣고자 기존의 형식에 ______________ 않고 인터넷과 전화를 사용하는 등 자유롭게 진행될 예정이다.

3) 이민 비자를 받으려면 비자 서류 신청, 인터뷰 등 몇 가지 복잡한 ______________ 을/를 거쳐야 한다.

4) 공식적인 자리에서는 ______________ 에 맞게 옷을 갖추어 입는 것이 중요하다.

5) 비싼 비용을 들인 화려한 결혼식보다는 ______________ 없는 결혼 문화가 정착되어 신랑 신부와 하객 모두에게 기쁨을 주었으면 좋겠다.

6) 신인 배우들에게 연기력 논란은 ______________ 처럼 한 번은 겪어야 하는 과정일지도 모른다.

문법 및 표현

01 V-(으)란 듯이

- 친구의 어린 아들이 집에 가지 말란 듯이 내 바지를 붙잡고 놓아주지 않았다.
- 애완견을 사러 갔는데 강아지들이 모두 자기를 데려가 달란 듯이 나를 바라보는 것 같았다.
- 전문가들은 그 선수가 우승하기 힘들다고 했지만 그 선수는 올림픽에서 보란 듯이 우승했다.

◎ 다음 문장을 완성하십시오.

1) 가 : 식당에서 무슨 안 좋은 일이라도 있었어? 점심 먹고 온 사람 표정이 왜 그래?
   나 : 우리가 음식을 다 먹자마자 빨리 ________________ 점원이 빈 접시를 가지고 가잖아. 불편해서 오래 앉아 있을 수가 없었어.

2) 가 : 언니, 생일 선물 정말 고마워. 그런데 내가 이 가방을 갖고 싶어하는 걸 어떻게 알았어?
   나 : 네가 ________________ 그렇게 크게 말했는데 어떻게 모를 수가 있겠어?
   가 : 난 그냥 혼잣말했을 뿐인데…….

3) 가 : 어렵게 잡은 물고기를 왜 다시 바다에 놓아 줬어?
   나 : 물고기 눈을 보니까 자기를 ________________ 애원하는 것처럼 보여서 그냥 놓아 줬어요.

4) 가 : 이 선생님, 오늘 수업이 즐거우셨나 봐요. 웃으면서 교실에서 나오시네요.
   나 : 배운 내용을 질문하려고 학생들을 봤는데 모두 자기에게 ________________ 책상만 보고 있는 게 너무 귀여워서요.

문법 설명

직접 명령하지는 않지만 마치 상대방에게 그렇게 하라고 명령하는 것처럼 행동하거나 말할 때 사용하는 표현이다.

02 A/V-다던데

- 가 : 오랜만에 휴가를 얻었는데 뭐 할까?
  나 : 요즘 진해에 벚꽃이 한창 예쁘다던데 주말에 꽃놀이 갈래?
- 가 : 다음 달에 공공요금이 또 오른다던데 그 소식 들었어요?
  나 : 정말요? 물가가 자꾸 비싸지는군요. 택시는 더 이상 못타고 다니겠어요.

◎ 보기 와 같이 문장을 완성하십시오.

보기 새로 생긴 마트에서 할인을 많이 해 준다고 들었어요. 거기 한번 가 봐요.
→ 새로 생긴 마트에서 할인을 많이 해 준다던데 거기 한번 가 봐요.

1) 회사 건물 내 흡연 구역이 모두 없어진다고 들었어. 이번 기회에 끊는 게 어때?

→ ________________________________

2) 버스 노선이 바뀌었다고 들었어요. 확인해 봤어요?

→ ________________________________

3) 요리면 요리, 운동이면 운동, 노래면 노래 못하는 게 없다고 들었어요. 정말이에요?

→ ________________________________

문법 설명

이전에 들은 사실을 말하면서 그것을 근거로 자신의 의견을 말하거나 상대방에게 질문이나 확인, 제안을 할 때 사용하는 표현이다. '-다고 하던데'의 준말이다.

03 A/V-(으)ㄹ뿐더러

- 제주도는 날씨가 좋을뿐더러 경치도 아름다워서 관광객들이 많이 찾는 곳이다.
- 이번에 새로 나온 스마트폰은 가벼울뿐더러 기능도 많아서 소비자들의 반응이 좋다.
- 이번에 당선된 국회의원은 사람들의 이야기를 잘 들어줄뿐더러 남의 일을 자기 일처럼 생각하는 사람이다.

◎ 다음 문장을 완성하십시오.

1) 가 : 디자인이 예쁜 구두가 많던데 왜 아무 모양도 없는 이 구두를 골랐어?
   나 : 디자인은 별로 예쁘지 않지만 ______________________.

2) 가 : 전 작은 도시에서 살다가 와서인지 대도시 생활이 아주 신나고 좋아요.
   나 : 그래요? 전 ______________________ 살기 힘든 것 같아요.

3) 가 : 학교 성적도 안 좋고 경력도 많지 않던데 그 사람이 우리 회사에 뽑힌 이유가 뭘까요?
   나 : ______________________.

문법 설명

어떤 사실이나 상황에 더하여 다른 사실이나 상황이 더 있음을 표현할 때 사용한다. '-(으)ㄴ/는 데다가', '-(으)ㄹ 뿐만 아니라'와 비슷한 표현이다.

04 꿈도 못 꾸다

- 지금 내 성적으로 좋은 대학교 입학은 꿈도 못 꾼다.
- 매일 야근할 정도로 회사일이 많아서 여름휴가는 꿈도 못 꾼다.
- 너 자신뿐만 아니라 다른 사람에게도 엄청난 피해를 주니까 음주 운전은 꿈도 꾸지 마라.

◎ 문장을 만들어 봅시다.

1) ______________________.

2) ______________________.

문법 설명

'전혀 생각도 하지 못하다'의 의미이다. 명령형으로 사용할 때는 '꿈도 꾸지 마라'의 형태로 쓰인다.

말하기

01 여러분은 다른 사람과 대화를 하는 중에 화제를 바꾸고 싶으면 어떻게 합니까? 다음 상황에서 화제를 바꿔 봅시다.

1) 친구가 서울에서 가 볼 만한 곳에 대해 이야기를 합니다. 그때 여러분은 서울 지하철 요금이 얼마인지 알고 싶습니다.

서울은 가 볼 만한 곳이 정말 많아. 쇼핑을 하려면 명동이나 동대문 시장에 가면 되고 한옥을 구경하고 싶으면 북촌 한옥 마을에 가면 돼.

2) 친구가 오늘 수업에 대해 이야기를 합니다. 그때 여러분은 어제 재미있게 본 드라마에 대해서 이야기하려고 합니다.

교수님이 천천히 설명해 주셨는데도 오늘 수업 내용은 이해하기 어려운 부분이 많았던 것 같아. 듣다가 나도 모르게 졸기도 했어.

02 다음은 화제를 전환할 때 사용하는 표현입니다. 다음의 표현들을 이용하여 연습해 봅시다.

바로 화제를 전환할 때

- 그런데 (근데) ~
- 아무튼 (어쨌든) ~
- 그건 그렇고 ~
- 잠깐만요 (잠깐, 잠깐만)

1) 어제 명동에 갔다가 드라마 촬영하는 걸 봤는데 운이 좋게도 내가 좋아하는 배우가 나오는 드라마였어. 사인 받으려고 촬영이 끝나기를 기다렸는데 끝나자마자 그냥 가 버리더라. 얼마나 아쉬웠는지 몰라. 그래서 내일 다시……

2) 요즘 결혼할 때 조건을 많이 따지는 것 같아. 나는 무엇보다 두 사람의 사랑이 최우선이라고 생각하는데 내가 이런 얘기하면 주위에서는 아직 어려서 현실을 잘 모른대. 나는 절대 조건 안 보고 사랑을 따라 갈 거야.

부드럽게 화제를 전환할 때

- 아, 그렇군요. 그런데 ~
- 그건 그런데 ~ (그렇기는 한데) ~

1) 여행 좋아하세요? 저는 정말 좋아해요. 그래서 방학이 되면 가까운 곳이라도 꼭 여행을 가요. 제가 지금까지 가 본 곳 중에서 제일 좋았던 곳은 제주도예요. 혹시 제주도 갈 계획 있어요? 제가 좋은 곳을 같이 알고 있거든요.

2) 이번에 새로 나온 식기세척기 사용해 보셨어요? 저는 얼마 전에 구입해서 사용 중인데 소음이 거의 없을뿐더러 전기세도 얼마 나오지 않아요. 색상이 다양하고 디자인도 좋아서 요즘 제일 잘 나가는 가전제품이래요.

토론이나 회의 중에 화제를 전환할 때

- 그러면 이번에는 ~에 대해서 이야기해 볼까요?
- ~에 대해서 더 하실 말씀이 없으시면 다음으로 넘어가겠습니다.
- ~에 대해서는 충분히 논의가 된 것 같습니다. 이번에는 ~에 대해서 이야기해 보도록 하겠습니다.

1) 쓰레기를 줄이기 위해 개인이 실천할 수 있는 가장 손쉬운 방법은 일회용품을 사용하지 않는 것입니다. 우리 회사도 부서마다 종이컵, 나무젓가락 등 일회용품을 많이 쓰고 있는데, 조금 귀찮더라도 개인 컵, 개인 젓가락을 갖다 놓고 사용하는 것부터 쓰레기 줄이기를 시작해야 할 것 같습니다.

저도 김 대리의 의견에 동의합니다. 그럼 내일부터라도 당장 개인 컵을 가져 와서 사용하기로 합시다.

2) 저는 수업 시간에 노트북을 사용하면 안 된다는 민수의 의견에 반대합니다. 교수님의 설명을 손으로 쓰는 것보다 키보드로 치는 것이 더 빠르기 때문에 교수님 설명을 놓치는 일이 거의 없습니다. 물론 노트북으로 인터넷 검색을 하거나 인터넷 쇼핑을 하는 학생들이 있기는 하지만, 그런 학생들 때문에 수업 시간에 노트북 사용을 금지한다는 것은 너무합니다.

다른 의견 있습니까?

03 앞에서 배운 표현들을 이용해서 화제 전환 연습을 해 봅시다.

◎ 다음 대화는 신혼여행에 대해 알아보려는 손님과 여행사 직원과의 대화입니다. 여러분이 손님이 되어 직원의 말을 잘 들은 다음 궁금한 점을 물어봅시다.

직원 : 안녕하세요? 고객님. 어떻게 오셨습니까?

손님 : 신혼여행을 가려고 하는데 어디가 좋은지 궁금해서요.

직원 : 네, 어디로 가고 싶으세요?

손님 : 글쎄요, 하와이니 푸켓이니 좋다고 하는 곳이 하도 많아서 결정하기가 쉽지 않네요.

직원 : 사실 모두 아름답고 조용해서 신혼여행지로 정말 좋은 곳이죠. 요즘 가장 인기 많은 곳은 태국의 푸켓이에요. 한국에서 태국까지 비행 시간도 그리 길지 않고 항공 노선도 많아서 교통편이 아주 편리하거든요.

손님 : 네, 그렇군요. 그런데 그곳은 여행 경비가 많이 들지 않을까요?

1) 여행 경비는 얼마나 들까?

2) 신혼 여행 가기 3개월 정도 전에 예약하면 할인 받을 수 있을까?

3) 하와이는 어떨까?

4) ______

5) ______

◎ 다음은 결혼 적령기에 대한 소영과 마이클의 대화입니다. 소영의 말을 듣고, 여러분의 생각이나 궁금한 점에 대해 이야기해 보십시오.

마이클 : 소영아, 넌 언제쯤 결혼하고 싶어?

소　영 : 글쎄, 난 아직 학생이라 결혼에 대해 구체적으로 생각해 본 적이 없는데. 가능하면 늦게 하고 싶어.

마이클 : 그래? 왜? 난 어릴 때부터 어른이 되면 바로 결혼하고 싶다고 생각했는데.

소　영 : 나도 어릴 때는 엄마가 되는 게 꿈이었을 정도로 결혼하고 싶었어. 그런데 어른이 되고 나니까 그런 생각이 점점 사라지더라. 요즘 한국에서 결혼을 늦게 하는 사람이 많아지고 있어. 혼자 살겠다는 사람들도 조금씩 늘어나고 있고. 나도 그 영향을 받고 있는 것 같아.

마이클 : 아, 그렇구나. 그런데 너 결혼 안 할 생각도 있어?

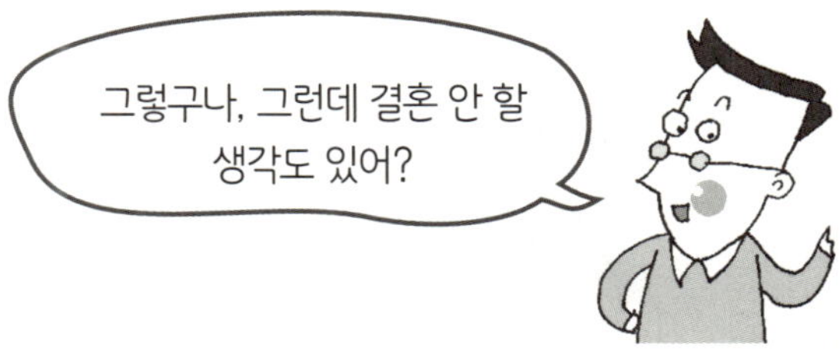

1) 사회생활이 더 중요해?

2) 요즘 사람들의 결혼이 늦어지는 이유는 뭘까?

3) 네가 결혼을 늦게 한다니 안타까워.

4) ______________________________

5) ______________________________

2 한국의 떡

01 여러분은 한국을 대표하는 음식이라고 하면 무엇이 생각납니까?

02 다음과 같은 상황에서는 어떤 떡을 먹었을지 생각해 봅시다.

03 여러분은 한국에서 떡을 먹어 본 적이 있습니까? 언제 무슨 떡을 먹었는지, 맛은 어땠는지 등에 대해 이야기해 봅시다.

읽 기

다음은 한국의 떡에 대해 설명하는 글입니다. 잘 읽고 질문에 답하십시오.

'밥 먹는 배 다르고, 떡 먹는 배 다르다.'라는 말이 있을 정도로 떡은 한국 사람들이 가장 좋아하는 음식 중의 하나이다. 한국에서 떡을 언제 처음 먹기 시작했는지 알 수 없지만 옛날부터 명절이나 중요한 행사가 있을 때 빠지지 않는 음식이었다.

태어난 아기가 백일이나 돌이 되면 백설기와 수수경단을 먹었다. 백설기는 아기가 건강하게 오래 살았으면 하는 마음으로 백 사람과 나눠 먹었으며 수수경단은 팥의 붉은색이 귀신을 막아 준다고 생각했기 때문에 아기에게 먹였다. 혼례 때는 두 사람의 행복을 기원하는 의미로 보름달처럼 생긴 달떡과 여러 색깔의 색편을 먹었고, 회갑 때는 각종 떡을 같은 크기의 직사각형 모양으로 썰어 높이 쌓은 후 상에 올렸다. 제사 때도 지방마다 다른 여러 가지 떡을 중요한 제물로 올렸다.

명절에 먹는 대표적인 떡으로는 가래떡과 송편이 있다. 설날에 먹는 가래떡은 옛날 화폐를 본떠서 둥글고 길게 빼는데 이것은 재산이 쑥쑥 늘어나라는 의미를 가지고 있다. 이렇게 만든 가래떡을 얇게 썰어서 고깃국물에 끓이면 떡국이 된다. 옛날에는 설날에 떡국 한 그릇을 먹어야 나이를 한 살 더 먹는 것이라고 생각했기 때문에 아이들은 떡국을 많이 먹으려고 떼를 쓰기도 했다. 추석에 먹는 송편은 한 해의 수확을 감사하며 조상의 차례상에 올리는 음식이었는데 요즘은 계절에 관계없이 즐겨 먹는다.

떡은 일상생활과도 밀접한 관련이 있다. 개업을 하거나 이사를 가면 이웃에게 시루떡을 돌리면서 인사를 나눈다. 시험을 치는 학생에게는 꼭 붙으라는 뜻으로 찹쌀떡을 선물하기도 한다. 학교에서는 책을 다 배우면 그것을 축하하고 앞으로 더욱 열심히 공부하라는 뜻으로 책거리를 하는데, 이때도 떡이 빠지지 않았다. 그리고 요즘에는 아침 식사 대용으로도 인기가 많다. 바쁜 아침 시간에 간편하게 먹기 좋을 뿐만 아니라 포만감이 있고 건강에도 좋기 때문이다. 그러고 보면 떡은 항상 한국인과 함께 해 온 음식이라고 할 수 있겠다.

한국인이 떡을 사랑하는 만큼 떡과 관련된 속담도 매우 많다. '밥 위에 떡'이라는 말은 밥으로도 이미 충분한데 밥 보다 더 좋은 떡을 그 위에 얹었으니 이보다 더 좋을 수 없다는 뜻이다. 그 정도로 떡을 좋아했던 한국 사람들은 자기 집 식구만을 위하여 떡을 하는 것이 아니라 이웃집과도 나누어 먹을 겸 해서 많은 양의 떡을 했다. '남의 떡에 설 쇤다.'와 '얻은 떡이 두레 반이다.'는 이웃과 함께 정을 나누는 한국인의 모습을 엿볼 수 있는 속담이다.

백설기 수수경단 혼례 기원하다 보름달 달떡 색편 회갑 직사각형
제물 가래떡 화폐 본뜨다 둥글다 재산 쑥쑥 떼를 쓰다 수확
밀접하다 관련 개업 시루떡 책거리 대용 간편하다 포만감 얹다
쇠다 두레

01 다음에 있는 떡들은 언제 먹습니까? 알맞게 연결해 보십시오.

1) 백설기, 수수경단 •		• 개업, 이사
2) 달떡, 색편 •		• 백일, 돌
3) 가래떡, 송편 •		• 결혼
4) 시루떡 •		• 설날, 추석

02 다음의 떡은 어떤 의미를 가지고 있습니까? 보기 처럼 써 보십시오.

보기
① 아기가 건강하게 오래 살기를 바란다. ∨
② 재산이 많이 늘어나기를 바란다.
③ 두 사람의 행복을 기원한다.
④ 일 년 동안 수확한 것에 대해 조상들께 감사한다.

1) 백설기는 아기가 건강하게 오래 살기를 바라는 마음을 담고 있다.
2) 달떡과 색편은 ______________________________.
3) 송편은 ______________________________.
4) 가래떡은 ______________________________.

03 글의 내용과 같은 것을 모두 고르십시오.

① 떡과 관련된 속담을 보면 한국인의 정을 느낄 수 있다.
② 떡은 평소에는 먹지 않고 중요한 날에만 먹는 음식이다.
③ 중요한 행사가 있을 때 먹는 떡은 특별한 의미를 가지고 있다.
④ 한국 사람들은 자기 가족들이 아니라 이웃을 위해서 떡을 했다.

04 글에 나오는 다음 속담들의 의미를 설명해 보십시오.

- 밥 먹는 배 다르고, 떡 먹는 배 다르다.
- 남의 떡에 설 쉰다.
- 얻은 떡이 두레 반이다.

더 생각해 봅시다

01 다음 글을 읽고 이야기해 봅시다.

나는 떡을 아주 좋아한다. 그래서 아침은 떡으로 대신하고, 친구와 만날 때도 장소를 떡 카페로 정할 때가 많다. 떡 카페는 여러 종류의 떡들을 작게 포장해서 판매하기 때문에 커피나 차와 함께 먹기 좋다. 그리고 부모님 생신에는 떡 케이크를 사 드린다. 달지 않고 건강에도 좋아 부모님이 아주 좋아하시기 때문이다.

1) 떡을 이용한 음식에는 어떤 것들이 있습니까?

㉥ 떡갈비, 떡볶이, 떡국, 떡샌드위치 등

2) 한국의 떡에 대해 더 조사해 봅시다. (떡의 종류, 의미, 만드는 방법 등)

02 다음은 '떡'이 사용된 관용표현과 속담입니다. 의미를 생각해 봅시다.

	표현	의미
관용 표현	떡 주무르듯 하다	자기 마음대로 다루다
	떡이 되다	
	웬 떡이냐	
속담	떡 줄 사람은 꿈도 안 꾸는데 김칫국부터 마신다.	해 줄 사람은 생각지도 않는데 미리부터 다 된 일로 알고 행동한다.
	남의 손의 떡은 커 보인다.	
	떡 본 김에 제사 지낸다.	

03 여러분 나라에도 한국의 떡과 비슷한 음식이 있습니까? 있다면 소개해 봅시다.

㉥ 일본 – 모찌(もち), 중국 – 니엔까오(年糕), 베트남 – 반쯩(bánh chưng)

어 휘

◎ 떡 만드는 방법과 관련된 어휘에 대해 알아봅시다.

- **반죽하다**
  쌀가루를 반죽한 후에 비닐로 잠시 덮어 두었다가 송편을 만들면 맛이 더 좋다.
- **주무르다**
  떡을 주무르다 보면 떡고물이 손에 달라붙는다.
- **찌다**
  어머니는 쌀가루를 시루에 넣어서 찐 시루떡을 좋아하신다.
- **치다**
  찹쌀을 쪄서 떡판 위에 올려놓고 떡메로 치면 떡이 더욱 쫄깃해진다.
- **지지다**
  찹쌀가루를 반죽한 다음 꽃잎을 붙여서 기름에 지진 떡을 화전이라고 한다.
- **빚다**
  찰수수가루를 둥근 모양으로 빚어 팥고물을 묻히면 수수경단이 된다.

1) 해마다 설날에는 가족들이 모두 모여 앉아 만두를 ______________.

2) 한국에서는 명절이 되면 차례상에 올릴 전을 ______________.

3) 밀가루를 손으로 ______________ 만든 수제비가 기계로 만든 것보다 더 맛있다.

4) 쌀은 ______________ 떡을 해 먹기도 하고 튀겨서 간식으로 먹기도 한다.

5) 옛날에는 설날이 되면 집집마다 떡 ______________ 소리가 들렸다.

6) 아들은 지친 아버지의 어깨와 팔다리를 저녁마다 ______________ 드렸다.

문 법

01 A/V-(으)ㄴ/는지

- 저녁 식사에 초대 받았는데 빈 손으로 가도 괜찮은지 모르겠어요.
- 교수님께서 연구실에 계시는지 모르겠지만 잠깐 들러서 인사나 드리고 가자.
- 가 : 미영 씨가 요즘 행복해 보이는데 무슨 일이 있어요?
  나 : 글쎄요, 남자 친구가 생겼는지 매일 저렇게 웃고 다녀요.

◎ 여러분이 한국 생활을 하면서 느낀 의문점이 있으면 보기 와 같이 말해 보십시오.

	한국 생활을 하면서 느낀 의문점
1)	한국 여자들은 모두 성형 수술을 할까?
2)	
3)	
4)	

보기 한국 여자들은 모두 성형 수술을 하는지 궁금해요.

◎ 다음 상황의 이유를 추측해서 보기 와 같이 이야기해 봅시다.

1) 알렉스 씨가 요즘 학교에 안 나온다.

2) 여자[남자] 친구가 일주일째 전화를 안 받는다.

3) 오늘 선생님께서 피곤해 보이신다.

4) 백화점에 세일을 하는데 손님이 별로 없다.

보기 알렉스 씨가 바쁜 일이 있는지 요즘 학교에 안 나와요.

문법 설명

막연한 의문을 나타낼 때 쓴다. 이때는 '-는지 알다[모르다]'의 형태로 많이 사용된다. 다른 뜻으로 뒤 문장에 대한 확실하지 않은 이유를 추측할 때도 사용할 수 있다.

02 A/V-았/었으면 하다[싶다/좋겠다]

- 키가 지금보다 10센티미터만 더 컸으면 좋겠어요.
- 한국어를 한국 사람처럼 잘했으면 하는 것이 소원이에요.
- 우리 오빠가 올해는 좋은 사람 만나서 결혼했으면 싶어요.

◎ 자기 자신, 가족, 친구 등에게 바라는 점을 이야기해 봅시다.

1) 자신에게 바라는 점

2) 가족에게 바라는 점

3) 반 친구에게 바라는 점

4) 선생님에게 바라는 점

보기 우리 아버지께서는 술을 좋아하세요. 그래서 건강이 나빠질까 봐 걱정이에요.
우리 아버지께서 술을 적게 드시고 운동을 하셨으면 좋겠어요.

문법 설명

희망이나 바람을 말할 때 사용한다. 그리고 현재의 상황과 반대되는 소원을 표현할 때도 사용한다. '-(으)면 좋겠다' 보다 의미를 더 강조하는 표현이다.

03 A/V-(으)ㄴ/는 만큼

- 이번 시험이 아주 어려운 만큼 준비도 많이 해야 될 거야.
- 강의가 무료로 진행되는 만큼 누구나 와서 들을 수 있다.
- 결혼하고 나서 처음 맞는 생일인 만큼 아내는 기대가 컸다.

◎ 관계있는 것끼리 연결한 후 문장을 완성하십시오.

1) 한국인은 떡을 즐겨 먹는다 •	• 대책 마련이 시급하다
2) 회사 사정이 안 좋다 •	• 떡에 관련된 속담도 많다
3) 고령화가 빠르게 진행되다 •	• 사장님의 어깨가 무겁다
4) 유학 생활이 힘들다 •	• 성공했을 때 보람도 크다

1) 한국인은 떡을 즐겨 먹는 만큼 떡에 관련된 속담도 많다.

2) ______________________________.

3) ______________________________.

4) ______________________________.

문법 설명

앞 문장이 뒤 문장의 원인이나 근거가 됨을 나타낸다.

04 V-(으)ㄹ 겸 (해서)

- 용돈도 벌고 경험도 쌓을 겸 해서 아르바이트를 해요.
- 세금도 내고 환전도 할 겸 은행에 잠깐 다녀와야겠어요.
- 한국의 전통 문화도 배울 겸 운동도 할 겸 해서 태권도를 배우고 있어요.

◎ 다음 문장을 완성하십시오.

1) 가 : 지난 주말에 부산에 다녀왔다면서요?

나 : 바다도 보고 친구도 만날 겸 해서 혼자 다녀왔어요.

2) 가 : 왜 매일 자전거를 타고 출근하세요?

나 : ______________________________.

3) 가: 날씨도 추운데 커피숍에 들어갈까요?

나 : ______________________________.

4) 가 : 손쌍 씨는 왜 매일 한국 드라마를 봐요?

나 : ______________________________.

문법 설명

행동의 목적이 두 가지 이상일 때 사용하는 표현이다. 뒤의 문장은 그 목적을 이루기 위한 행동을 나타낸다. '-(으)ㄹ겸 -(으)ㄹ겸 (해서)'의 형태로 반복해서 사용하기도 하고, '도 하고 ~도 할 겸 (해서)'의 형태로도 사용한다.

메 모

쓰 기

01 다음 글을 읽고 인용하기가 사용된 부분을 찾아 밑줄을 그어 봅시다.

과거에는 좋은 일이 있을 때만 떡을 먹은 것이 아니라 나쁜 일이 생기는 것을 막기 위해서도 떡을 먹었다고 한다. 한국의 옛날 화장실인 변소는 크고 깊어서 어린 아이가 빠지는 경우가 자주 있었다. 변소에 빠진 아이는 일찍 죽는다고 믿었던 옛날 사람들은 변소 귀신을 달래기 위해서 '똥떡'을 만들었다. '똥떡'이란 '똥'으로 만든 떡이 아니라 변소에 빠진 아이를 살려주는 액막이용 떡을 말하는 것이다. 쌀가루로 작고 동그랗게 빚어 만든 이 떡을 "똥떡! 똥떡!"이라고 외치고 다니면서 동네 사람들에게 나누어 주면 아이가 오래 살 수 있다고 믿었던 것이다.

02 인용하기에 자주 사용되는 표현을 알아봅시다.

인용하기 다른 사람의 말이나 글을 자신의 말이나 글 속에 가지고 올 때 사용하는 방법이다. 남의 말이나 글을 그대로 가지고 오면 직접 인용, 요약 · 정리해서 가지고 오면 간접 인용이 된다.

1) 직접 인용

- **"……" 하고/ "……"(이)라고 ~**
  "어흥!"하고 나타난 호랑이는 오누이의 엄마에게 "떡 하나 주면 안 잡아 먹지!"라고 말했다.
- **~에 '……'(이)라는 말이 있다**
  속담에 '떡 줄 사람은 꿈도 안 꾸는데 김칫국부터 마신다.'라는 말이 있다.

2) 간접 인용

- **~에 의하면[따르면] –다고 하다**
  설문 조사 결과에 따르면 요즘 떡으로 아침 식사를 대신하는 사람들이 과거에 비해 늘고 있다고 한다.
- **~에서 봤는데/들었는데/읽었는데 –다고 하다**
  책에서 읽었는데 백설기에는 아이가 눈처럼 순수하게 자라기를 바라는 마음이 담겨 있다고 한다.
- **–다더니**
  남의 떡이 커 보인다더니 정말 그런 것 같아. 같은 음식인데도 네 것이 내 것보다 더 맛있어 보여.
- **–다면서**
  어머니는 잔칫날에 떡이 빠질 수 없다면서 방앗간에 떡을 주문하셨다.
- **–다니까**
  떡으로 만든 퓨전 음식도 맛있다니까 한 번 먹어 봅시다.

03 인용할 때 사용하는 표현들을 연습해 봅시다.

1) ~에 '……'(이)라는 말이 있다

①	한국 속담에 '누워서 떡 먹기'라는 말이 있다.
②	
③	

2) -다더니

①	배가 아프다더니 그 많은 떡을 너 혼자 다 먹었니?
②	
③	

3) -다면서

① 미영 | "내일 시험 잘 봐." | + | 나한테 찹쌀떡을 주다

⇨ 미영 씨가 내일 시험 잘 보라면서 나한테 찹쌀떡을 줬어요.

② 김 과장 | "제 결혼식에 와 주셔서 고맙습니다." | + | 직원들에게 답례 떡을 돌리다

⇨ ______________________________

③ 이사 온 사람 | "어제 옆집에 이사 왔습니다." | + | 우리 집에 시루떡을 주다

⇨ ______________________________

4) -다니까

보기 "여름에는 찹쌀떡을 얹은 팥빙수가 시원하고 맛있다."
"수수경단에는 아기가 건강하게 잘 자라기를 바라는 마음이 담겨 있다."
"설날에는 떡국을 먹어야 나이를 한 살 먹는 것이다."

①	여름에는 찹쌀떡을 얹은 팥빙수가 시원하고 맛있다니까 우리도 한 번 먹어볼까?
②	
③	

04 보기 에 있는 표현을 인용하여, '해님 달님' 이야기를 완성해 봅시다.

보기

√ "어흥, 떡 하나 주면 안 잡아먹지!"
"산을 넘어오는데 바람이 차가워서 목이 쉬었단다."
√ "참기름을 바르고 올라왔지."
"도끼로 나무를 찍고 올라오면 되는데."
"하느님, 하느님! 제발 우리를 구해 주세요!"
"하느님, 저한테도 동아줄을 내려 주세요."
"으아악, 호랑이 살려!"

옛날, 어느 깊은 산골에 엄마와 오누이가 살고 있었어요. 하루는 엄마가 산 너머 잔칫집에 일을 하러 가게 되었어요. 잔칫집에서 얻은 떡을 머리에 잔뜩 이고 산을 넘어 집으로 오던 엄마는 그만 호랑이를 만나고 말았어요. "어흥, 떡 하나 주면 안 잡아먹지!"라고 호랑이가 소리치자 엄마는 눈앞이 캄캄해졌어요. 호랑이에게 얼른 떡 하나를 주고 도망쳤어요. 하지만 호랑이는 고개를 넘을 때마다 나타나 떡을 달라면서 엄마에게 겁을 주었어요. 결국 떡을 모두 빼앗긴 엄마는 호랑이에게 잡아먹혔어요. 호랑이는 엄마의 옷을 입고 오누이가 있는 집으로 달려갔어요. 호랑이가 엄마인 척하며 문을 열어 달라고 했지만 오누이는 엄마 목소리가 아니라면서 문을 열어주지 않았어요. 그러자 호랑이는 ______________ 했어요. 그런데 문틈으로 살짝 내다 본 오누이는 그만 깜짝 놀라고 말았어요. 호랑이가 문 앞에 서 있는 거예요. 오누이는 재빨리 뒤뜰로 도망가서 나무 위로 올라갔어요. 호랑이는 집 구석구석을 다니며 오누이를 찾았어요. 어느새 우물가로 온 호랑이는 우물 안에 비친 오누이의 그림자를 보았어요. 호랑이는 오누이에게 어떻게 나무 위로 올라갔느냐고 물었어요. 그러자 오빠가 참기름을 바르고 올라왔다고 거짓말을 했어요. 오빠 말대로 호랑이는 참기름을 발랐지만 나무 위로 올라가지 못하고 자꾸 미끄러졌어요. 이것을 본 여동생은 그만 ______________ 말해 버렸어요. 이 말을 들은 호랑이는 도끼로 나무를 '쿵쿵' 찍으면서 올라갔어요. ______________

____

____

____

____

____

제 10 과

대학 생활

1. 모임과 활동

듣기 개강 모임에 대한 대화 듣기
어휘 대학 생활
문법 및 표현
- V-(으)려던 참이다
- V-(으)나 마나
- N(이)나 N(이)나 할 것 없이
- V-다시피 하다

말하기 주장의 근거 제시하기

2. 수강 신청과 학점

읽기 장학금 받는 방법에 대한 글 읽기
어휘 수강 신청
문법 및 표현
- A/V-(으)ㄴ/는 법이다
- V-기 십상이다
- V-는 한
- A/V-지 않고서는 A/V-(으)ㄹ 수 없다

쓰기 조사 결과 설명하기

1 모임과 활동

01 여러분은 한국에서 대학에 다니는 동안 꼭 해 보고 싶은 것이 있습니까?

- ☐ 배낭여행
- ☐ 학생회 활동
- ☐ 동아리 활동
- ☐ 봉사 활동
- ☐ 아르바이트 하기
- ☐ 이성 친구 사귀기
- ☐ 해외 어학연수
- ☐ 인턴사원 경험

02 다음은 한국의 대학 생활 사진입니다. 무슨 행사일까요? 이야기해 봅시다.

신입생 오리엔테이션 　 MT 　 농활(농촌 봉사 활동) 　 동아리 활동 　 답사 　 축제

03 다음은 무엇을 하는 곳일까요?

연구실 　 학과 사무실 　 교수학습지원센터 　 총학생회 　 취업지원센터 　 학보사

듣 기

Track 10

다음을 듣고 물음에 답하십시오.

01 두 사람은 어떤 모임에 대해 이야기를 나누고 있습니까?

① 개강 모임
② 종강 모임
③ 유학생 모임
④ 신입생 환영회

02 여자가 모임에 가기 싫어하는 이유는 무엇입니까?

① 술만 먹고 노는 것이 싫기 때문에
② 아는 선배가 한 명도 없기 때문에
③ 불편하고 어색한 자리이기 때문에
④ 유학생에게는 도움이 되지 않기 때문에

03 '유학의 목적이 공부에만 있는 것은 아니다'라는 말은 무슨 뜻입니까?

04 두 사람의 입장을 각각 정리해 보십시오.

남자	여자
유학의 목적은 공부만이 아니다.	유학생 모임에만 참석해도 된다.

남 : 어, 투이야. 안 그래도 너한테 전화하려던 참이었는데. 오늘 저녁에 개강 모임 있는 거 알지? 7시까지 와야 해.

여 : 네, 들었어요. 그런데 전 이번에는 안 가려고요. 보나마나 아는 사람이 한 명도 없을 테고 불편할 것 같아서요.

남 : 무슨 소리야, 그럴수록 더 참석해야지. 사실 나도 처음에는 너처럼 많이 불편했어. 너도 곧 괜찮아질 거야. 불편하고 어색한 건 한국 학생이나 유학생이나 할 것 없이 다 똑같아.

여 : 그래도 저는 그런 자리가 너무 싫어요. 다들 친한 사람들끼리만 술 마시고 이야기하고… 1학년 때 첫 개강 모임에 갔을 때는 말 한마디도 못하고 그냥 구경만 하다시피 했어요. 수강 신청 방법이나 수업에 대한 정보를 들을 수 있을 줄 알았는데 제 기대와 너무 달랐어요.

남 : 그런 모임들이 얼핏 보기에는 술이나 마시고 노는 것 같지만 사실은 그렇지가 않아. 새 학기를 맞이해서 학과 전체가 모여 얼굴도 익히고 관계도 돈독히 하려는 거야. 나는 개강 모임에서 친해진 사람들하고 수업도 같이 듣고 조 모임도 같이 했는걸. 공강 시간에는 만나서 스터디도 같이 했어.

여 : 그래도 수업이나 시험에 대한 정보는 유학생 선배들이 훨씬 더 잘 알려주시는 것 같아요. 한국에 오래 있었던 유학생 선배들이야말로 저와 똑같은 입장이었으니까 저에게 더 큰 도움이 되지 않을까요? 이전부터 알고 지낸 사람들이니까 불편하지도 않고, 억지로 친해질 필요도 없고요.

남 : 유학의 목적이 반드시 공부에만 있는 건 아니잖아. 기왕 한국에 왔으니까 한국 사람들하고 어울리면서 교류도 많이 하고 많은 경험을 쌓는 게 더 중요하지 않을까? 발도 넓힐 수 있는 기회가 될 거야.

여 : 그렇지만 한국 선배님들하고 쉽게 친해질 수 있을까요? 너무 걱정돼요.

남 : 너무 어렵게 생각하지 말고 나하고 같이 가자. 개강 모임에는 교수님도 오시니까 그때 인사도 드리고 해야지. 내가 친하게 지내는 선배들을 소개해 줄 테니까 이번에는 수업에 대해서도 물어보고 도와달라고 해 봐. 그리고 거기서 남자 친구가 생길지도 모르잖아. 하하

여 : 에이, 농담도 참. 알았어요. 그럼 한번 생각해 볼게요.

개강	어색하다	얼핏	학과	익히다	돈독히	조	공강	입장	목적
기왕	어울리다	교류	넓히다	농담					

더 생각해 봅시다

01 여러분이 대학생이 된다면 어떤 일을 해 보고 싶습니까? 대학교 4년 동안의 계획을 간단히 메모해 보십시오.

1학년	2학년	3학년	4학년
• 동아리 가입 • • •	• 학생회 활동 • • •	• 인턴 신청 • TOPIK 6급 • •	• • • •

02 대학의 전공은 특성에 따라 여러 단과대학으로 분류됩니다. 다음 단과대학에는 어떤 전공들이 개설되어 있는지 알아봅시다.

- 인문대학
- 사범대학
- 자연대학
- 공학대학
- 경영대학
- 사회대학

03 여러분은 무엇을 전공하고 싶습니까? 자신의 전공에 대해 소개해 봅시다.

04 여러분은 학교 홍보 모델이 되어 학교를 방문한 신입생들에게 동아리를 소개해야 합니다. 다음 중에서 마음에 드는 것을 골라 소개해 봅시다.

녹색회	민속문화연구반
설립연도 : 1961년 동방 : 1232호 회원 수 : 17명 한국 녹색회는 우리 국토의 자연환경 보존을 위한 각종 실천 운동과 여론 형성 활동 및 자연 생태 학습을 지속적이고 체계적으로 추진함으로써 우리 국토에 대한 주인 의식을 높이고 이를 바탕으로 모든 사람들이 건강한 생활환경 속에서 살아가도록 하는 데 목적을 두고 있습니다.	설립 연도 : 1977년 동방 : 1201호 회원 수 : 24명 저희 동아리는 점점 잊혀져 가고 있는 우리 춤과 우리 가락을 이어가고자 하는 모임입니다. 탈춤 동아리에서 시작되어 현재 탈춤뿐만 아니라 사물놀이도 함께 하고 있습니다. 저희는 외부 공연이나 외국인 강습을 통해 많은 사람들에게 우리 문화를 알리려고 합니다.
도레미 설립 연도 : 1971년 동방 : 1210호 회원 수 : 62명 노래와 기타를 사랑하는 통기타 동아리입니다. 음악을 연구하고 음악을 사랑하며 음악을 생활화하는 우리 동아리는 음악으로 하나가 되는 회원들과 함께 즐거운 대학 생활을 보내고자 합니다.	**수중탐험대 KUET** 설립 연도 : 1979년 동방 : 1310호 회원 수 : 6명 스쿠버다이빙을 통해 바다 밑의 세계를 알아가는 것을 주 목적으로 하며, 각종 스킨다이빙이나 수영대회 및 수중 정화 활동 등에도 참여하고 있습니다. 학기 중에는 신입생들을 위한 교육을 실시하고 방학 때는 울릉도, 제주도 등 여러 섬과 해외로 함께 다이빙을 하러 갑니다.

◎ 위의 내용을 참고하여 자신이 만들고 싶은 동아리의 홍보글을 써 봅시다.

- 동아리 이름 :
- 설립연도 :
- 동방 :
- 회원 수 :
- 특징 및 성격 :

어 휘

◎ 대학 생활과 관련된 어휘를 알아 봅시다.

- 수강 신청
  이 과목은 청강을 할 수 없기 때문에 반드시 수강 신청을 해야 한다.
- 학점
  대학을 졸업하려면 적어도 140학점은 이수해야 한다.
- 학번
  그 사람은 우리보다 학번이 높았지만 휴학을 자주 하는 바람에 같이 졸업하게 되었다.
- 동기생
  상우와 나는 같은 해에 대학교에 입학한 동기생으로서 지금도 가장 친한 친구이다.
- 전공
  제니퍼는 대학에서 한국어 교육을 전공하고 있다.
- 지도 교수
  이 교수님은 나의 대학 생활과 학습 방향을 제시해 주시고 지도해 주신 지도 교수님이시다.

1) 이 과목은 수업을 들을 수 있는 학생이 30명으로 제한되어 있어서 ________ 빨리 해야 한다.

2) 나와 상우는 2010년에 공과 대학에 입학해서 같이 공부한 ________.

3) 이번 학기에는 시험을 모두 망쳐서 ________ 너무 나쁘다.

4) 상우는 자신의 ________ 스페인어보다 오히려 다른 외국어 공부에 신경을 쓴다.

5) 우리 학과에서는 나이에 상관없이 자기보다 ________ 높으면 무조건 선배로 깍듯하게 대해야 한다.

6) 졸업 논문 주제를 정하지 못해 고민하고 있을 때 ________ 내 관심 분야를 아시고 좋은 아이디어를 주셔서 큰 도움이 되었다.

문법

01 V-(으)려던 참이다

- 지금 학교에 가려던 참이었는데 같이 갈래요?
- 내가 전화를 하려던 참이었는데 네가 전화를 했네.
- 마침 밥을 먹으려던 참이에요. 이쪽으로 와서 같이 먹어요.

◎ 다음 대화를 완성하십시오.

1) 가 : 도서관에 책을 반납하고 올게요.
   나 : 그래요? 마침 저도 도서관에 ______________ 같이 가요.

2) 가 : 어디 아파요? 좀 쉬는 게 어때요?
   나 : 네, 안 그래도 감기에 걸려서 약을 먹고 ______________.

3) 가 : 졸려서 커피 마시려고 하는데 한 잔 뽑아다 줄까요?
   나 : 그래요? 나도 커피를 ______________ 고마워요.

4) 가 : 방 청소는 다 했어요?
   나 : 방금 설거지 끝내고 지금 막 ______________.

5) 가 : 바람이 많이 불어요. 창문 좀 닫으세요.
   나 : 그렇지 않아도 창문을 ______________.

문법 설명

가까운 미래에 어떤 행동을 하려는 계획을 표현할 때 사용한다. 어떤 행동을 하려고 한 '바로 그 순간', '바로 그 시간' 이라는 뜻이다. '마침, 그렇지 않아도, 안 그래도' 등과 같이 사용한다.

02 V-(으)나 마나

- 주말에는 전화해 보나 마나 안 받을 거예요.
- 기다리나 마나 오지 않을 거예요. 우리끼리 출발합시다.
- 그 책은 너무 어려워서 읽으나 마나 이해가 안 될 거예요.

◎ 다음 대화를 완성하십시오.

1) 가 : 상우 씨에게 좀 가르쳐 달라고 부탁해 볼까요?
 나 : 상우 씨에게 ______________ 모를 거예요.

2) 가 : 내일 제주도에 갈 수 있겠지요? 공항에 전화해 볼까요?
 나 : 비가 이렇게 많이 오는데 ______________ 비행기는 못 뜰 거예요.

3) 가 : 교실이 너무 지저분해요. 우리 청소 좀 합시다.
 나 : ______________ 금방 또 지저분해질 거예요.

4) 가 : 밥 먹고 나서 약 먹는 걸 자꾸 잊어버려요.
 나 : 약은 시간 맞춰서 먹지 않으면 ______________.

5) 가 : 이 책 한번 읽어 볼까요? 재미있을 것 같지 않아요?
 나 : 이 책은 제목을 보니까 ______________ 재미없을 것 같아요. 다른 책을 골라 봅시다.

문법 설명

어떤 행동을 하든지 안 하든지 그 결과는 달라지지 않을 것이라고 추측할 때 사용한다. 일반적인 사실이나 어떤 사람의 행동을 보고 그 결과를 확실하게 추측할 수 있을 때 사용한다. '-(으)나 마나이다'로도 사용한다.

03 N(이)나 N(이)나 할 것 없이

- 도시나 시골이나 할 것 없이 도로가 잘 포장되어 있다.
- 요즘은 남자나 여자나 할 것 없이 외모에 관심이 많아요.
- 그 노래는 한국 사람이나 외국 사람이나 할 것 없이 모두 다 좋아해요.

◎ 다음 문장을 완성하십시오.

1) 휴가철에는 ______________________ 사람이 많다.

2) 옛날 이야기는 ______________________ 모두가 좋아한다.

3) 요즘에는 차가 많아서 ______________________ 길이 많이 막혀요.

4) 불고기는 ______________________ 누구나 다 좋아하는 음식이다.

5) 투이 씨는 ______________________ 술이라면 모두 좋아한다.

문법 설명

어느 것이나 구별하지 않고 양쪽 모두를 포함한다는 의미로 사용한다.

04 V-다시피 하다

- 주말에는 하루 종일 잠만 자다시피 해요.
- 거의 밤을 새우다시피 해서 겨우 일을 끝냈다.
- 오늘은 너무 바빠서 계속 뛰어다니다시피 했어요.

◎ 다음 문장을 완성하십시오.

1) 나는 이 옷을 좋아해서 거의 매일 ________________.

2) 요즘 다이어트를 한다고 매일 ________________.

3) 다음 달에 시험이 있어서 도서관에서 ________________.

4) 이 책은 하도 많이 읽어서 거의 ________________.

5) 상우 씨의 할머니가 입원하셔서 상우 씨는 병원에서 ________________.

문법 설명

실제로 어떤 동작을 하는 것은 아니지만 그 동작에 가깝게 행동을 하는 것을 나타낸다.

말하기

01 대학 생활에서 중요한 것이 무엇이라고 생각합니까? 중요하다고 생각하는 것을 선택해서 이야기해 봅시다.

인간관계 아르바이트 동아리 활동 장학금 정말 하고 싶은 일 찾기 한국 친구 사귀기
성적 여행 연애 TOPIK 자격증 따기 학과 활동 진로에 대한 고민 취업 준비

02 다음은 '대학 생활에서 중요한 것'에 대한 생각이 다른 두 사람의 주장입니다. 두 사람의 주장을 읽고 여러분의 생각을 이야기해 봅시다.

주장하기

- 제 생각에는/제가 생각하기에는 -다고 봅니다.
- 저는 -다고 생각합니다.
- 저는 -다는 점을 강하게 말씀드리고 싶습니다.

 대학은 취업을 하기 위한 과정일 뿐이다.	• **제 생각에는** 좋은 직장을 구하기 위해서 좋은 성적을 받아야 한**다고 봅니다.** • **저는** 기업에서 원하는 사람이 되기 위해서 봉사 활동을 하거나 인턴사원 경험을 쌓아야 한**다고 생각합니다.**
• **저는** 자신이 무엇을 잘 할 수 있는지 찾**으라고 주장합니다.** • **저는** 자신이 정말 하고 싶은 일을 해 봐야 한**다는 점을 강하게 말씀드리고 싶습니다.**	대학이야말로 여러 가지 경험을 쌓을 수 있는 곳이다 
	• •

03 다음은 각각의 주장에 대한 이유입니다. 여러분의 생각도 이야기해 봅시다.

주장의 근거 제시하기

- ~이/가 중요하다고 생각하는 이유는 ~
- ~은/는 -다는 점에서 중요하다고 생각합니다.
- 제가 그렇게 생각하는 이유는 -기 때문입니다.

대학	대학 생활에서 공부보다 중요한 것은 없다.	여러 가지 경험을 통해 자신의 적성을 알아가야 한다.
이유	• 대학에서 놀기만 한다면 좋은 직장에 취업할 수 없다. • 대학은 자신의 미래를 위한 준비 과정으로 원하는 삶을 살기 위해 능력을 키워야 한다. • ________ • ________	• 좋아하는 일을 해야 자신의 능력을 충분히 발휘할 수 있다. • 대학 졸업 후 사회생활의 준비 단계로서 여러 사람들과의 인간관계에 힘써야 한다. • ________ • ________

04 위의 표현을 이용하여 다음의 주제에 대해 이야기해 봅시다.

1) 다음의 주제에 대한 여러분의 의견을 메모해 봅시다.

주제 : 학교 성적과 관계없는 동아리 활동이나 학과 활동

- 동아리 활동은 자신의 취미 생활이 될 수도 있을 뿐만 아니라 스트레스 해소에도 도움이 된다.
- 학생들이 모여 술을 마시고 잡담을 하면서 시간을 낭비하게 된다.
-

주제 : 취업에 도움이 되지 못하는 학과가 사라지는 현상

- 대학교를 졸업한 뒤에도 취업을 하지 못한다면 그 학과는 문을 닫아야 한다.
- 대학이 취업을 위한 발판이 되어서는 안 되며 학문의 다양화를 위해서도 문을 닫는 학과가 생겨서는 안 된다.
-
-

(2) 여러분의 의견에 대한 근거를 제시하여 주장해 봅시다.

주제 : 학교 성적과 관계없는 동아리 활동이나 학과 활동

나의 주장 :

근거 •

•

•

주제 : 취업에 도움이 되지 못하는 학과가 사라지는 현상

나의 주장 :

근거 •

•

•

2 수강 신청과 학점

01 여러분은 대학교에 들어가서 가장 하고 싶은 일이 무엇입니까? 오른쪽 그림에 중요한 순서대로 쓴 후 이야기해 보십시오.

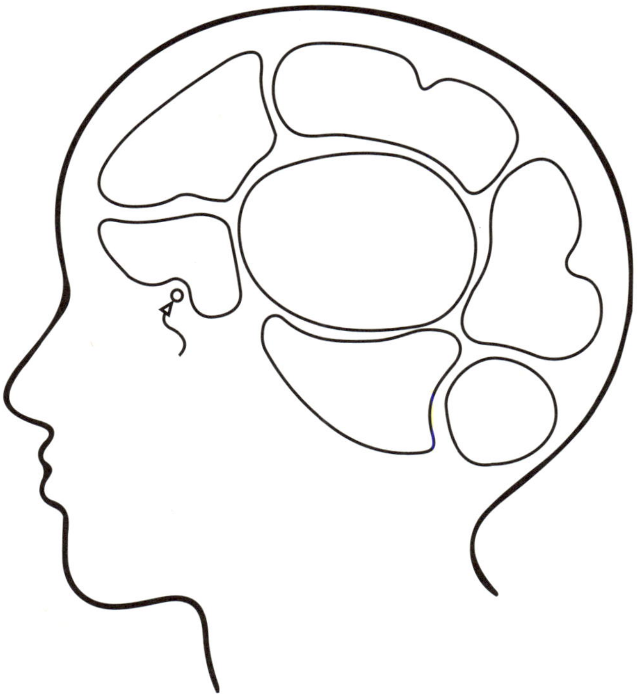

02 수강 신청 시 가장 중요하게 생각하는 것은 무엇입니까? 수강 신청 시 꼭 고려해야 한다고 생각하는 것 세 가지를 골라 보십시오. 그리고 왜 그것을 골랐는지에 대해서 이야기해 봅시다.

- □ 강의하시는 교수님
- □ 같이 수강하는 친구
- □ 평가 방법
- □ 이미 수강한 사람들의 평가
- □ ____________
- □ 강의 시간표
- □ 과목의 난이도
- □ 시험 치는 횟수
- □ 강의실 위치

03 대학교에서 어떻게 하면 학점을 잘 받을 수 있습니까? 또 장학금을 받으려면 어떻게 해야 합니까? 여러분이 알고 있는 것을 이야기해 봅시다.

읽기

다음은 장학금 받는 방법에 대한 글입니다. 잘 읽고 질문에 답하십시오.

대학에 첫발을 내딛는 새내기들이 뽑은 '대학생이 되어 가장 해 보고 싶은 것' 다섯 가지 안에 빠지지 않고 들어가는 것이 장학금 받기와 A+받기라고 한다. 그러나 준비하지 않고, 최선을 다하지 않고, 캠퍼스의 낭만을 마냥 즐기기만 하다가는 장학금과 A학점은 그림의 떡이 되고 말 것이다. 그렇다면 어떻게 해야 좋은 점수를 받을 수 있을까? 신입생들에게 들려주는 선배들의 노하우에 귀를 기울여 보자.

가 짜여진 시간표대로 수업을 듣는 중 · 고등학생 때와 달리 대학생이 되면 자신이 직접 시간표를 짜야 한다. 어떤 과목을 선택하느냐에 따라 한 학기의 공부 방향과 그 결과가 결정되기에 ㉠좋은 학점을 받기 위해서는 먼저 수강 신청이라는 '첫 단추'를 잘 끼워야 한다. 시간표를 짤 때 필수 전공 과목을 제외한 나머지는 자신이 수강하고 싶은 과목보다는 자신이 잘할 수 있는 과목을 선택하는 것이 좋다. 또한 과목명만 보고 신청하지 말고 사전에 강의 계획서를 꼼꼼히 읽어 보거나 이미 그 수업을 들었던 선배들과 동기들의 충고를 최대한 참고해서 신청해야 한다. 마지막으로, 학점을 짜게 주는 교수님의 수업이나 어려운 수업은 재수강자가 많은 법이니 수강하려는 과목에 재수강자가 많지는 않은지 살펴보는 것도 잊지 말도록 하자.

나 대학교에 들어가면 개근상도 없고 등교 시간도 정해져 있지 않기에 지각을 하거나 심지어 수업에 빠져도 된다는 생각을 하는 새내기들이 더러 있다. 그러나 이것이 반복되면 전체 수업 분위기에 방해가 되기 때문에 교수님에게 나쁜 인상을 주기 십상이다. 시험과 과제 점수가 비슷할 경우 학점을 결정짓는 것이 출결 상황이기 때문에 결석과 지각은 가능한 한 하지 않는 것이 좋다.

다 좋은 성적을 받기 유리하도록 수강 신청을 하고 출석을 잘하는 것도 중요하지만 열심히 공부하는 것만큼 중요한 것은 없다. 이러한 공부가 뒷받침되지 않고서는, 다른 것들이 아무리 완벽하더라도 좋은 성적을 기대할 수 없다. 대학교의 수업 방식은 중 · 고등학교 시절 받아 오던 주입식 교육과는 차이가 있어 무조건 외우는 방식만으로는 자신의 것으로 만들 수 없다. 수업 전 수업 계획표에 따라 예습을 하고 수업이 끝난 후 복습을 할 뿐만 아니라 다른 관련 서적을 참고한다면 그 과목에 대한 공부는 한결 수월해질 것이다.

라 우수한 성적을 받는 것 외에도 장학금을 받을 수 있는 방법은 많다. 장학금은 학점이 좋은 학생들만 받을 수 있는 것이라 생각하는 사람들이 많은데 실제로 그렇지 않다. 근로 장학금, 장애우 도우미 장학금뿐만 아니라 외국어 실력이 뛰어나거나 학교에서 개최하는 각종 대회에서 입상한 학생에게 수여하는 장학금도 있다. 또한 특정 기업이나 단체에서 주는 장학금과 국가 장학금 등 교외 장학금 제도도 많으니 학교 홈페이지를 통해 어떤 장학금이 있는지, 그리고 조건이 무엇인지 꼼꼼히 살펴보는 것이 필요하다.

첫발 내딛다 새내기 캠퍼스 낭만 노하우 짜이다 짜다 끼우다 필수
제외하다 나머지 사전 꼼꼼히 충고 참고하다 개근상 등교 더러
결정짓다 출결 유리하다 뒷받침되다 완벽하다 주입식 방식 서적
한결 수월하다 장애우 도우미 개최하다 입상하다 수여하다

01 가 ~ 라의 내용에 적당한 제목을 붙이고, 각 단락에서 권하고 있는 구체적인 방법을 정리해 보십시오.

	제목	구체적인 방법
가		
나		
다		
라		

02 밑줄 친 ㉠부분과 같이 말하는 이유는 무엇입니까?

03 이 글의 내용과 다른 것을 고르십시오.

① 성적에는 수업 출결 상황도 반영된다.

② 좋은 성적을 받는 것 만이 장학금을 받을 수 있는 유일한 길이다.

③ 대학교에서 수업 내용을 암기하는 것만으로는 좋은 성적을 받을 수 없다.

④ 수강신청 시 잘할 수 있는 과목을 선택하는 것이 좋은 학점을 받는 데 유리하다.

04 이 글에서 말하는 중 · 고등학교 생활과 대학교 생활의 차이점은 무엇입니까?

더 생각해 봅시다

01 다음은 교양 과목의 강의 계획서입니다. 수강하고 싶은 과목과 그 이유를 이야기해 봅시다.

과목명	인문학 글쓰기	개설대학	인문대학	강의시간	월 2B3A3B 금 1A1B2A
강의개요 및 목적	• 인문학의 기본적인 주제에 대해 글쓰기를 해 본다. • 전공과 관련된 다양한 글쓰기를 통해 완성된 글을 쓸 수 있는 능력을 기른다.				
과제 및 평가방법	중간고사(15%), 기말고사(15%), 글쓰기(30%), 수업참여도(30%), 출석(10%)				
수강에 특별히 참고할 사항	• 주로 토론과 실습(글쓰기)으로 수업이 이루어지므로 적극적으로 참여해야 함. • 남의 글의 일부나 전체를 베껴 쓰면 0점으로 처리.				

과목명	경영학의 이해	개설대학	경상대학	강의시간	화 8B9A9B 목 8B9A9B
강의개요 및 목적	• 경영학이 무엇인지에 대해 이해한다. • 현대 경영의 이론을 학습하고, 실제 사례에 적용한다.				
과제 및 평가방법	중간고사(45%), 기말고사(45%), 출석 및 발표(10%)				
수강에 특별히 참고할 사항	• 예습과 복습을 성실히 할 것. • 조별로 발표하는 방식으로 수업을 진행할 예정임.				

과목명	실용화법	개설대학	사회과학대학	강의시간	월 2B3A3B 금 1A1B2A
강의개요 및 목적	• 화법의 기본 원리와 방법론을 익혀 일상생활 속에서 올바른 말하기를 할 수 있다. • 발표, 토론, 프레젠테이션, 면접과 같은 상황을 고려한 적절한 말하기를 할 수 있다.				
과제 및 평가방법	기말고사(35%), 실습평가(개인 말하기)(20%), 조별평가(20%), 보고서(15%), 출석(10%)				
수강에 특별히 참고할 사항	• 실습에 대한 평가는 함께 수업을 듣는 학생들의 평가도 반영됨. • 주로 말하기 실습으로 수업이 이루어지므로 적극적인 참여가 필요함.				

저는 '경영학의 이해'라는 수업을 수강하고 싶어요. 대학에서 경영학을 전공하고 싶은데, 아직 경영학에 대한 이해가 부족한 것 같아서 교양 수업으로 들어 두면 좋을 것 같아요.

저는 시험에 비중이 높은 과목은 피하고 싶어요. 한국어로 답안을 작성하는 데 아직 익숙하지 않거든요. 그래서 기말고사 한 번 치고, 대부분 말하기나 조별 과제가 주어지는 '실용화법' 수업을 신청하고 싶어요.

02 유학 생활을 잘하기 위한 여러분만의 노하우가 있습니까? 한국 유학 생활의 선배로서 이제 막 한국 유학 생활을 시작한 친구들에게 가르쳐 주고 싶은 것을 이야기해 봅시다.

- 한국어를 잘하는 법
- 한국 친구를 사귀는 법
- 향수병이 생겼을 때 극복하는 법
- 알아 두어야 하는 한국 문화나 예절

03 여러분은 대학 생활을 어떻게 보내고 싶습니까? 대학 생활을 잘 보내기 위해서 무엇을 해야 한다고 생각합니까? 대학 생활을 위한 계획을 학년별로 간단하게 써 봅시다.

- 1학년 : ______
- 2학년 : ______
- 3학년 : ______
- 4학년 : ______

04 자신이 다니고 싶은 학교에 어떤 장학금 제도가 있는지 알아보고 이야기해 봅시다.

어 휘

◎ 수강 신청과 관련된 어휘를 배워 봅시다.

- 개설하다
  다음 학기에는 학생들의 진로 선택에 도움이 될 만한 교양 과목을 몇 개 더 개설할 예정이다.
- 정정하다
  수강 신청을 잘못했더라도 다시 한 번 정정할 수 있는 기회가 있으니까 걱정하지 않아도 된다.
- 수강하다
  김 교수님은 어려운 전공과목 내용도 쉽게 풀어서 설명해 주시기 때문에 매학기 교수님 수업을 수강하려는 학생들이 많다.
- 청강하다
  졸업에 필요한 학점은 이미 다 들었으니까 이번 학기에는 그동안 듣고 싶었던 수업을 청강하면서 보내려고 한다.
- 작성하다
  답안지를 작성할 때는 되도록 간단하고 분명하게 중요한 내용을 위주로 쓰는 것이 좋다.
- 제출하다
  정해진 기한 내에 보고서를 제출하느라 꼼꼼하게 살펴보지 못한 탓에 실수가 많았다.

1) 가 : 이번 학기에 '한국 문화의 이해'라는 수업을 꼭 들으려고 했는데 조금 늦게 신청했더니 인원이 다 차 버렸어.
   나 : 그 수업은 재미있고 교수님이 학점도 잘 주셔서 ______________ 학생들이 많아. 다른 학과에서 ______________ 수업이 있을 테니까 찾아 보자.

2) 가 : 선배님, 수강 신청은 하지 않았지만 전공 공부에 도움이 될 것 같아 '한국 경제의 이해'라는 수업을 듣고 싶은데 어떻게 해야 하는지 아세요?
   나 : 그럼 교수님을 찾아가서 수업을 ______________ 되는지 한번 여쭤 봐.

3) 가 : 성적 이의 신청을 하려고 하는데요.
   나 : 신청서를 드릴게요. 신청서를 ______________ 학교 행정실에다 ______________.

4) 가 : 수강 신청은 한 번 하면 다시 바꿀 수 없나요?
   나 : 아니요, 일주일 후에 바꿀 수 있는 기간이 있으니까 그때 ______________ 됩니다.

문 법

01 A/V-(으)ㄴ/는 법이다

- 아무리 맛있는 음식도 매일 먹다 보면 지겨운 법이다.
- 고생 끝에 낙이 오는 법이니까 절대로 포기하지 말고 조금만 더 견딥시다.
- 가 : 미나 씨, 남자 친구와 심하게 싸웠다더니 화해했어요?
  나 : 네, 화해한 뒤로는 더 잘 지내고 있어요. 비 온 뒤에 땅이 굳는 법이잖아요.

◎ 다음 대화를 완성하십시오.

1) 가 : 티누 씨가 시험에 떨어져도 포기하지 않고 꾸준히 노력하더니 결국 시험에 합격했대요.
   나 : 그럴 줄 알았어요. 포기하지 않고 노력하면 ______________________.

2) 가 : 영어 공부를 시작한 지 6개월이 지났는데 조금도 늘지 않아서 속상해요.
   나 : 처음에는 누구나 ______________________ 너무 속상해 하지 마세요.

3) 가 : 이번 학기에도 장학금 받을 자신 있지? 너만 믿는다, 아들.
   나 : 엄마, 기대가 크면 ______________________. 열심히는 하겠지만, 너무 기대하지는 마세요.

4) 가 : 제니 씨가 점점 예뻐지는 것 같지 않아요?
   나 : 얼마 전에 제니 씨한테 남자 친구가 생겼잖아요. 사랑을 하면 ______________________.

문법 설명

앞의 상태가 이미 그렇게 정해져 있거나 그런 것이 당연하다는 의미로, 자연법칙이나 일반적인 규칙, 당연한 사실을 말할 때 사용한다. 일반적으로 당연한 사실에 대해 말할 때는 '-기 마련이다'와 바꾸어 사용할 수 있다.

02 V-기 십상이다

- 요즘 같이 쌀쌀한 날씨에 옷을 얇게 입고 다니면 감기에 걸리기 십상이다.
- 오래 망설이면 어렵게 잡은 기회를 놓치기 십상이니까 어서 결정을 내리세요.
- 그렇게 운동도 안 하고 식사도 불규칙하게 하다가는 건강을 해치기 십상이다.

◎ 다음 문장을 완성하십시오.

1) 등산할 때 그렇게 높은 구두를 신으면 ____________________.

2) 날씨가 덥다고 해서 찬 음식만 찾다가는 ____________________.

3) 학과 모임에 계속 빠지면 ____________________.

4) 분명한 계획 없이 무작정 일을 시작했다가는 ____________________.

문법 설명

앞의 상황이 되기 쉽거나 그런 일이 일어날 가능성이 크다는 의미를 나타낼 때 사용한다. 주로 부정적인 의미를 가진 동사와 함께 사용하며, '-(으)면, -다가는' 등의 표현과 함께 쓰인다.

03 V-는 한

- 당신이 나를 떠나지 않는 한 나도 당신 곁에 있을 거예요.
- 나를 응원하는 가족들이 있는 한 나는 포기하지 않을 것이다.
- 가 : 이 보고서를 언제까지 보내 드리면 됩니까?
  나 : 가능한 한 내일 중으로 보내 주시면 감사하겠습니다.

◎ 다음 문장을 완성하십시오.

1) ____________________ 나는 계속 공연할 것이다.

2) ____________________ 최선을 다해 돕도록 하겠습니다.

3) ____________________ 나는 그 일을 절대로 믿을 수가 없다.

4) ____________________ 내가 먼저 손을 내미는 일은 없을 것이다.

문법 설명

앞의 상황이 뒤의 행위나 상태에 대한 조건이 되거나 어떤 동작이 일어나는 범위가 됨을 나타낸다. '될 수 있는 한,' '가능한 한,' '~에 관한 한'처럼 관용적으로 쓰이기도 한다.

04 A/V-지 않고서는 A/V-(으)ㄹ 수 없다

- 나는 하루라도 책을 읽지 않고서는 잠을 잘 수가 없다.
- 신분증을 가져오지 않고서는 시험장에 들어갈 수 없다.
- 실패를 경험해 보지 않고서는 결코 목표를 달성할 수 없습니다.

◎ 관계있는 것끼리 연결한 후 한 문장으로 만드십시오.

1) 부모님을 설득하다	•	• 건강을 지키다
2) 서로 조금씩 양보하다	•	• 이 문제를 해결하다
3) TOPIK 3급을 따다	•	• 어떤 사람인지 알다
4) 담배를 끊다	•	• 그 사람과 결혼하다
5) 그 사람을 직접 만나 보다	•	• 대학교에 입학하다

1) 부모님을 설득하지 않고서는 그 사람과 결혼할 수 없다.

2) ______________________________.

3) ______________________________.

4) ______________________________.

5) ______________________________.

문법 설명

앞의 사실이 당연하거나 꼭 필요함을 강조하면서 그렇지 않을 경우에는 뒤에 오는 일이 불가능함을 나타낸다.
'-(으)면'과 바꾸어 쓸 수 있다.

쓰 기

01 요즘 대학생들이 관심 있어 하는 것은 무엇일까요? 아래 설문 조사 결과를 보면서 말해 보십시오.

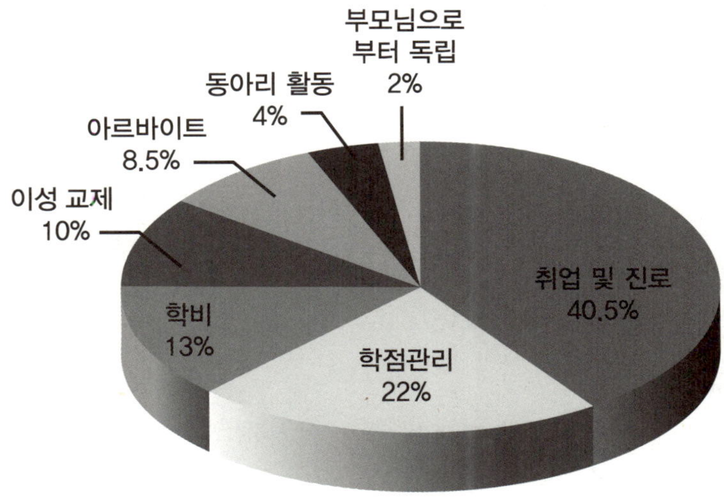

02 다음은 앞의 조사 결과를 설명한 글입니다. 읽은 후에 ㉮ ~ ㉰에서 무엇에 대해 설명하고 있는지 아래에서 골라 정리해 봅시다.

설문 조사 전문 기관 '한국서베이'는 최근 서울 소재 대학에 재학 중인 대학생 500명을 대상으로 '대학 생활 중 관심사'에 대한 설문조사를 실시하였다. ㉮ ( )

조사 결과에 따르면, '취업 및 진로'라는 응답이 40.5%로 가장 높은 비중을 차지하였으며, '학점 관리'(22%)가 그 뒤를 이었다. 그 다음으로는 '학비'가 13%, '이성 교제'가 10%, '아르바이트'가 8.5%의 순으로 나타났다. 그 외에도 '동아리 활동(4%)', '부모님으로부터 독립'(2%)을 그들의 관심사로 꼽았다. ㉯ ( )

이를 통해 대다수의 대학생들이 졸업 후의 삶에 많은 관심을 두고 생활하고 있다는 것을 알 수 있다. ㉰ ( )

조사 결과 설명하기	설문 내용과 조사 대상 제시하기	설문 결과 분석하기

03 설문 조사 결과를 설명할 때 자주 사용하는 표현을 연습해 봅시다.

1) 설문 내용과 조사 대상 제시하기

- **~을/를 대상으로**
- **~에 대한 조사를 실시하다 / –(이)라는 주제로 조사를 실시하다**

  전국 각 대학의 어학 기관에서 한국어를 배우고 있는 유학생 500명을 대상으로 '한국어를 배우는 이유가 무엇인가'에 대한 조사를 실시하였다.

2) 조사 결과 설명하기

- **~에 따르면(의하면)**

  조사 결과에 따르면 대다수의 유학생들이 '한국과 관련된 기업에서 일하기 위해서'라고 대답하였다.
- **~을/를 차지하다**

  '대학에 진학하기 위해서'라는 응답이 전체 응답자의 4분의 1을 차지하였다.

  '대학 진학을 위해서'라는 응답은 25%로 2위를 차지했다.
- **~이/가 그 뒤를 잇다**

  '한국 문화에 관심이 많아서'가 18%로 그 뒤를 이었다.
- **A, B, C의 순으로 나타나다**

  유학생들이 한국어를 배우는 이유는 취업, 대학 진학, 문화에 대한 관심의 순으로 나타났다.
- **~을/를 [~(으)로)] 꼽다**

  대학 생활에서 가장 어려운 것으로 수업 내용 이해하기를 꼽았다.

3) 설문 결과 분석하기

- **~을/를 통해 –다는 것을 알 수 있다**

  이번 설문 조사 결과를 통해 대학생들은 급여가 적더라도 안정적인 직업을 선호한다는 것을 알 수 있었다.

4) 수치 제시하기

- **20% = 5분의 1(1/5) = 열 명 중 두 명**
- **50% = 2분의 1(1/2) = 두 명 중 한 명 = 과반수 = 절반**

04 앞에서 배운 표현들을 사용하여 다음 조사 결과를 정리해 보십시오.

	설문 대상	설문 내용	조사 결과
1	예비 대학생	대학에 진학하는 이유	원하는 기업에 취업하기 위해(33%) 전공 분야의 전문 지식을 쌓기 위해(28%)
2	30대 직장인	들으면 힘이 나는 말	"언제나 당신 편입니다"(35%) "당신을 믿습니다"(15%)
3	20~30대 직장인	지하철 안에서 주로 하는 일	음악 듣기(28%) 독서(20.8%) 잠자기(10.2%)
4	20대 후반 여성	중요하게 생각하는 배우자의 조건	안정적인 직업(50%) 성격이나 외모(27%) 가정 환경(23%)

1) K대학교에서 예비 대학생을 대상으로 '대학에 진학하는 이유'에 대한 설문 조사를 실시하였다. 그 결과에 따르면, '원하는 기업에 취업하기 위해서'라는 응답이 33%를 차지하였고, '전공 분야의 전문 지식을 쌓기 위해서'가 28%로 그 뒤를 이었다.

2)

3)

4)

04 앞에서 배운 표현들을 사용하여 다음 설문조사를 설명하는 글을 써 봅시다.

〈대학생들이 생각하는 이상적인 방학〉

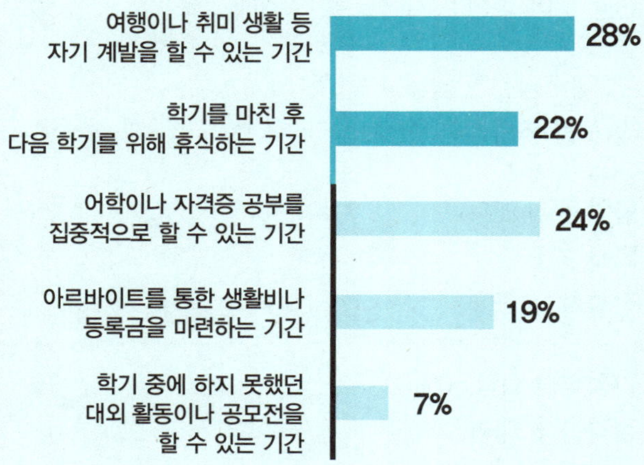

대학생활연구소에서 전국 대학생 800명을 대상으로 '대학생들이 생각하는 이상적인 방학'에 대해 설문 조사를 실시하였다. ______

반면 대학생들이 실제 계획한 방학 활동을 묻는 조사에서는 전체 응답자의 절반이 '취업 준비'를 꼽았다. ______

이 두 조사 결과를 통해 ______

〈대학생들이 실제 계획한 방학활동〉

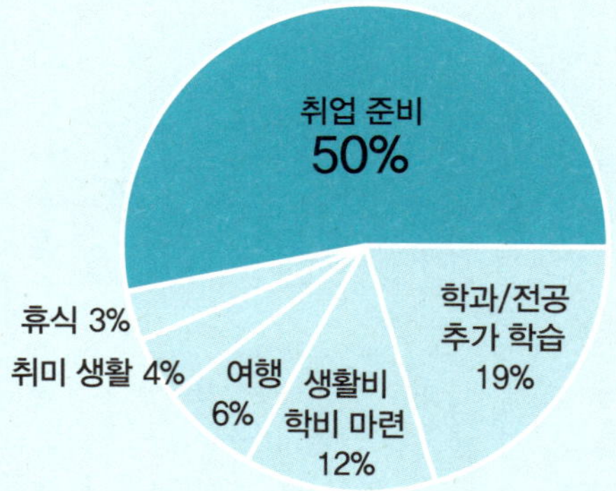

전국 남녀 대학생 500명을 대상으로 한 대학생 방학 이용 실태 조사 결과
(출처 : 대학내일20대연구소)

정답

1과 여론과 대중

1. 여론의 힘

❶ 듣기

01 ④

02

- 처벌이 약하다고 법 개정을, 동물 관련법을 다시 검토하겠다고 발표함.
- 드라마의 내용을 바꿔 줄 것을, 시청자가 원하는 대로 드라마의 내용을 바꿈.

03 ①

04 여러 사람의 의견이 모여서 큰 힘을 발휘 하게 되는 것.

❷ 어휘

1) 요구
2) 여론
3) 의견
4) 비판
5) 소신
6) 지지

❸ 문법

01 A/V-(으)ㄴ들

1) 지금 출발한들
2) 부모님이 아무리 보고 싶은들
3) 아무리 빨리 한들
4) 싸운들
5) 공부한들

02 A/V-고말고(요)

1) 가고말고요
2) 돌려주고말고요
3) 아름답고말고요
4) (먹으러) 가고말고요.
5) 가르쳐 줄 수 있고말고.

03 A/V-더라고(요)

2) 혼자 사시는 할아버지, 할머니를 위해 마련한 행사라고 하더라고요.
3) 한복을 입은 아주머니들이 김치 담그는 방법을 가르쳐 주시더라고요.
4) 김치 양념을 만드는 게 가장 어렵더라고요.
5) 직접 담근 김치로 밥을 먹으니 다른 반찬은 필요 없더라고요.

04 N에 의해(서)

2) 시험결과에 의해 합격이 결정되므로
3) 충동구매에 의해 필요 없는 물건을 사지 않도록
4) 계명 신문에 의해 그 학생의 선행이 보도 된 후에
5) 한국전쟁에 의해 한반도가 둘로 나뉘면서

2. 한국의 대중문화

❶ 읽기

01 가사와 멜로디가 따라 부르기 쉬워서, 단체로 나와서 추는 춤이 멋져서

02

- 한국에 오기 전: 한국 가수들의 노래에 관심을 가지게 되었다, 한국 드라마 '풀하우스'를 봤다
- 한국에 온 후: 한국 사람들처럼 이야기하는 법을 배웠다, 한국 사람들처럼 화장하는 법을 배웠다, 프랑스에 있는 친구들에게 한국 노래의 뜻을 가르쳐 주거나 한국 가수 시디, 한국 화장품을 사서 고향으로 보냈다
- 앞으로 하고 싶은 일: 친구들에게 한국어를 가르쳐 주고 싶다, 한국 친구를 많이 사귀고 싶다, 한국의 이곳저곳을 여행하고 싶다

03 ①

04 친구들에게 한국어를 가르쳐 줄 수 있기 때문이다, 좋아하는 한국 노래와 드라마를 더 잘 이해할 수 있기 때문이다

❷ 어휘

1) 상품화
2) 대중매체
3) 생명력
4) 대중문화
5) 대중화
6) 아이돌
7) 대중음악

❸ 문법

01 N조차

1) 밥 사 먹을 돈조차 없어요.
2) 이야기조차 하기 싫어요.
3) 라면조차 제대로 못 끓여요.

02 A/V-길래

- 친구한테 쇼핑하러 가자고 했다.
- 한번 불러 보라고 했다.
- 이번 주말에 단풍 구경을 가야겠다고 생각했다.
- 나도 부모님께 편지 대신 SNS로 문자를 보냈다.

03 어찌나 A/V-(으)ㄴ/는지(요)

1) 우리 선생님은 목소리가 어찌나 크신지
2) 선물이 어찌나 감동적인지
3) 어찌나 피곤한지
4) 친구는 한국말을 어찌나 잘하는지

04 A/V-았/었더라면

2) 날씨가 좋았더라면(덥지 않았더라면) 우리 팀이 이겼을 거예요.
3) 좀 더 일찍 병원에 갔더라면 수술까지 하지 않았을 텐데요.
4) 사람들이 에너지를 절약했더라면 이런 문제는 생기지 않았을 거예요.

2과 전설과 속담

1. 아기장수 우투리

❶ 듣기

01 오랜 옛날부터 특정한 인물이나 장소에 대해 사람들의 입에서 입으로 전해 내려오는 이야기

02 전설에는 상징적인 의미들이 담겨 있다.

03

1) 우두머리
2) 영웅의 능력
3) 농민
4) 영웅들의 죽음

04 어머니가 집어먹은 콩 한 알, 어머니의 고발

❷ 어휘

1) 범상한
2) 지니고
3) 깃들어
4) 얽혀
5) 매달리지
6) 염원했다

❸ 문법

01 A/V-듯이

1) 이 잡듯이 뒤졌지만
2) 비 오듯이 땀이 나서
3) 물 쓰듯이 돈을 쓰다가는
4) 거짓말을 밥 먹듯이 하는

02 (으)ㄴ 나머지

1) 급한 회사일 때문에 며칠 동안 밤을 새운 나머지 결국 쓰러지고 말았다
2) 컴퓨터를 너무 오래 한 나머지 어깨와 허리 건강이 심각하게 나빠졌다
3) 친구의 사고 소식을 듣고 깜짝 놀란 나머지 아무 말도 할 수 없었다.
4) 배탈이 나고 말았다, 음식이 맛있어서 과식을 한 나머지 배탈이 나고 말았다

03 N(으)로 말미암아

1) (빗길) 과속으로 말미암아
2) (짙은) 안개로 말미암아
3) 큰 싸움이 일어났다.
4) 회사를 그만두게 되었다.

2. 말의 유래

❶ 읽기

01 ②

02 ①

03 여자가 사귀던 남자와 일방적으로 헤어지다, 꾀를 부려서 일이나 공부를 열심히 하지 않거나 빠지다, 돈을 쓰다

04

1) 내가 쏠게.

2) 고무신을 거꾸로 신었대
3) 땡땡이치고 왔어
4) 맞장구 좀 쳐 줘

❷ 어휘

1) 담긴
2) 반영되어
3) 유래되었다
4) 숨어 있을
5) 토대로
6) 바탕을 두

❸ 문법

01 A/V–게 마련이다

2) 성공할 때가 있으면 실패할 때도 있게 마련이에요
3) 밥을 급하게 먹으면 체하게 마련이에요
4) 기대가 크면 실망도 크게 마련이에요

02 A/V–(으)ㄴ/는 탓에

공부를 할 수 없다, 늦잠을 잤다, 조금밖에 못 샀다

03 –들

1) 쉬지 말고 빨리들 하자
2) 걱정들 마세요
3) 어서 화해들 해
4) 그만 놀고 빨리들 와

04 V–는 사이(에)

1) 내가 없는 사이(에)
2) 잠깐 나갔다 온 사이(에)
3) 아기가 잠든 사이(에)
4) 안 본 사이(에)

3과 취미와 여가

1. 한국인의 취미 생활

❶ 듣기

01 ③
02 ①
03

- 남자: 과학적 근거도 없는 점괘에 의지하는 건 어리석은 일이다, 자기가 어떻게 하느냐에 따라 얼마든지 미래가 달라질 수 있다
- 여자: 미신이라고 해서 무조건 나쁜 것은 아니다, 긍정적인 힘을 얻을 수 있다, 기분 전환에 도움이 된다

04 ④

❷ 어휘

1) 공감한다
2) 연마하고 있다
3) 짜릿한
4) 취득하는
5) 별난
6) 수집해 온
7) 몰두해서

❸ 문법

01 녹초가 되다

1) 하루 종일 아무것도 못 먹었더니 녹초가 되어서 말할 힘도 없다.
2) 일 때문에 종일 뛰어다녔더니 녹초가 되어 서 있을 힘조차 없다.

02 N(이)라고는

1) 주말에 한 일이라고는 청소밖에 없어
2) 나도 돈이라고는 천 원뿐이야
3) 퇴근 후에 하는 일이라고는 밥 먹고 텔레 비전 보는 것뿐이에요

03 A/V–아/어서인지

1) 피곤해서인지
2) 명절이어서인지
3) 음식 맛이 변해서인지
4) 스트레스가 많아서인지

04 A/V–다고 해서

1) 유명한 영화제에서 큰 상을 받았다고 해서 반드시 재미있을 것 같진 않은데
2) 돈이 많다고 해서 반드시 행복하란 법은 없지
3) 맞아. 사전에 나온다고 해서 한국 사람들이 모두 그렇게 사용하는 것은 아니더라고

4) 인상이 무섭다고 해서 모두 나쁜 사람은 아니야

05 V-(으)ㄴ/는 셈 치다

1) 받은 셈 칠 테니까
2) 얻어먹은 셈 칠게
3) 술 마신 셈 칠게
4) 읽은 셈 치고

2. 여가 생활

❶ 읽기

01

2) 야구를 관람하면서 간식을 먹는 재미도 빼 놓을 수 없다.
3) 여러 가지 응원 도구를 이용해서 자신이 좋아하는 팀을 응원할 수 있다.
4) 응원가를 따라 부르면서 응원을 하는 것도 신나는 일이다.
5) 야구장 이벤트는 연인들이 애정을 과시할 수 있는 좋은 기회이다.

02 ④

03

- 경기장에 들어가기 전에 간식을 준비한다.
- 응원 도구를 준비한다.
- 응원가를 따라 부르며 응원한다.
- 연인이라면 이벤트를 잘 활용하여 사랑 고백을 한다.

04 야구 경기를 관람하는 것뿐만 아니라 이벤트에 참여하고 큰 소리로 응원도 하면서 스트레스를 날려버릴 수 있기 때문이다.

❷ 어휘

1) 알찬
2) 활력소가 된다
3) 원기를 회복할
4) 자아실현
5) 충족시켜
6) 해소할

❸ 문법

01 N에 관해(서)

1) 세종대왕에 관해 여러분이 알고 있는 것을 이야기해 보십시오.
2) 이것은 한국의 전통 문화에 관해서 쓴 글이다.
3) 다음 시간에는 사형제도에 관해 토론해 보도록 하겠습니다.

02 뭐니 뭐니 해도

1) 한국 친구를 사귄다.
2) 동아리에 가입한다.
3) 꾸준히 운동해야 한다.
4) 잠을 잔다 등.

1) 한국 친구를 사귀는 것이 좋다
2) 남자(여자) 친구를 사귀려면 뭐니 뭐니 해도 동아리에 가입하는 것이 좋다
3) 살을 빼려면 뭐니 뭐니 해도 꾸준하게 운동하는 것이 좋다
4) 스트레스를 풀려면 뭐니 뭐니 해도 잠을 자는 것이 최고이다

03 V-는다거나

정답 없음.

04 일거양득

1) 정답 없음.
2)
- 한 가지 일을 하여 두 가지 이상의 이익을 보게 됨을 비유적으로 이르는 말.
- 어떤 일에 있어 서로 다 이롭고 좋음을 비유적으로 이르는 말.

05 V-(으)ㄹ 만하다

정답 없음.

4과 생태와 환경

1. 생태

❶ 듣기

01 ④

02 계절마다 다른 얼굴을 보여 주어서, 깨끗하게 만들어 준다, 수생 식물, 한국의 천연기념물

03 ①

04 늪의 상태가 더 나빠지기 전에 정부와 환경 보호 단체가 나섰으며, 시민들도 적극 동참했다.

05 환경 보호, 그리 어려운 일도 아니라는 것

❷ 어휘

1) 파괴
2) 보존
3) 개발
4) 회복
5) 동참
6) 보호

❸ 문법

01 A/V-기에 망정이지

1) 버스가 빨리 왔기에 망정이지 하마터면 지각할 뻔했어
2) 지나가던 사람이 도와줬기에 망정이지 안 그랬으면 크게 다칠 뻔했어
3) 우산이 있었기에 망정이지 없었으면 옷이 다 젖을 뻔했어요
4) 택시에 놓고 내렸기에 망정이지 다른 곳에서 잃어버렸으면 못 찾았을 거야
5) 학생들이 많이 없었기에 망정이지 큰일 날 뻔했어요.

02 N을/를 비롯하다

2) 한국 요리를 배울 수 있습니다
3) 탕수육을 비롯한 중국 요리를 배울 수 있습니다.
4) 스파게티를 비롯한 서양 요리를 배울 수 있습니다.
5) 머릿수건을 비롯한 개인 준비물을 가지고 와야 합니다.

03 V-자고 들다

1) 하자고 들면
2) 하자고 들면
3) 줄이자고 들면
4) 먹자고 들면
5) 따지자고 들면

04 그리 A/V-지 않다

1) 그리 어렵지 않아
2) 그리 늦지 않았, 택시는 안 타도 돼요
3) 길에 사람들이 있, 그리 무섭지 않았어
4) 독일어를 배우는 학생은 그리 많지 않아요
5) 정리하는 데 그리 오래 걸리지 않을 테니까 걱정마세요

2. 환경 보호

❶ 읽기

01

2) 최근 리폼에 대한 관심이 높아지고 있다.
3) 환경을 해치지 않는 슬로패션이 관심을 받고 있다.
4) 다양한 물건들이 리폼의 대상이 된다.
5) 우리 생활을 건강하고 즐겁게 만들어 주는 리폼에 관심을 가지자.

02 ②

03

- 패스트 패션 : 유행에 따라 빠르게 생산되어 저렴하게 판매되는 옷
- 슬로 패션 : 유행을 따라가지 않고, 재활용과 리폼을 한 옷

04 낡은 나무 상자로 만든 정리함과 책꽂이, 새로 칠하거나 부속품을 갈아 만든 가구, 에코 웨딩

❷ 어휘

1) 환경보호 단체
2) 친환경
3) 대체에너지
4) 재생
5) 유기농법

❸ 문법

01 V-자니

2) 내 잘못을 솔직하게 말하자니 친구가 실망할까 봐 걱정된다

3) 아이 혼자 유학을 보내자니 안심이 되지 않는다

4) 집에서 연락을 기다리자니 답답해서 참을 수 없다

모아 놓은 돈이 없다, 일자리를 구하기가 쉽지 않다, 돈이 많이 들 것 같다, 대부분 가 본 곳이다, 지각할 것 같다, 택시비가 아깝다

02 V-아/어 대다

1) 먹어 대

2) (술을) 마셔 대

3) 가방을 사 대/돈을 써 대

4) 물을 써 대

03 N(으)로 인해(서)

입원했다, 많은 사람들이 죽거나 다쳤다, 차들이 움직이지 못하고 있다, 사업에 실패했다

1) 입원했다

2) 어제 발생한 교통사고로 인해 많은 사람들이 죽거나 다쳤다

3) 어젯밤에 내린 폭설로 인해 차들이 움직이지 못하고 있다

4) 사업 실패로 인해 많은 어려움을 겪었다

04 A/V-거니와

1) 성격도 좋거니와

2) 돈도 없거니와

3) 요리는 물론이거니와

4) 돈도 필요하거니와 새 사업에 대한 아이디어도 있어야 한다

5) 지갑도 잃어버렸거니와 친구와 싸워서 기분이 좋지 않았다

5과 현대 사회

1. 외모

❶ 듣기

01

1) 전공, 외국어 실력, 각종 사회 활동

2) 능력과 경력

3) 외면에 애쓰도록

02 ③

03

- 남자: 부정적이다. (능력과 경력이 있으면 첫 인상도 좋아보이므로 외모에 특별히 신경 쓰지 않아도 된다.)
- 여자: 긍정적이다. (자기 관리를 통해 자신감이 생기고 당당해질 수 있다.)

04 정답 없음.

❷ 어휘

1) 말쑥하게

2) 성숙해

3) 평범한

4) 수수한

5) 갸름해

6) 촌스러워

7) 개성 있는

❸ 문법

01 신경(을) 쓰다

02 같은 값이면 다홍치마

03 열을 올리다

1) 같은 값이면 다홍치마라고

2) 열을 올리고 있어요.

3) 신경 써서

04 A/V-건 말건

1) 이번 휴가 때는 날씨가 좋건 말건 바다로 가기로 했다.

2) 친구의 취향에 맞건 말건 내가 좋아하는 것을 사서 선물로 줬다.

3) 나는 디자인이 예쁘건 말건 싸고 품질이 좋은 가구를 찾고 있다.

05 A/V-기는 하다

1) 본 적이 있기는 하지만 오래 돼서 잘 기억 나지 않아요.

2) 좀 쓰긴 한데 그래도 마실 만해요.

3) 조용하긴 한데 좀 어두워요.

4) 편하긴 하지만 요금이 너무 많이 나와서 부담 되네요.

06 A/V-(으)ㄹ 따름이다

1) 고향에 가고 싶을 따름이었는데(힘들 따름이었는데)
2) 슬플 따름이다
3) 그저 감사할 따름이다
4) 한심할 따름이다

2. 고령화 사회

❶ 읽기

01 65, 전체 인구, 7

02

- 아이를 낳지 않거나 적게 낳는 현상
- 자녀 양육비 부담, 여성의 사회 진출 증가 등.

03 사회가 고령화 되면서 노후 대책을 세우지 못해 경제적인 어려움을 겪는 노인들도 많아 졌다, 자식들은 경제 능력이 없는 노부모를 모시고 살아야 하므로 경제적인 부담이 가중되어 자식을 낳지 않거나 적게 낳는 것이다, 따라서 저출산과 고령화 현상은 밀접한 관계가 있다고 볼 수 있다

04 ②

05 정년을 연장해야 한다, 노인 일자리를 많이 만들어야 한다, 노인들이 참여할 수 있는 다양한 프로그램을 개발하고 시행해야 한다

❷ 어휘

1) 재취업
2) 생산 인구
3) 노인 복지
4) 노후 대책
5) 출산장려정책
6) 실버산업

❸ 문법

01 A/V-(으)ㄴ/는 반면(에)

1) 중국어는 전혀 못한다
2) 근무 시간이 길고 휴가가 적다
3) 취미나 여가 생활을 위해 지출하는 돈은 늘었다
4) 종이책은 종이로 되어 있어 무겁다

02 V-(으)ㅁ에 따라(서)

1) 스마트폰이 보급됨에 따라 원하는 정보를 빨리 찾을 수 있게 되었다
2) 나이가 많아짐에 따라 체력도 점점 떨어지고 있다
3) 한국어 실력이 향상됨에 따라 한국 생활에 자신감도 생겼다
4) 날씨가 추워짐에 따라 난방 기구를 찾는 손님들이 늘기 시작했다

03 A/V-(으)니

1) 흡연은 건강에 해로우니 빨리 끊도록 하세요
2) 고향에 가는 비행기 표가 비싸니 휴가철을 피해서 가는 게 좋겠다
3) 노래대회에 참가해야 하니 오늘부터 연습하도록 합시다
4) 열심히 공부하기로 부모님과 약속했으니 그 약속을 지켜야 한다

04 불을 보듯이 뻔하다[훤하다]

정답 없음.

6과 한국의 전통

1. 인간문화재

❶ 듣기

01 한지 전시관 또는 한지 박물관

02 부드러우면서 질기다, 자연에 가까운 색이다, 하나하나 손으로 직접 만들어 낸다

03 ①

04 ①

❷ 어휘

1) 복원
2) 지정
3) 재현
4) 훼손
5) 등재
6) 전수

❸ 문법

01 A/V-(으)면서도

1) 많으면서도
2) 좋아하면서도
3) 건강이 좋지 않으면서도
4) 맛이 없으면서도
5) 사랑하면서도
6) 들으면서도 도저히 믿어지지 않는다

02 N치고(는)

1) 초등학교 2학년치고는
2) 상우 얘기치고
3) 한 달 배운 것치고는
4) 10년 탄 자동차치고는
5) 처음 만든 것치고는 잘 만들었네

03 V-아/어 내다

1) 이겨 내고
2) 찾아냈어
3) 생각해 내려고
4) 참아 내면
5) 친구들한테 물어서 겨우 알아냈어요

04 A/V-고 해서

1) 고장도 잦고 해서
2) 시험도 있고 해서
3) 만날 사람도 있고 해서 부산에 다녀왔어
4) 물어볼 것도 있고 해서 전화했어
5) 축제 기간이고 해서 그래

2. 한국의 명소

❶ 읽기

01 ②

02 ①

03

1) 메타세쿼이아 길
2) 죽녹원
3) 소쇄원

04

- 들은 것: 죽녹원은 8가지 주제로 구성된 정원이며, 각각의 길마다 다른 특징이 있다.
- 느낀 것: 시원한 바람에 심신이 맑아지는 것 같았다.

❷ 어휘

1) 문화유산
2) 명소
3) 유적지
4) 자연유산
5) 유물
6) 기록유산

❸ 문법

01 V-(으)ㄹ세라

1) 얼음길에서 넘어질세라 조심조심 걸었다
2) 태풍에 우산이 날아갈세라 꽉 잡고 있다
3) 기차를 놓칠세라 급하게 뛰어갔다
4) 전화번호를 잊어버릴세라 수첩에 잘 적어 두었다

02 A-기 그지없다

1) 슬프기 그지없었다
2) 활발하기 그지없었다
3) 기쁘기 그지없다
4) 섭섭하기 그지없다

03 V-고 보니

1) 마시고 보니
2) 헤어지고 보니
3) 입고 보니 친구의 옷이었다.
5) 만나고 보니 아주 내성적인 사람이었다

04 N(이)며 N(이)며

1) 눈이며 입이며
2) 외모며 성격이며 마음에 안 드는 게 없어요
3) 과일값이며 채소값이며 다 올랐어요
4) 고기며 생선이며 다 사 왔어요

7과 소비와 경제 생활

1. 낭비와 소비

❶ 듣기

01 ④

02 ③

03 ②

❷ 어휘

1) 바자회
2) 절약하고(절약할 수 있고)
3) 파산했다
4) 알뜰한
5) 벼룩시장
6) 낭비하는
7) 허비하는

❸ 문법

01 A/V-다더니

1) 일본어를 배운다더니
2) 춥다더니(추울 거라더니)
3) 캐나다로 떠난다더니
4) 헤어졌다더니
5) 운동만 잘하면 된다더니

02 V-고 나면

2) 시험을 치고 나면 공부를 안 한 것이 후회가 된다
3) 술을 많이 마시고 나면 남에게 실수를 한다
4) 과제를 끝내고 나면 보람이 있다
5) 친구와 이야기를 하고 나면 스트레스가 풀린다

03 A/V-다고 치다

1) 외국에 간다고 치자(그렇다고 치자)
2) 안 가져갔다고 치자(그렇다고 치자)
3) 대학교에 안 간다고 치자
4) 지구가 사라진다고 칩시다

04 V-(으)ㄴ/는 셈이다

1) 못 잔 셈이에요
2) 못 먹은 셈이에요
3) 헤어진 셈이에요
4) 이긴 셈이에요.

2. 광고 이야기

❶ 읽기

01 (금연, 환경 보호 청소년 문제 등과 같이) 정부 기관이나 공공 단체가 공공의 이익을 위해 만든 광고

02

- 공익광고: 정부 기관이나 공공 단체, 사회적 문제에 대해 사람들이 관심을 가져 줄 것을 호소하거나 공공의 이익을 추구하는 방향으로 사람들의 태도를 변화시키는 것.
- 상업광고: 기업, 상품 판매

03 ④

04

1) 요즘
2) 예전
3) 예전
4) 요즘

❷ 어휘

1) 인쇄광고
2) 온라인광고
3) 상품광고
4) 기업광고
5) 과대광고
6) 허위광고

❸ 문법

01 A/V-(으)ㄴ/는가 하면

가끔 대화가 안 되다, 악수하면서 인사하는 나라가 있다

2) 몇 명은 열심히 수업을 듣는가 하면 몇 명은 잠을 자고 있었다

3) 긍정적으로 생각하는 사람이 있는가 하면 부정적으로 생각하는 사람이(사람도) 있다

4) 이야기가 잘 통하는가 하면 가끔은 대화가 안 될 때도 있다

5) 고개를 숙여 인사하는 나라가 있는가 하면 악수하면서 인사하는 나라가 있다

02 A/V-(으)ㄴ/는/(으)ㄹ 듯하다

1) 먼저 집에 간 듯해요
2) 많이 바쁜 듯해요
3) 무슨 색이든 잘 어울릴 듯해요
4) 우리나라 경제도 좋아질 듯합니다

03 A/V-(으)ㄹ지라도

2) 능력이 뛰어난 사람일지라도 노력 없이는 결코 성공할 수 없다
3) 우리가 서로 떨어져 있을지라도 마음만은 함께 있다
4) 내 동생이 나이는 어릴지라도 생각은 어른 못지않게 깊다
5) 부모님께서 반대하실지라도 나는 반드시 그 사람과 결혼할 것이다

8과 생태와 환경

1. 한국의 시

❶ 듣기

01 작은 별, 맑은 바람, 가을밤, 글을 보다
02 ③
03 ③, ④
04 시를 이해할 수 있고, 시인의 마음도 알 수 있다.

❷ 어휘

1) 상징하는
2) 엿보고
3) 함축하고
4) 중의적인
5) 나타내려고
6) 해석해
7) 비유한다

❸ 문법

01 A/V-거든

2) 모두 모이거든 발표 준비를 시작합시다
3) 도움이 필요하거든 언제든지 연락하세요
4) 학교 홈페이지 주소를 알거든 문자 메시지로 보내 주세요
5) 학생이 찾아오거든 금방 들어온다고 전해 주세요

02 N(으)로는

2) 혈액 검사 결과로는 아무런 이상이 없습니다
3) 소문으로는 다음 달부터 기름 값이 인상된다고 합니다
4) 이번 시험 점수로는 합격하기 어려울 것 같습니다

03 A/V-(으)ㄴ/는 이상

계속 말을 안 할 수는 없을 것이다, 짜증내면 안 된다

04 N의 여지가 없다

1) 선택의 여지가 없습니다
2) 검토의 여지가 없는
3) 의심의 여지가 없었습니다
4) 변명의 여지가 없어

2. 생활 속의 수필

❶ 읽기

01 ①, ③
02
1) 갓 볶아 낸 커피의 냄새
2) 생활을 귀중한 것으로 생각하게 된다.
03 ②
04 긁어모은 낙엽을 태우며 냄새를 맡는다,
화단을 파고 낙엽의 재를 파묻는다,
방에서 차를 마시며 생활을 생각한다

❷ 어휘

1) 검소한
2) 꿋꿋하게
3) 성실한
4) 사치스러운
5) 당당하게
6) 나태해지기
7) 의욕적인

❸ 문법

01 V-지 않으면 안 된다

참석하다, 수술하다, 열심히 노력하다

1) 절약하지 않으면 안 된다
2) 담배를 끊지 않으면 안 된다
3) 의학을 전공하지 않으면 안 된다
4) 쓰레기를 줄이지 않으면 안 된다

02 A/V-건마는
지금은 꿈이 없다, 아무도 신경 쓰지 않는다, 빌릴 수가 없다

03 V-노라면
1) 친구와 이야기하노라면
2) 열심히 사노라면
3) 꾸준히 운동하노라면
4) 이 길을 걷노라면

04 N(이)니 N(이)니
1) 의사니 변호사니
2) 초콜릿이니 과자니
3) 소설책이니 만화책이니
4) 책이니 공책이니
5) 돈이니 명예니
1) 어디니 어디니 해도
2) 누구니 누구니 해도
3) 뭐니 뭐니 해도

9과 풍속과 음식

1. 함

❶ 듣기

01 결혼식 전에 신랑 집에서 신부 집에 보내는 예물 상자.
02 ③
03 ①
04 ①
05 정답 없음.

❷ 어휘

1) 물려주신
2) 얽매이지
3) 절차
4) 격식
5) 허례허식
6) 통과 의례

❸ 문법

01 V-(으)란 듯이
1) 나가란 듯이
2) 들으란 듯이
3) 살려달란 듯이
4) 질문하지 말란 듯이

02 A/V-다던데
1) 회사 건물 내 흡연 구역이 모두 없어진다던데 이번 기회에 끊는 게 어때?
2) 버스 노선이 바뀌었다던데 확인해 봤어요?
3) 요리면 요리, 운동이면 운동, 노래면 노래 못하는 게 없다던데 정말이에요?

03 A/V-(으)ㄹ뿐더러
1) 발이 편할뿐더러 가격도 싸서 이 구두를 샀어
2) 복잡할뿐더러 공기도 안 좋아서
3) 한국어를 잘할뿐더러 컴퓨터 자격증까지 있어서 뽑혔다고 들었어요

04 꿈도 못 꾸다
1) 돈이 없어서 해외여행은 꿈도 못 꾼다
2) 동생이 의사가 되리라고는 꿈도 못 꿨다

2. 한국의 떡

❶ 읽기

01
1) 백설기, 수수경단 – 백일, 돌
2) 달떡, 색편 – 결혼
3) 가래떡, 송편 – 설날, 추석
4) 시루떡 – 개업, 이사

02
2) 두 사람의 행복을 기원하는 의미를 담고 있다
3) 일 년 동안 수확한 것에 대해 조상들께 감사하는 마음을 담고 있다
4) 재산이 많이 늘어나기를 바라는 마음을 담고 있다

03 ①, ③

04
- 배가 아무리 불러도 떡은 또 먹을 수 있다는 뜻으로 그 만큼 떡을 좋아한다는 의미이다.
- 남의 덕택으로 거저 이익을 보게 됨을 비유적

으로 이르는 말이다.
- 자신이 수고하지 않고 얻은 것이 애써서 만든 것보다 많음을 비유적으로 이르는 말이다.

❷ 어휘

1) 빚는다.
2) 지진다.
3) 반죽해(서)
4) 쪄서
5) 치는
6) 주물러

❸ 문법

01 A/V-(으)ㄴ/는지

2) 여자[남자] 친구가 화가 났는지 일주일째 전화를 안 받는다.
3) 오늘 선생님께서 몸이 안 좋으신지 피곤해 보인다.
4) 백화점에 세일을 하는데 경기가 안 좋은지 손님이 별로 없다.

02 A/V-았/었으면 하다[싶다/좋겠다]

정답 없음.

03 A/V-(으)ㄴ/는 만큼

2) 회사 사정이 안 좋은 만큼 사장님의 어깨가 무겁다
3) 고령화가 빠르게 진행되는 만큼 대책 마련이 시급하다
4) 유학 생활이 힘든 만큼 성공했을 때 보람도 크다

04 V-(으)ㄹ 겸 (해서)

2) 기름 값도 아끼고 운동도 할 겸 해서 자전거로 출근해요
3) 좋아요. 따뜻한 차도 마실 겸 이야기도 할 겸 커피숍에 들어갑시다
4) 멋있는 배우도 보고 한국어도 공부할 겸 한국 드라마를 봐요

10과 대학 생활

1. 모임과 활동

❶ 듣기

01 ①

02 ③

03 공부 외에도 한국 사람들하고 어울리면서 교류도 하고 많은 경험을 쌓는 것도 중요하다.

04

- 남자: 개강 모임을 통해 밟을 넓힐 수 있다, 수업에 대한 정보를 얻을 수 있다
- 여자: 개강 모임은 불편하고 어색하다, 힘들게 새로운 사람들을 사귈 필요가 없다

❷ 어휘

1) 수강 신청
2) 동기생이다
3) 학점
4) 전공
5) 학번
6) 지도 교수

❸ 문법

01 V-(으)려던 참이다

1) 가려던 참이었는데
2) 쉬려던 참이었어요
3) 마시려던 참이었는데
4) 하려던 참이었어요
5) 닫으려던 참이었어요

02 V-(으)나 마나

1) 물어보나 마나
2) 전화해 보나 마나
3) 청소하나 마나
4) 먹으나 마나예요
5) 읽으나 마나

03 N(이)나 N(이)나 할 것 없이

1) 산이나 바다나 할 것 없이
2) 아이나 어른이나 할 것 없이
3) 평일이나 주말이나 할 것 없이
4) 한국인이나 외국인이나 할 것 없이
5) 맥주나 소주나 할 것 없이

04 V-다시피 하다

1) 입다시피 해요
2) 굶다시피 했어요
3) 살다시피 해요
4) 외우다시피 해요
5) 살다시피 해요

2. 수강 신청과 학점

❶ 읽기

01

가 수강 신청을 잘 하라.

자신이 수강하고 싶은 과목보다 잘할 수 있는 과목을 선택하기, 신청 전 강의 계획서를 살펴보거나 선배들의 조언을 참고하기, 재수강자가 적은 과목 선택하기

나 가능한 한 결석과 지각은 하지 말라.

다 열심히 공부하라.

예습과 복습, 관련 서적을 참고하기

라 다양한 장학금 제도를 이용하라.

학교 홈페이지를 통해 장학금의 종류와 조건에 대해 꼼꼼히 살펴보기.

02 어떤 과목을 선택하느냐에 따라 한 학기의 공부 방향과 그 결과가 결정되기 때문에

03 ②

04

- 자신이 직접 시간표를 짜야 한다.
- 개근상도 없고 등교 시간도 정해져 있지 않다.
- 주입식 교육이 아니라서 무조건 외우는 방식으로 공부해서는 안 된다.

❷ 어휘

1) 수강하려는, 개설된
2) 청강해도
3) 작성한 후에, 제출하세요
4) 정정하시면

❸ 문법

01 A/V-(으)ㄴ/는 법이다

1) 성공하는 법이에요
2) 늙지 않는 법이니까
3) 실망도 큰 법이에요
4) 예뻐지는 법이에요

02 V-기 십상이다

1) 다치기 십상이에요
2) 배탈이 나기 십상이에요
3) 관계가 나빠지기 십상이에요
4) 실패하기 십상이에요

03 V-는 한

1) 관객이 한 명이라도 있는 한
2) 내가 할 수 있는 한
3) 내 눈으로 직접 보지 않는 한
4) 그가 도와달라고 하지 않는 한

04 A/V-지 않고서는 A/V-(으)ㄹ 수 없다

2) 서로 조금씩 양보하지 않고서는 이 문제를 해결할 수 없다
3) TOPIK 3급을 따지 않고서는 대학교에 입학할 수 없다
4) 담배를 끊지 않고서는 건강을 지킬 수 없다
5) 그 사람을 직접 만나 보지 않고서는 어떤 사람인지 알 수 없다

어휘 색인

ㅅ

ㅇ

ㅈ

살아있는 한국어 V

지은이 김선정, 민경모, 강현자, 이소현, 조미영
삽 화 고민석
펴낸이 신일희
펴낸곳 계명대학교출판부

초판 1쇄 발행 2014년 8월 31일
초판 3쇄 발행 2025년 2월 28일

주소 대구광역시 달서구 달구벌대로 1095
전화 053-580-6233
팩스 053-580-6235
등록 제347-1998-1호(1970. 9. 1)

ISBN 978-89-7585-681-5 14710
ISBN 978-89-7585-565-8 14710 (세트)

정가 17,000원

이 도서의 국립중앙도서관 출판예정도서목록(CIP)은 서지정보유통지원시스템 홈페이지(http://seoji.nl.go.kr)와 국가자료공동목록시스템(http://www.nl.go.kr/kolisnet)에서 이용하실 수 있습니다. (CIP제어번호: CIP2014024987)